潮涌浙江

寻迹"地瓜理论"百人百事

韩　杰　柴燕菲◎主编

浙江省商务厅　中国新闻社浙江分社◎编著

浙江人民出版社

图书在版编目（CIP）数据

潮涌浙江：寻迹"地瓜理论"百人百事 / 韩杰，柴燕菲主编；浙江省商务厅，中国新闻社浙江分社编著. 杭州：浙江人民出版社，2025. 3. -- ISBN 978-7-213-11920-0

Ⅰ. F127.55

中国国家版本馆 CIP 数据核字第 2025ZJ0809 号

潮涌浙江

——寻迹"地瓜理论"百人百事

韩　杰　柴燕菲　主编

浙江省商务厅　中国新闻社浙江分社　编著

出版发行　浙江人民出版社（杭州市环城北路177号　邮编　310006）
　　　　　市场部电话:(0571)85061682　85176516

责任编辑　余慧琴　柴艺华　徐雨铭　等

责任校对　杨　帆　马　玉　姚建国

责任印务　程　琳

封面设计　厉　琳

电脑制版　杭州兴邦电子印务有限公司

印　　刷　浙江新华数码印务有限公司

开　　本　710毫米×1000毫米　1/16

印　　张　20.5

字　　数　254.2千字

插　　页　2

版　　次　2025年3月第1版

印　　次　2025年3月第1次印刷

书　　号　ISBN 978-7-213-11920-0

定　　价　98.00元

如发现印装质量问题,影响阅读,请与市场部联系调换。

序　言

向东是大海。改革开放四十余载，浙江在"开放路"上越走越宽，实现了从资源小省到开放强省的蝶变，这不仅是浙江开放的独特史诗，更是中国坚定不移扩大对外开放、与世界携手共创未来、共享发展硕果的生动缩影。

在浙江链接全球、携手世界的过程中，"地瓜理论"的提出无疑是一个里程碑式的节点。二十余年前，在各方对"浙商要不要走出去"有不同看法时，时任浙江省委书记习近平同志形象地提出"地瓜理论"：地瓜的藤蔓向四面八方延伸，为的是汲取更多的阳光、雨露和养分，但它的块茎始终是在根基部，藤蔓的延伸扩张最终为的是块茎能长得更加粗壮硕大。这一精准比喻，如春风化雨，凝聚了各方共识，更成为此后我们"跳出浙江发展浙江"，不断迈上开放新台阶的重要理论指引。

历史记录着过去的故事，亦藏有开启未来的经验之钥。二十多年来，浙江循着"地瓜理论"的指引，抓住经济全球化的重要机遇，创新市场和资源"两头在外"发展模式，促进浙江经济和全球经济水乳交融，形成了富有特色的"地瓜经济"。

2025年，正值"十四五"规划收官之年，也是浙江锚定"在深化改革、扩大开放上续写新篇"目标，推进高水平对外开放、建设高能级开放强省的关键一年。值此重要节点，浙江省商务厅联合中国新闻社浙江分社推出

《潮涌浙江：寻迹"地瓜理论"百人百事》一书，以期通过书籍特有的仪式感，重述开放故事、回望开放路程。

在过去的 2024 年，本书编写组采访了来自各级党委政府、商协会、国有企业、民营企业、外资企业的五十余位开放历程中的重要人物。这些采访对象是浙江四十余年对外开放的推动者、亲历者，是践行"地瓜理论"的见证者、受益者。经过持续一年的挖掘，那些曾经的荣光、尘封的片段、不被注意的细节、未曾吐露的感受在本书中逐一鲜活呈现，透过这些，亦能看到浙江开放一路走来的艰难曲折所在，"地瓜理论"成长壮大的生机活力所在。

从历史深处走来，本书是对历史的追光与致敬，展望未来征途，它也是启迪智慧、激发畅想的一粒种子。我们希望谨以此书，让更多人知晓这段特殊的开放图强历程，在体悟历史中厚植省域高质量发展的坚定自信，在一个个鲜活故事中，观照当下、思考当下、迎接未来。

一代人有一代人的使命和担当。在当前纷繁复杂的全球化发展中，我们看到了不确定的踟蹰和彷徨，但也看到了磅礴开放新动能的呼之欲出。2024 年底，浙江省委提出推进高水平对外开放、建设高能级开放强省，这是落实"地瓜理论"的又一次重新出发。新征程上，让我们带着从历史中汲取的坚定信念，积开放之微光，汇合作之伟力，一起携手奔赴下一个"二十年"，共同绘制浙江高水平对外开放新图景。

是为序。

CONTENTS
目录

第二篇　商通全球

第三篇 互利共赢

第四篇 开放合作

第一篇

谋篇布局

开放，是浙江跨越发展的"密钥"。从闯荡世界的果敢，到"四千精神"的坚韧，浙江的发展离不开对外开放的深刻赋能。

然而从历史的眼光来看，改革开放之初的浙江并不拥有开放发展的先天优势。彼时，华南地区拥有了中国最主要的开放口岸，浙江不过是一些对外贸易产品的生产地。从产品提供到在世界舞台遨游，40多年间，浙江开放发生了什么？答案就在历史之中。

浙江的对外开放起步于港口。1979年，国务院批准开放宁波港，拉开了浙江省对外开放的序幕；1980年，浙江开始具有外贸出口自营权。放开手脚后，浙江对外开放表现出了极大的冲劲和潜力。

1998年，为积极应对亚洲金融危机，浙江提出"四个多元化"战略，一系列举措使以外贸为代表的浙江对外开放逆势上扬；2000年，全省进出口增幅高于全国平均20.5%。

2001年，中国"入世"，国门之外，海阔天空，令许多浙商心潮澎湃。然而，"走出去是否会引发产业空心化"的疑问，让浙商的脚步变得迟疑起来。

在踌躇之际，"地瓜理论"一锤定音，其深刻指出："跳出浙江发展浙江"，是浙江经济社会发展的必然要求，也是一种全局意识和政治责任的体现……

观念一变天地新。自此，浙江的对外开放进入了新阶段。

义乌启动国际贸易综合改革，杭州获批设立全国首个跨境电商综合试验区，中国（浙江）自由贸易试验区正式挂牌……

新征程上，浙江一路"乘风破浪"，持续推进开放型经济的改革与创新，充分利用国内国际两个市场、两种资源，打造出更具韧性更具活力更具竞争力的"地瓜经济"，实现了从资源小省到开放大省的跨越。

大道向前，大势如潮。2024 年，国际局势变乱交织，浙江外贸出口却稳中有进，全年货物贸易出口达 3.9 万亿元、增长 9.5%，占全国份额提高到 15.3%，稳居全国第二。

站在新的历史起点回望，浙江开放领域所取得的成就，源于"八八战略"的擘画引领，得益于历届浙江省委、省政府坚持"一张蓝图绘到底"的战略定力，是千千万万浙江人民秉持浙江精神，干在实处、走在前列、勇立潮头所收获的硕果。

有一定之略，然后有一定之功。在"八八战略"指引下，浙江由点到面、由浅入深，走出了一条渐进式开放道路。本章节将回溯浙江开放发展的关键性、历史性节点，探究浙江何以将开放之路越蹚越宽。

向东是大海，从宁波"破冰"闯世界
看浙江开放路

　　浙江宁波是中国历史上最早对外开放的重要城市之一。翻开历史，早在唐朝时期，宁波就已成为海上丝绸之路的起点之一，与扬州、广州并称为中国三大对外贸易港口。

　　1978 年，改革开放的春风吹到浙江，浙江对外开放萌芽起步。这一年，国务院批准开放宁波港。1984 年，浙江省第一个国家经济开发区——宁波经济技术开发区（下称"宁波经开区"）设立。1992 年，宁波保税区设立，这是一个试验性的开放区域，注定了它将一直肩负着改革开放"先行先试"的重任。

■ 1978 年，建北仑港一期码头前的毛礁原貌（宁波市商务局　供图）

相继设立的宁波港、宁波经开区与宁波保税区，给予了宁波对外开放源源不断的动力和资源，造就了宁波"千军万马闯世界"的外贸格局，引领宁波在改革开放的浪潮中"破冰"闯世界，助力浙江经济飞速发展。

从河埠码头到港通天下

"书藏古今，港通天下"，这是宁波的真实写照。对宁波而言，港口是其发展至关重要的基因。

新中国成立初期，作为一个商埠小城，宁波城市建成区面积狭小，仅 18.3 平方公里，1949 年地区生产总值仅 2.2 亿元。

宁波如何着力用好港口这一"最大资源"？

在中央的高度重视和大力支持下，宁波港口按下了向海图强的快进键。

"改革开放政策，给宁波舟山港带来了翻天覆地的变化。"81 岁的戴龙岳是宁波市外经贸委党工委原书记、主任。作为一名在改革开放后加入宁波外贸战线的老同志，他见证了宁波港口的蝶变。

虽已过去 40 余年，他仍清晰地记得，20 世纪 70 年代的宁波港还是一个囿于甬江口的内河小港。1978 年，宁波港域货物吞吐量仅为 214 万吨，还没有集装箱业务。

"我们都盼望着宁波港能对外开放。"作为一名土生土长的宁波人，戴龙岳认为港口是宁波经济发展的基础，有充分的对外贸易条件。

1979 年 6 月 1 日，在改革开放的春风里，经国务院批准，宁波港正式对外开放。

得益于国家的大力支持和宁波人善经商、艰苦创业的精神，宁波外贸、外资、外经"三外"联动，外向型经济得到快速发展，港口的发展也进入快车道。

1984 年，宁波被中央列为全国 14 个沿海开放城市之一，这标志着宁波站在了中国对外开放的前沿。三年后，国务院又正式批复同意对宁波市施行计划单列。

"这是宁波经济发展战略的重要调整，为宁波的自主发展和对外开放提供了更多机遇。"戴龙岳回忆道。与宁波开放同步进行的，还有港口建设，"三万吨、五万吨、十万吨级别的码头相继建成，港口建设日新月异"。

1988 年 8 月，宁波更是出台了《发展外向型经济总体规划（1988—2000）》，提出宁波发展外向型经济的目标和总体构想是：突出"港"字，坚持"以港口促工业，以港口促内外贸易，以港口带动全市国民经济和社会发展"。

"不过，当时宁波只是一个支港口，国际运输不畅，严重地阻碍了外贸货物的进出。"戴龙岳向记者解释说，20 世纪 90 年代前期，宁波没有一条远洋航线，进出口商品大多先到香港再转运世界各地，制约了进出口速度。

为此，宁波市政府及宁波市外经贸委领导专程赴北京，请求交通运输部能够允许宁波增开国际航线。

然而，万事开头难。

宁波提交的增开国际航线计划并没有被批准，通过一年的积极争取，交通运输部批了一条美东远洋航线。戴龙岳解释道："美东线在彼时是尚待开发的市场。"

美东线对彼时的宁波而言，是挑战，更是突破与机遇。

为了"破冰"发展，宁波市政府成立了宁波"揽活组"，戴龙岳被任命为组长。

■ 1984 年，谷牧同志为宁波经开区选址（宁波市商务局　供图）

"我带着小组成员跑遍杭州、嘉兴、金华、台州等地，宣传宁波港及其配套政策，有时与海关、商检等部门一道跑，拜访各个外贸公司，不断开拓美东业务。"戴龙岳仍记得在外拓市场的日子，在省、市共同支持下，宁波集装箱数量不断提升，同时还与一些国际运输大公司接洽，引进了多条航线。

随着宁波外贸业务量越做越大，宁波至法国、日本、韩国等国家和地区的集装箱航线也相继开通，初步形成了"千军万马闯荡国际市场"的格局。

2003 年，在"八八战略"指引下，宁波港口正式启动"二次创业"，开航线、拓市场、打品牌、强服务，在短短几年时间里，实现了集装箱运输业务"从小到大"的跨越式发展。

为实现有序开发建设，2005 年 12 月 20 日，浙江省政府作出战略决定，成立宁波—舟山港管理委员会，推进两港一体化。2006 年 1 月 1 日，宁波—舟山港名称启用，向建设现代化大港的目标坚定前行，逐渐成了中国大陆主要的原油、铁矿、集装箱、液体化工中转储存基地，华东地区主要的煤炭、粮食等散杂货中转和储存基地。

港口与贸易一脉相承，所有的付出都转化成了现实。一组数据更是展现了这座港口的发展势能。

从新中国成立初期的一个港区、一座浮码头、年货物吞吐量不足 4 万吨，到如今的 19 个港区、170 多座万吨级以上大型深水泊位、全球唯一年货物吞吐量超 10 亿吨……70 余年的时间里，宁波舟山港不断跨越式发展。从 1991 年仅有的美东远洋航线到如今，宁波舟山港已拥有 300 余条集装箱航线，密布的航线将 200 多个国家和地区的 600 多个港口织点成网，成为全球重要的港航物流中心。

如今，越来越多的"中国制造""浙江制造"通过宁波舟山港更快更广地走向全球。

开辟一条崭新的发展道路

在宁波港开放的 8 年后，1984 年宁波经开区的正式设立，为宁波乃至浙江开放打开了新的通道。

开发区是社会主义市场经济改革的先锋与探索者。

在改革开放初期，面对基础设施滞后、产业根基薄弱、经济体制僵化及资金严重匮乏的严峻挑战，党中央高瞻远瞩，将经济特区和开发区作为改革的突破口，决心开辟出一条崭新的发展道路。

41 年前，北仑小港"江心岛"，一幢不起眼的二层小楼前竖起了宁波经开区管委会的牌子。

宁波经开区规划面积 3.9 平方公里，为全国首批 14 家国家级开发区之一。1992 年 10 月，其扩大到 29.6 平方公里，同时撤销原北仑港工业区，并统 纳入宁波开发区管理。2002 年底，宁波经开区与北仑区实行"一套班子、两块牌子"的管理体制。

"宁波经开区自诞生之日起，便肩负着勇于尝试、敢于突破的历史使命。"宁波经开区商务局党组成员（兼）、区贸促会会长毛竹发表示，宁波经开区的设立，就像地瓜的藤蔓，不断向外延伸，体现了"开发"与"开放"两个核心要素。

成立于 20 世纪 90 年代的宁波德业科技股份有限公司，正是一家与宁波经开区发展同频共振的企业。

在德业股份宁波经开区的总部展厅内，各式各样的光伏逆变器、储能产品琳琅满目。这些产品，该公司在 2022 年就卖出了 40 多亿元，超九成产品为出口。

事实上，早在 2016 年以前，德业股份还是一家从事传统热交换器生产的制造业企业。在发现光伏逆变器这条新赛道后，他们开始转型。

从传统热交换器到绿色家电，再到光伏新能源产业，30 多年来，该公司不断"切换模式"，闯出了一条崭新的发展道路。

"成功切换的背后，经开区的大力支持尤为关键。"该公司财务副总监杨明世介绍，经开区不仅推动出台相关政策支持公司做技术改造，以及科研类、测试类、生产线更新换代，还积极鼓励企业申报重点研究院、重点技术研究中心等，对企业创新开展业务提供了很大的助力。

重视赛道布局、重视人才引育、重视科研创新……在追求高质量发展的路上，宁波经开区下好了先手棋。

当然，逆袭发展的故事并不止于此。

"我们的笔尖现在已完全实现国产化！"贝发集团董事长邱智铭自豪

地表示，公司 1994 年起家，最初仅是一家 30 人的小型作坊式制笔厂，在当地部门的支持下，突破了制笔的六道"瓶颈"，拥有制笔五大核心技术、1000 多项有效专利，每年有 180 个品种 30 亿支笔销往海内外市场。

而今，邱智铭更将目光投向了印度尼西亚、菲律宾、马来西亚、泰国等东南亚市场，"我们计划 3 年内，在海外建立 30 个品牌供应链中心和 3000 个品牌供应商，发展 3 万个中小 B 端客户，服务 500 万家终端、50 亿人群"。

星光不负赶路人，时光不负追梦人。面对时代之变，为打造国内一流、国际知名的高能级战略平台，根据浙江省委、省政府的工作部署，2022 年 1 月 23 日，新的宁波经开区正式挂牌运作。

这个由 2 个国家级开发区、3 个国家级海关特殊监管区、1 个自贸试验区宁波片区深度融合而成的新区被寄予厚望。

为全面统筹改革创新和重大项目服务，新的宁波经开区成立了宁波市首个专注于营商环境优化的专职部门——开发区营商环境改革局，这也是浙江省首个直接以营商环境改革命名的部门。

征途漫漫，唯奋斗者进。2023 年，宁波经开区实现进出口总额 4501 亿元，居浙江省第二、宁波市第一；在商务部公布的 2023 年国家级经济技术开发区综合发展水平考核评价结果中，宁波经开区跃升至全国 230 个国家级经开区中的第 12 位。

打开商通全球的一扇窗

如果说宁波舟山港开启了浙江"港通天下"的序幕，宁波经开区拓新经济发展之路，那么宁波保税区则成为商通全球的窗口。三者各展所长，共促宁波乃至浙江对外开放与经济繁荣。

奶粉、尿不湿、化妆品……在占地 75 万平方米的宁波保税区跨境电商仓储区里，汇聚了近 700 家电商企业，包括天猫、京东、亚马逊等巨头及本土企业宁兴优贝、正正电商等，共同构建了高效电商生态。

"买全球、卖全球"早已在这里实现。

时值 2024 年"双十一"前夕，位于宁波保税区的浙江海蛛网络科技有限公司为应对国外销售高峰，正忙着提前协助客户发货至海外仓。该公司主要销售家居、户外、办公等大件产品至北美洲、欧洲，预计高峰期销售订单量达 4 万单，销售额超 5000 万元。

这是宁波保税区平台内电商企业商通全球的剪影。

时间回到 33 年前，1992 年 11 月，乘着改革开放的春风，宁波保税区应运而生，这是彼时浙江省唯一的保税区。

"宁波港对外开放和快速发展，是宁波保税区成功获批的关键。"原宁波保税区经济发展局副局长陈贞新表示，临港的硬条件让宁波保税区自诞生之日起，便肩负着改革开放"先行先试"的重要使命。

"宁波保税区长期为企业提供展会、营销、信用保险等各方面支持，20 多年来，我们与保税区一同成长。"宁波优耐特进出口有限公司负责人

■ 宁波保税区（宁波市商务局　供图）

表示，从注册小型贸易公司蹒跚起步，其已实现产品远销欧美各地。

21世纪初，在国际贸易、出口加工、保税仓储、物流分拨等功能基础上，宁波保税区抓住中国对外开放的重大战略机遇，不断推进功能创新，为区域发展赢得先机，成千上万的"优耐特们"通过宁波保税区这条国际贸易大通道，放下包袱，轻装前行，勇闯世界。

宁波保税区的成功运行，掀起了浙江省对外开放的又一个高潮。2002年，宁波出口加工区获批，与宁波保税区一体化运作；2004年，成为全国8个与其邻近港区开展区港联动试点之一；2006年，宁波出口加工区获批为全国首批开展物流、检测、维修等功能试点；2012年，宁波成为全国首批5个进口电商试点城市之一，宁波保税区承担了宁波的试点工作。依托免税、保税政策优势，宁波保税区在全国率先探索实施进口跨境电商"保税备货"模式。

智利的车厘子、日本的化妆品、德国的啤酒、澳大利亚的保健品……这些优质进口商品，如今均可在宁波保税区线下的进口商品直销中心一站式购齐，越来越频繁地出现在消费者的生活中。

而今，利用国内国际两个市场、两种资源，宁波保税区形成了双向对流机制。

向东是大海。从宁波启航，看浙江开放之路，宁波舟山港、宁波自贸片区、宁波经开区和宁波保税区优势叠加、联动共振，共同构成了宁波对外开放的重要体系。它们相互促进、共同发展，在全球范围内获得了资源要素的配置能力、提升了产业链控制水平、建立起现代化产业体系，助力浙江的开放型经济更具韧性、活力和竞争力。

（林波 曹丹）

一次关键性会议，闯出浙江开放路

大道之行，壮阔无垠；大道如砥，行者无疆。

1978 年，改革开放的东风吹拂中国，浙江人抓住这一千载难逢的历史机遇，渴望闯出一条开放路。40 余年来，浙江沿着这条康庄大道，犹如上足了发条般，一往无前。

习近平在全省对外开放工作会议上强调

深入实施"八八战略" 全面提高我省对外开放水平

吕祖善主持并讲话

■ 2004 年 3 月 19 日，浙江省委、省政府召开全省对外开放工作会议，时任浙江省委书记、省人大常委会主任习近平作重要讲话

齿轮转动中，2004 年，浙江省委、省政府召开对外开放工作会议，成为全省开放之路上的指路明灯，指引浙江一步步实现从资源小省到外贸大省、从外贸大省到开放大省、从开放大省到开放强省的历史性跨越。

"七山一水二分田"，"走出去"是资源小省浙江的必然选择；通江达海，又赋予浙江"闯天下"的底气。如今，浙江已深度嵌入全球价值链之中。2024 年，浙江进出口规模首次突破 5 万亿元大关，外贸贡献率居全国首位。

无中生有：开放路不平坦

20 世纪 80 年代，中国改革开放如沐春风，肯吃苦、敢冒险的浙江人较早地嗅到开放发展的政策机遇。然而，浙江的自然资源禀赋不足，土地面积仅为全国的 1.1%，人均资源拥有量相当于全国平均水平的 11.5%。

在资源有限的情况下，浙商敏锐地意识到——要和全世界做生意。

"不管黑猫白猫，捉到老鼠就是好猫。"浙江省外经贸厅（现浙江省商务厅）原厅长金永辉引用这句名言，形象地道出了当时的营商环境。金永辉回忆道："那时候，一大批办厂、开公司的浙江人，就想着做外贸生意。因为内外贸差价大，企业家们都争着申领出口经营权。"

眼看着外贸需求日益增长，浙江省政府及时运用"有形的手"引导市场经济发展。比如 1987 年 12 月，省政府就提出"发展外向型经济，以出口为导向，靠贸易兴省"的经济发展思路。随后，各类政策举措相继实施。到 1996 年，浙江在全国率先实现了"县县有外贸"。

步入 21 世纪，中国成功加入世界贸易组织（WTO），为浙江外贸发展再注入一支强心剂。2001 年，浙江外贸出口额 229.77 亿美元，同比增长 18.2%，增幅连续三年居全国沿海省市之首。

尽管外贸整体呈现上升趋势，但当时，浙江主要依赖单一的外贸出口模式，面临着不少问题和挑战。"第一，海外市场主要集中在中国港澳地区和欧洲以及美国、日本等发达国家和地区，市场较为局限；第二，出口产品的质量不高，引发贸易纠纷较多；第三，同质化竞争比较普遍，低价竞争导致肥水外流；第四，除了商品贸易以外的国际合作形式比较少，外贸、外资、外经三者发展很不平衡。"金永辉回忆道。

与此同时，经历前期的粗放式发展后，浙江也面临着产业层次低、资源环境压力大等"成长的烦恼"。面对经济全球化大趋势，浙江不得不重新思考——如何突破对外贸易发展的瓶颈？

2003年7月，浙江提出"八八战略"，其中一项便是"进一步发挥区位优势，主动接轨上海、积极参与长江三角洲地区交流与合作，不断提高对内对外开放水平"。

这为浙江进一步扩大对外开放埋下了伏笔。

转折发生在2004年。当年3月，浙江省委召开全省对外开放工作会议，研究部署外贸进出口和利用外资工作。会议强调：我们要在继续做好"引进来"的同时，支持企业"走出去"，鼓励扩大外贸出口，加强国际经济技术合作，让企业到世界经济舞台上去施展身手，到国际市场上去参与竞争。

会后一个月，浙江重磅发布《关于进一步扩大开放的若干意见》，明确提出要实现从外贸大省向开放大省的跨越。

"从'外贸'到'开放'，虽仅二字之差，却是发展思路的巨大转变。外贸大省更多的是强调货物出口，开放大省则更注重全方位、多领域的国际合作，更具有主动性和积极的姿态。"金永辉说。

正是在那次会议上，浙江提出"四个坚持"——坚持对外和对内开放相结合，坚持扩大开放与深化改革相结合，坚持利用外资与结构调整相结合，坚持"引进来"和"走出去"相结合。同年8月，《浙江日报》"之江新语"专栏发表的《在更大的空间内实现更大发展》一文中谈到"地瓜理论"，其核心观点就是"跳出浙江发展浙江"。

举一纲而万目张。沿着开放大省战略，以"八八战略"为总纲领，以"地瓜理论"为支撑，浙江的开放路更加广阔。

破浪前行：内畅外联通全球

吉利收购沃尔沃、青山控股在印度尼西亚兴建青山工业园区、泛亚卫浴到越南设立厨卫家具生产基地……20 年间，境外投资越来越广，折射出浙江发展开放型经济的决心和步履。

2004 年，浙江省对外开放工作会议召开后，浙江对外贸易结构持续优化，外贸、外资、外经联动发展，贸易伙伴逐步覆盖全球。浙江开放的态度、环境、政策等，让外资青睐有加。

2004 年，日本大型电器制造企业松下电器在杭州成立"松下杭州工业园"，系松下在浙江的首次投资；2005 年，德国嘉利达公司进入中国，在浙江投资设立子公司；在纽约举行的"2006 美国·中国浙江周"期间，温州一次性签下 18 个招商引资项目，吸引协议外资 1.7973 亿美元……

然而，随着浙江开放之路越走越宽，各类风险挑战亦接踵而至。

2008 年，国际金融危机，对浙江经济直接造成了冲击。时任浙江省外经贸厅厅长金永辉清楚地记得，为了应对危机，浙江出台了扩大信贷规模、外贸便利化、减轻企业负担等一系列政策措施。

"当时，浙江外贸的多元化市场战略发挥了关键作用。"金永辉说，2005 年前后，浙江就拿出"真金白银"，通过组织企业参加国际展会等形式，鼓励外贸企业开拓非洲等新兴市场。

其背后，"侨"的力量功不可没。浙江作为侨务大省，200 多万名华侨华人遍布全球 180 多个国家和地区。广大侨商依托国际化视野和广泛的人脉网络，推动浙江好货卖全球、让全球好货走进来。

比如阿联酋、尼日利亚等国家和地区都有浙江籍侨胞集聚的市场，侨胞们每天将浙江产品源源不断地输向海外；在侨乡丽水青田，在侨胞的牵线搭桥下，人们在当地进口商品城就能买到法国红酒等全球优质商品。

到 2008 年金融危机来临时，浙江外贸却逆势上扬，总额创下历史新高，首次跃上 2000 亿美元台阶。其中，对拉丁美洲、非洲、大洋洲等新兴市场的出口增速较高。

为了加强经济调节和市场调控能力、为开放大省建设注入新动能，浙江省委、省政府层面也加快体制机制改革。2009 年 4 月 3 日，浙江省商务厅组建成立，将原浙江省对外贸易经济合作厅的职责、原浙江省经济贸易委员会的内贸管理和对外经济协调职责，一并整合划入省商务厅。

改革"一子落"，发展"全盘活"。

推动内贸、外贸融合是机构改革后的关键一步。作为浙江省商务厅首任厅长，金永辉回忆道，由于内贸、外贸的方式和模式不同，当时推动两者融合难度极大。为了打通国内国际市场，浙江采取了一系列措施，如举办"浙江商务周"以及开展各类培训、送服务到企业等。

尽管环境变幻莫测，但在政策制度持续加码下，浙江在开放之路上走得越来越坚定。

勇闯大道：开放能级持续提升

随着开放发展不断实现新跨越，浙江意识到，从开放大省迈向开放强省的时机已经成熟。

2018 年，中国改革开放迈入第 40 个年头，也是共建"一带一路"倡议提出五周年。那一年，全国对外开放"大招"频出：支持海南建设中国特色自由贸易港建设、在博鳌亚洲论坛上宣布中国扩大开放重大举措、在上海举行中国国际进口博览会……

正是在这一重要节点，浙江时隔 14 年再次召开全省对外开放大会。值得关注的是，会议出台了"下决心在对外开放体制机制创新上实现新突破，实施新的富有竞争力的对外开放政策，以更大的力度把新时代对外开放推向纵深"等十项对外开放新举措。

会议还强调，推进开放强省，以"一带一路"建设为统领、构建全面开放新格局，奋力书写同世界交融发展的美好画卷，为推进"两个高水平"建设提供强大动力和坚实支撑。

从"大"到"强"，劲往何处使？

走向蓝海，打开了浙江开放发展的新空间。近年来，在浙江省统一部署下，浙江 6715 公里曲折海岸线资源得以全面整合利用，其中，宁波舟山港开辟航线总数达到 305 条，连接起全球 200 多个国家和地区的 600 多个港口。同时，浙江还推进海港、陆港、空港、信息港联动发展，加速联通全球。

伴随着互联网风起云涌，跨境电商等外贸新业态已成为发展新动能。浙江省商务研究院相关负责人介绍，近年来，浙江跨境电商新模式、新举措越发丰富，譬如"保税仓＋直播"能够让消费者获得身临其境的线上消费体验；"跨境电商直购"实现"一地备案、关区通用"；"跨境电商网购保税进口"减少了国际商品运输时间等。

除了货物贸易，浙江服务贸易、数字贸易也加速崛起，成为开放强省建设新的增长点。

在浙江横店影视城，一部部融入中国元素的竖屏微短剧正在紧锣密鼓地拍摄着，不久将落地海外国家；在位于杭州的中国网络作家村，网络作家们埋首于键盘之中，一个个引人入胜的故事向全球同步更新……据中国网络作家村村长唐家三少介绍，截至 2024 年 12 月，中国网络作家村积极推动网文出海，海外读者累计达 1.6 亿人，海外全平台点击量破百亿次。

可见，文化产品、文化服务源源不断输出，不仅促进了浙江与各国民间的交流互动，增进了国际交流与理解，也同样提升了浙江服务贸易的国际竞争力。

然而放眼全球，国际形势依然严峻复杂，世界经济充满不确定性。浙江如何在深化改革、扩大开放上续写新篇章？

2024年12月4日，浙江省委、省政府召开推进高水平对外开放建设高能级开放强省动员部署会，给出明确答案——推进高水平对外开放、建设高能级开放强省。

站在新的开放发展节点，浙江明确将以服务最优、成本最低、效率最高为导向，以塑造更强的资源配置力、全球辐射力、制度创新力、国际竞争力为重要着力点，不断提升开放的深度和广度，切实增强定价权、规则权、话语权，在新时代扩大对外开放征程中继续走在前列。

循照新的路线图，未来浙江的开放图景备受期待。

有人说，对于沿海的浙江而言，开放是"看家本领"。但回顾过往，浙江开放之路并非一帆风顺。面对挑战，浙江选择迎难而上。正是在一次次锤炼、变革中，这一"看家本领"才越来越强——

当国际环境不给力时，浙江创新制度闯出新路；当市场变幻莫测，浙江企业勇于突围、各显神通；当遇到开放瓶颈时，政府、市场"两只手"协力闯关。

浙江走出的开放路充分证明，纵使风雨交加、布满荆棘，浙江亦能化风险为机遇，变开放优势为发展动能。相信未来，浙江定能在这条特色鲜明的开放大道上越走越远、越走越坚定！

（柴燕菲 项 菁 周 健）

以改革破题，
市场采购贸易方式"诞生记"

改革开放 40 多年来，浙江这一东海之滨的"资源小省"，依靠吃"改革饭"、走"开放路"，发生了全方位、系统性、深层次的精彩蝶变，成为经济大省、外贸大省。

改革是一项系统工程，需要讲求科学方法，处理好方方面面的关系。"八八战略"、"最多跑一次"、跨境电商……作为中国改革开放先行地，浙江改革攻坚的闯劲、久久为功的韧劲、求真务实的干劲有目共睹，而一次次的先行先试，也给予了浙江强劲的发展动力。

聚焦经济领域，有一项改革不得不提，那就是市场采购贸易方式。彼时，浙江制造因种类繁多、物美价廉，市场星罗棋布，商品琳琅满目，吸引了大量的海内外客源，但也正因为上述特点，出口面临手续烦琐、成本高、效率低等问题。这一困境在"小商品之都"浙江义乌尤为突出。

出路，就在于改革。先行者们从体制机制中破题，凭借"首创"精神，蹚出了发展之路——创设市场采购贸易方式，这不仅为浙江经济发展注入源头活力，也为全国多地的市场经济发展树立了典范。

■ 第 30 届中国义乌国际小商品博览会上，外国客商与供应商正在洽谈（吴峰宇　摄）

发展遇阻：改革迫在眉睫

时间回到 2011 年。当年 3 月 4 日，国务院批复开展"浙江省义乌市国际贸易综合改革试点"。这是改革开放以来，国务院第一次批准在一个县级市开展以国际贸易为主题的国家级综合改革试点。

何为市场采购新型贸易方式？业内人士指出，外贸领域管理有很多种模式，与一般贸易、加工贸易等适用于大批量进出口的贸易方式不同，义乌市场的小商品具有种类多、更新快、非标准化等特点，再加上小商品交易单笔规模较小、贸易主体众多、交易活动频繁等特征，常常需要多个采购主体组柜、多类商品拼柜出口，因此被形象地称为市场采购贸易。

为什么要给义乌"破例"？在现任浙江中国小商品城集团股份有限公司副总经理、时任义乌市商务局办公室主任寿升第看来，"当时的义乌若要进一步发展，就必定要改革"。

彼时，义乌商贸已发展到一定规模。正是那一年，总建筑面积64万平方米、拥有7000多个商位的义乌国际商贸城三期市场二阶段正式营业，来自全球各地的生产企业的数千个品牌在此展示，这里也成为中国商品走向世界的桥梁。

义乌国际商贸城为全球客商提供了商流、物流、资金流和信息流，2005年，义乌市场的外贸交易额已经超过了内贸交易额，但当时主要针对大宗贸易的传统一般贸易方式已无法满足义乌小商品市场的外贸需求，采购商与商户、采购商与出口部门、商户与关、税、汇等出口管理部门的多重矛盾一触即发。

"一般贸易方式就是一个货柜装同一个产品配套出口凭证。规模不大的外商不可能在义乌市场买一个货柜的纽扣或者一个货柜的毛绒玩具，他们需要采购很多产品拼成一个货柜，不同的产品对应不同的出口管理要求，没办法只搞一套出口凭证。"寿升第解释道。

上述情况给大部分在义乌做生意的外商带来困扰。即便有外商不厌其烦，成功拿到海量商品的配套出口凭证，也会因此耗费大量的时间成本和经济成本。

在义乌经商20多年的尼泊尔商人毕需努对此深有体会："义乌市场的商品物美价廉，那时候我们也想在义乌做生意，把中国商品卖到全球。但当时，我们需要通过中国的公司授权，将货物运出去。不仅如此，那时候小商品交易订单的规模比较小、种类又比较多，很多时候填不满一个柜子，就无法正常出口。"

即使再好的产品，"高门槛"的出口方式也容易让外贸从业者望而却步。在上述背景下，探索建立新型的国际贸易发展方式迫在眉睫。

"义乌试点"的落地，无疑让众人为之兴奋。

"这项改革试点，是破天荒的。"回顾义乌市场采购贸易方式的诞生，亲历者、浙江省商务厅原副厅长徐焕明提高了嗓门,"印象太深刻了,那会儿每两周都会去一次义乌。为了推进这项工作,大大小小的会议开了又开。"

2011年10月,徐焕明接到推进市场采购贸易方式的工作任务,随即带领团队前往义乌。着手开展此项工作的第一场会议,让他记忆深刻:"那是个周日,我们把有关方面的代表都叫到了一起,摸清痛点堵点。开完研讨会的当晚,我们就开始汇总分析问题、写报告材料,一整个晚上没睡,积极性很高。"

"改革创新难、统一思想难、部门协调难,在确立市场采购贸易方式的过程中,对这'三难'的体会太深了。"时任义乌市商务局副局长、省委组织部下派义乌市支持国际贸易综合改革挂职干部陈巧艳说。时隔十余年,她对推动调整市场采购贸易商品通关过程中一个又一个回合的协调、争论,仍然记忆犹新。

陈巧艳回忆,记得有段时间"市场采购贸易方式确立将严重冲击一般贸易"的舆论甚嚣尘上,甚至有人通过各种途径向上反映,要求叫停此项改革。彼时,时任浙江省政府主要领导带队到义乌调研,听取义乌市委、市政府相关汇报后,一句"不要在意,让人家说去吧!义乌还是要锚定目标不动摇,全力争取市场采购贸易方式尽快确立!"坚定了大家改革的决心。在改革推进的关键时刻、艰难时刻,浙江省委、省政府始终保持坚定立场,给予坚定支持。

"市场采购贸易方式当时是省委、省政府的重点工作,由省商务厅牵头,会同义乌市政府和海关、国税、外汇管理等职能部门成立了浙江省义乌市场采购新型贸易方式研究课题组,我担任课题组组长。那个时候,我们把推进这项改革作为头等大事。"徐焕明回忆。

但改革谈何容易。如何让尚没有法律法规予以支撑的做法,通过改革成为一种新型贸易方式?在此后的两年里,一直困扰着一众先行者。

鉴于市场采购贸易的特殊性，虽然国家有关部委、义乌有关监管部门不断创新监管办法，陆续探索、推出适合市场采购贸易的监管措施，但由于没有明确、统一的上位法依据，这些先行先试举措或未系统衔接，或将因缺乏上位法依据而终止，义乌市场采购贸易可持续发展面临着政策缺位等困境。

破釜沉舟：既要"管得住"，又要"通得快"

此项改革若要成功，如何让国家八部委达成共识堪称关键。

具体来看，改革工作牵一发动全身。创新贸易方式，就需要商务部、发改委、财政部、海关总署、税务总局、原工商总局、原质检总局和外汇局的共同认可。

"要做通体制机制、思想上的工作，难度很大。我们通过调研，去弄清楚堵点在哪，把走不通的路走通。我们前往多地海关口岸交流，吸取经验；频繁往返于北京和浙江，沟通完善方案。那段时间，真的是把这项工作作为事业来做，紧紧盯牢不放。"徐焕明说，"我们要达到的目的，就是贸易便利化、监管规范化、作用长效化，推进义乌市场持续繁荣发展。"

当时，义乌市场商品主要是借"旅游购物商品"（海关代码0139）[①]这一海关监管渠道申报出口，该申报渠道为义乌市场外贸的发展起到了非常重要的促进作用。但该申报渠道，尚不算完整的国际贸易监管方式，缺少配套的税收、外汇等政策，"管不住"的问题比较突出，一定程度上影响了义乌市场的国际声誉，不利于义乌市场的健康发展。

渐渐地，既要"管得住"，又要"通得快"，成为先行者们的共识。

---

① 指外国旅游者或外商采购货值在5万（含5万）美元以下，以货物运输方式出口的小批量订购的货物。

2012年9月15日，义乌市委、市政府审议通过了《中共义乌市委关于试行市场采购贸易方式的决定》，标志着在市场采购贸易方式获批之前的改革过渡期，义乌将先行先试市场采购贸易方式。

"配套政策的限制导致一些外贸公司没有办法享受退税，所以就选择去外省注册。对于义乌来说，这些异地外贸公司是飘在空中的，'看得到，管不到'。在试点中，我们就想方设法让这些公司落地，为'管得住'打下基础。"原义乌国际贸易综合改革试点工作小组办公室副主任骆小俊说。

为了实现"管得住"，浙江大胆创新，开始试点。创新之处在于将"专业市场、专业街商品采购"在现有行业分类标准中未载明的新业态予以登记注册，解决了市场主体在市场准入的各个环节乃至经营过程中可能出现的"身份"难题。

随后，由工商部门开展市场采购贸易方式外贸公司注册登记工作，市场采购贸易方式外贸公司凭工商营业执照向义乌市商务局办理对外贸易经营者备案登记。同时，出入境检验检疫、海关、国税、外汇管理等部门也对市场采购贸易方式外贸公司实施相应的监管和优惠服务措施。

2012年9月28日，经营户张伟琴顺利领到义乌市艮兑商品采购有限公司的营业执照、组织机构代码证、税务登记证，成为义乌第一家获得批准成立的市场采购贸易方式企业。初尝市场采购甜头的她对"通得快"感受明显："公司报关出柜的速度提高了许多，客户也有所增加。"

扬翔国际货运代理有限公司董事长、义乌市国际货代仓储协会秘书长金丽仙也在第一时间享受到新政带来的便利。"以往，一个集装箱在仓库里起码要待上5至7天才能出去，每天的成本是80元至100元，我们的办事员跑部门要跑三次。现在不一样了，可以上网报关。而且，诚信等级高的企业，可以抽检或者免检。这样一来，人工成本降低不说，物流效率也大大提高。"

数据显示，从 2012 年 9 月到 2013 年 4 月，义乌出口连续 8 个月同比增速超过 150%，累计出口 117.5 亿美元，同比增长 3.9 倍，其中通过市场采购贸易方式出口占 75%。义乌出口已成为推动浙江全省出口增长的主体力量，对全省出口增长的贡献率 2012 年达 66%、2013 年 1 月至 4 月为 55%。

落地生根：市场采购优势凸显

历时两年多的探索，好消息在 2013 年 4 月 18 日传来——商务部等国家八部委正式函告，同意在浙江省义乌市试行市场采购贸易方式。作为综合改革的首要任务和核心内容，市场采购从一个需要探索的目标，已正式确立为一种新型贸易方式。

《关于同意在浙江省义乌市试行市场采购贸易方式的函》（商贸函〔2013〕189 号）。虽过去十年有余，寿升第仍能快速、准确地说出商贸函的名称，他曾因推进此项改革，被调任至商务部外贸司政策处挂职。

"我在商务部挂职了一年多，专门沟通此项事宜，并且参与了原稿的撰写。"回忆起当时的情景，寿升第很是感慨，"这份商贸函经过国家八部委会签盖章后，红头文件在商务部的内设印刷厂里印刷。当时我守在印刷厂门口，总共印了 50 份。看着红彤彤的印章，感觉自己手里的文件沉甸甸的，那真是心潮澎湃。闻着文件上淡淡的油墨香，我当时就在想，新型贸易方式的确立，必将是我国外贸发展史上的重要一笔，何其有幸能参与到这项改革中，参与到重要的历史进程中。"

让寿升第没有想到的是，50 份红头文件除了送至国家八部委和浙江省政府共 9 个主送单位外，因考虑到义乌在此项改革中做出的巨大努力，商务部特批由他将其中一份原稿带回义乌。

■ 客商云集的国际商贸城（吴峰宇 摄）

"我从北京回来那天，把文件非常郑重地收进了背包里，薄薄几张纸，却有千斤重。我只是在前方的一名工作人员，我的身后有浙江省委、省政府，义乌市委、市政府，有商务和关、税、汇等出口领域有关部门的非常多的人在共同努力，我们做到了。"寿升第说。

改革落地，势如破竹。此后的一段时间内，这一新型贸易方式迎来了高速发展。相关部门相继出台文件，将改革落到实处。

如 2014 年 7 月 1 日，海关总署发布 2014 年第 54 号公告，决定正式启动市场采购贸易方式，增列"市场采购"（海关代码 1039）[①]。而过去，义乌贸易一直沿用的是"旅游购物商品"。这是一种面向专业市场的创新出口模式，具备通关迅速、便利化、免增值税、免退税等特性，大大简化了复杂环节，有效激发了外贸市场的主体活力。

---

① 是指由符合条件的经营者在经国家商务主管部门认定的市场集聚区内采购的、单票报关单商品货值 15 万（含 15 万）美元以下，并在采购地办理出口商品通关手续的贸易方式。

从"0139"到"1039"，看似两个数字的位置调换，却是无数先行者们多年来的努力。其对义乌市场发展、中国中小微企业出口、中国外贸体制变革，都产生了深远的影响。

"一开始受限于'旅游购物商品'监管方式，我们的生意做不大，市场采购贸易方式的诞生给我们打开了发展空间。"毕需努回忆，在市场采购贸易方式落地前，他需要花大量时间与大客户建立信任，专做采购单一货品的大客户的生意。但随着可以拼单卖货，他将目光转向很多做散货生意的中小客户，给他们提供多样化的货品选择。慢慢地，小客户也发展得越来越好，成了他们的大客户。

如今，市场采购贸易方式已走过整整十个年头，仍发挥着举足轻重的作用，成为外贸稳定增长的重要举措。

2024年，浙江市场采购出口额5328.4亿元，增长13.2%，占全省出口总值的13.6%，拉动全省出口增长1.7个百分点。如今，通过市场采购贸易方式，共建"一带一路"国家的小商户也能便捷地参与国际贸易。义乌市场已与全球233个国家和地区建立了贸易联系，这一改革成果从浙江出发，已在全国22个省份的39个专业市场复制推广，我国贸易朋友圈也"越扩越大"。

改革并非一劳永逸，如何久久为功走稳"改革之路"，是长期的命题。日前，《浙江省义乌市深化国际贸易综合改革总体方案》获得国务院批复，浙江开启了新一轮国际贸易的改革进程，继续为我国转变贸易发展方式、加快建设贸易强国积累经验。

在"买全球"上加速破题，在"卖全球"上迭代深化，浙江的改革故事，仍在继续。

（钱晨菲　董易鑫）

跨境电商综试区：
"从0到1"交出"浙江答案"

　　当下，在逆全球化思潮抬头，单边主义、保护主义上升等导致世界经济复苏乏力的背景下，发展势头强劲的跨境电商成为中国经济韧性的重要体现。其在推动中国制造业持续升级的同时，也在"重新洗牌"全球经贸格局。

　　回顾中国跨境电商崛起历程，杭州是一座绕不开的城市。2015年3月7日，杭州获批设立全国首个跨境电商综合试验区，担负起破解跨境电商发展中的深层次矛盾和体制性难题之重任。在"从0到1"的探索中，杭州不仅推动跨境电商成为城市经济新引擎，还通过持续输出经验，助力全国陆续建成165个跨境电商综试区，在国家使命的作答中交出了优异的"浙江答卷"。

试验田落地背后：天时、地利、人和

　　跨境电商在中国萌芽于20世纪末，其依附于传统外贸，以线上完成信息对接为主要形式。21世纪初的十余年，随着线上交易平台的出现，及后来跨境自主品牌、自建独立站等模式出现，这一新业态从成长期步入快速发展期。

在杭州，阿里巴巴于 2014 年 2 月上线天猫国际，成为跨境电商于这座城市进入加快发展阶段的缩影。当年，杭州跨境电商交易规模仅为 1.2 亿元。而到 2023 年，其交易规模已达 1400 亿元，十年增长 1100 多倍。

"我在跨境电商兴起时就认为，它不仅是一种新贸易方式，而且将成为数字经济的新引擎，现在看来的确是这样。"谈起跨境电商的十年发展，浙江省科技厅党组书记佟桂莉感慨万千。

从来没有凭空出现的奇迹。上述几何级增长的出现，重要原因之一便是中国（杭州）跨境电子商务综合试验区（下称"杭州综试区"）对行业的推动与保障。

关于这段改革的开端，佟桂莉是最合适的讲述者之一。2013 年，她任杭州市委常委时，就牵头推进跨境贸易电子商务服务试点工作；2015 年杭州综试区成立后，她担任杭州综试区建设领导小组办公室主任。

回忆杭州综试区获批这一节点，佟桂莉依然感觉历历在目。

"它从'正式提出'到'获得批复'仅用 4 个月，当时是国家在综合改革领域批复最快的一次。"在她看来，第一块试验田花落杭州，得益于天时、地利、人和。

"天时"并不难理解——21 世纪进入第二个十年，跨境电商快速走入大众视野，加之国家鼓励政策陆续出台，这一新型贸易方式迅猛起势。同时，其也给政府监管和服务带来了挑战，尽快构建与其相适应的新型管理制度体系成为迫切要求。

"地利"则在于杭州"电商之都"的先发优势。十年前，杭州已是互联网强市，集聚一批龙头企业。该市跨境电商模式齐全，是全国最早开展跨境电商小包出口、直邮进口、网购保税进口的城市。其还坐拥较完善的跨境电商生态，有阿里巴巴国际站、全球速卖通等跨境电商平台及一达通、菜鸟网络等龙头服务商。

"杭州综试区快速获批,更关键的是人为努力。"佟桂莉表示。

早在 2012 年 12 月,杭州市就在国家相关部委的指导支持下,启动跨境贸易电子商务服务试点工作。那一年,任杭州市政府党组成员、副市长的佟桂莉多次前往国家海关总署,希望让杭州搭上试点"头班车"。

为加速跨境电商发展,杭州持续争取先行先试机会。2014 年,全国"两会"期间,时任杭州市市长张鸿铭和副市长谢双成分别提交建议和提案,希望"国务院批准设立中国(杭州)网上自由贸易试验区,并将网上自贸区列为国家战略"。

这引起国家有关部委的高度重视,多部委纷纷前往杭州调研。杭州在该背景下"超前布局",当年便成立网上自贸区建设工作组,开展一系列基础研究和方案制订。这为之后杭州综试区的落地打下了坚实基础。

2014 年 11 月,国务院领导视察浙江,明确表示支持杭州建设跨境电商综试区。"两个月后,国务院领导来杭州调研,指导杭州综试区申报工作。我们抓住机遇编制申报方案,积极推动国家试点落地。"佟桂莉说。

这项工作的进展之快超出大多数人预料。2015 年 3 月,国务院印发《关于同意设立中国(杭州)跨境电子商务综合试验区的批复》,明确杭州综试区要为推动全国跨境电商发展提供可复制、可推广的经验。

改革做文章:持续输出"杭州经验"

对于杭州综试区这块牌子,佟桂莉将其看得尤为珍贵,"这是一项国家使命,是国家交给浙江的重大任务;是一项开创性工作,没有可借鉴的现成经验,要积极先行先试;是一个新发展引擎,有望支撑杭州数字经济走在全国前列,成为发展新动能"。

"从 0 到 1",改革创新是唯一路径。"杭州综试区获批没有具体优惠政策、没有一分钱补贴。如果讲优惠，那就是先行先试的权利，给予试错的空间。在我看来有这一条就足够了。"佟桂莉语气坚定。

这样的观念与决心，让杭州综试区起步后形成了一个鲜明特点：不向国家要优惠，而是以"啃硬骨头"的决心探索制度创新，写下了制度型开放的重要"杭州篇"。

谈及杭州综试区为国家贡献了哪些主要经验时，佟桂莉进行了总结归纳，主要有 5 个方面的探索。其中，最为知名的无疑是以"六体系两平台"为核心的顶层设计成功走向了全国。

杭州综试区建设之初面临的最大难点，是跨境电商经营主体数字化、交易形态高度碎片化等问题，按照一般贸易流程设计的监管模式，难以适应跨境电商多品种、小批次、频繁交易的新特征。为此，杭州市联合浙江省商务研究院的专家团队，积极探索建立新的制度体系，在经过深入走访调研分析后，在短短数月内便探索构建了以"六体系两平台"为核心的"四梁八柱"。

"六体系两平台"即信息共享服务、金融服务、智能物流、电商信用、风险防控和统计监测体系，以及线上"单一窗口"平台和线下"综合园区"平台。

杭州市商务局党组成员武长虹是这一改革成果的亲历者。她以线上综合服务平台为例介绍，通过该平台，点点鼠标即可实现报关、报检、退税和结汇信用数据实时传输，摆脱传统纸质单证的烦琐申报。同时平台集聚的数据和服务资源要素实现了"六体系"的在线化，并赋能线下综合园区发展，构建起跨境电商数字化监管服务体系。

2015 年 10 月，国务院领导再次来到杭州综试区，在听取佟桂莉有关"六体系两平台"的相关汇报后，给予"士别三日当刮目相看"的评价。次年 1 月，国家将杭州综试区初步探索出的相关政策体系和管理制度在

12 个城市复制推广。

除上述内容外，在佟桂莉眼中，杭州综试区进行的探索还包括：突破无票免税、所得税核定征收等一批难点；首发跨境电商 B2B、"1210"海关监管方式[①]创新；基于信用监管的线上综合服务平台模式向全国复制；政企协同促进"跨境电商＋产业集群"发展模式向全国推广。

其中不得不提的税收方面改革，杭州针对企业实际发展需求，一次次进行探索实践。

杭州在 2015 年提出"无票免税"政策并在财政部、国家税务总局的支持下先行先试。2018 年 9 月，在杭州综试区试点的基础上，国家进一步扩大政策实施范围，出台《关于跨境电子商务综合试验区零售出口货物税收政策的通知》，对综试区电商出口企业出口未取得有效进货凭证的货物，同时符合一定条件的，试行增值税、消费税免税政策。该政策相较于全国适用的免税政策，对企业的平台登记要求更为细化，但对出口货物和购进货物凭证的要求大幅放宽，为跨境电商发展提供了新支撑。

在杭州，"无票免税"的问题解决了，另一个问题又随之而来。通过跨境电商零售出口"9610"海关监管方式[②]模式阳光通关后，大部分跨境电商企业没有进项增值税发票，导致所有收入即为利润，将可能以此为依据缴纳企业所得税。经杭州综试区向上争取，国家税务总局出台跨境电商综试区零售出口企业所得税核定征收有关政策，解决了企业的后顾之忧。

---

① "1210"海关监管方式，全称为"保税跨境贸易电子商务"，简称"保税电商"，行业俗称"保税备货模式"，适用于境内个人或电商企业在经海关认可的电商平台实现跨境交易，并通过海关特殊监管区域或保税监管场所进出的电子商务零售进出境商品。

② "9610"海关监管方式，全称为"跨境贸易电子商务"，简称"电子商务"，俗称"直邮出口"或"自发货"模式，适用于境内个人或电商企业通过电商交易平台实现交易，并采用"清单核放、汇总申报"模式办理通关手续的电子商务零售进出口商品。

■ 2015 年 6 月 29 日，中国（杭州）跨境电子商务综合试验区建设推进大会

截至 2024 年，作为探路者的杭州综试区已有三批 113 条创新举措被推广向全国。

在许多故事亲历者看来，杭州综试区值得被记住的改革实践，除制度创新外，还有在革新市场主体观念方面所做的努力。

如为推动企业触网，杭州综试区连年举办全球跨境电商峰会、一系列传统外贸制造企业产业对接会等，让更多企业了解跨境电商；综试区干部密集参加行业论坛、前往区县授课，鼓励企业迈出第一步。

"是政府带动我们尝试，陪着我们一步步成长，我们才分享到跨境电商的红利。"一家企业负责人由衷感慨。

改变浙江外贸基因：新十年更有新机遇

杭州综试区是历经十年打造的重要"改革名片"。佟桂莉由衷地认为，其在最初能够快速起步,与浙江省、杭州市的重视支持密不可分。

在省级层面,浙江省委、省政府多次召开专题研究杭州综试区工作;浙江建立省级层面的跨境电商综试区工作领导小组;浙江省商务厅持续提供专业指导,帮助杭州综试区争取商务部等国家部委、省级部门支持。

市级层面,杭州成立市委书记、市长任双组长的综试区建设领导小组,建立办公室,并从各部门抽调 30 人从事综试区工作,提供全方位的保障与支持……

多方合力保障,让杭州综试区在成长中逐渐改变了浙江外贸的基因。

在佟桂莉看来,杭州综试区的发展,首先推动了浙江传统外贸转型升级,提升外贸质量。

由 OEM^① 代工起家的杭州企业巨星科技,自 2016 年布局跨境电商以来相继推出多个自有品牌。2023 年,该企业跨境电商营收近 20 亿元,带动自有品牌销售收入占公司销售总收入超 40%。

杭州综试区也为民营企业品牌出海、扩大外贸规模提供了便利。

上半年实现收入约 14.62 亿元,净利润同比增长 789%,这是"跨境电商鞋服第一股"子不语 2024 年中期业绩成绩单。其在十年前还是一家普通的电商企业,如今已是中国最大的跨境电商 B2C 公司之一。企业负责人坦言,杭州综试区推出的一系列促进支持跨境电商的政策举措,大大降低了企业开拓海外市场的门槛和风险。

杭州综试区还为浙江形成新的产业链、构建最优生态圈提供助力。

目前,杭州的跨境电商卖家达 6.34 万家,规上跨境电商企业 1045 家,截至 2023 年,杭州综试区的跨境电商服务商数量达 2881 家,集聚全国三

---

① OEM,Original Equipment Manufacturer,原始设备制造商,指一家厂家根据另一家厂商的要求,为其生产产品和产品配件,亦称为定牌生产或授权贴牌生产。

分之二的跨境电商平台，跨境支付交易额占全国的六成。

"经过多年发展，杭州综试区先行先试的红利不断释放，一大批跨境电商企业由小树苗成长为参天大树，它们总部留在杭州，藤蔓向全球延伸，成为'了不起的地瓜'。"佟桂莉打心底为这些企业高兴。

在杭州综试区走完第一个十年之际，浙江再次释放推动跨境电商高质量发展的强烈信号。

2024 年 9 月，为加快培育外贸新动能，拉高标杆、对标一流，推动浙江跨境电商取得更大发展，浙江省政府在义乌召开了全省跨境电商高质量发展现场推进会。随后，《浙江省加力推动跨境电商高质量发展行动计划（2024—2027 年）》正式印发，提出统筹实施五大行动，加力推动跨境电商高质量发展，打造高能级跨境电商国际枢纽省。

■ 2016 年 5 月 13 日，杭州综试区与亚马逊全球开店战略合作签约仪式现场（杭州日报社供图）

"这为杭州综试区的发展带来了难得机遇。"虽离开杭州综试区多年，但佟桂莉依然非常关注跨境电商的新动态。对其而言，这是感情使然，也是如今在科技部门工作的责任使然。

"我由衷希望杭州综试区能够做到制度创新永无止境、管理创新不断优化、服务创新持续深化、科技创新赋能品牌。"她对杭州综试区充满了无限期待。

佟桂莉特别强调，跨境电商要把握好科技力与品牌力这两个关键。"在人工智能时代，所有的行业都值得重新做一遍。跨境电商应加强人工智能、大数据等先进技术的研发与应用，激活发展新动能。同时应坚持以数字技术为驱动，市场需求与差异化设计相结合，引导企业创设自主品牌，不断增强品牌竞争力。"

从杭州看向全省，浙江已在全国率先实现跨境电商综试区省域全覆盖。2024年前三季度，全省实现跨境电商出口额2581.4亿元，规模创历史同期新高，同比增长23.9%。步入新发展阶段，结合当下种种来看，作为浙江外贸高质量发展重要驱动力的跨境电商，正迎来又一轮"天时地利人和"，也必将以改革创新之笔，书写下新的奇迹故事。

（柴燕菲　王逸飞　鲍梦妮）

从"不产一滴油"到弄潮新蓝海，
浙江凭什么能

在中国改革开放的大潮中，浙江的身影从未缺席。

2017 年 4 月 1 日，一个值得铭记的日子，中国（浙江）自由贸易试验区（下称"浙江自贸试验区"）在舟山正式挂牌成立，浙江肩负起"为国家试制度，为地方谋发展"的责任使命，拉开了向海而兴的新篇章。

■ 2017 年 4 月 1 日，中国（浙江）自由贸易试验区挂牌成立

短短几年，围绕油气全产业链建设，浙江走出了一条差异化、特色化的改革探索道路，实现了从"不产一滴油"到初步形成"万亿级油气产业格局"的跨越。

弄潮油气产业只是一个序曲，蓄力赋权扩区、建设全国首个大宗商品资源配置枢纽……浙江自贸试验区一步一个脚印，在改革的征程中砥砺前行。

改革落地舟山：资源小省"无中生油"

时间回到2017年，作为中国唯一一个由陆域和海洋锚地组成的自贸试验区——浙江自贸试验区在成立之初，便将"推进以油气全产业链为核心的大宗商品投资便利化、贸易自由化"作为建设重点。

浙江为何要瞄准这一赛道，成为新晋"油气玩家"？这一切源于浙江清晰的自我认知与未来规划。

能源对一个国家的繁荣发展、人民生活改善和社会长治久安至关重要，是国家发展的重要基础。中国是世界第一大石油进口国和第二大石油消费国，原油对外依存度较高，因此，通过一定区域内资源集聚来提升国家大宗商品的配置能力尤为必要。2016年12月国家发布的《能源发展"十三五"规划》，提出将出台油气体制改革方案，逐步扩大改革试点范围，有序放开油气勘探开发、进出口及下游环节竞争性业务。

而作为经济大省、用能大省的浙江同时也是资源小省。其能源自给率仅为5%，95%需要从外购买。随着浙江经济的加速发展和产业结构的调整，对能源供给提出了更高要求。

在此背景下，浙江决定先行先试，开始推动中国油气体制改革的探索。

为什么将浙江自贸试验区的坐标定格于舟山群岛上？在不少亲历者看来，作为我国唯一以群岛建制的地级市，舟山得天独厚的黄金地理位置决定了其在物流、中转方面有着极具"天时地利"的优势。

先看"天时"，舟山自 2014 年开始发力保税船用燃料油加注^①中心建设，经过 3 年的发展，在全球油气全产业链体系中扮演着越来越重要的角色；再谈"地利"，我国沿海 7 条国际远洋航线中有 6 条经过舟山海域，舟山还紧邻国际主航道，是连接东亚、东南亚和欧洲的重要航运枢纽，有着较大的油气贸易和海事服务需求。

作为浙江自贸试验区建设的参与者，浙江国际油气交易中心董事长赖新对浙江自贸试验区的挂牌成立记忆犹新，"对企业来说无疑是重大利好，当时我们通过努力，成为首批 10 家入驻企业之一。就在那一年的首届世界油商大会上，浙江自贸试验区迎来油气领域的首秀，浙油中心也随之崭露头角"。

"可以说，我们与浙江自贸试验区是共同成长的。"赖新回忆，2018 年，《浙江自贸区国际油品交易中心建设实施方案》获批，明确以浙油中心为基础推进浙江自贸试验区"国际油气交易中心"建设，浙油中心正式成为浙江自贸试验区"一中心三基地一示范区"建设的核心环节。

赖新所说的"一中心三基地一示范区"建设，即打造国际油气交易中心、国际绿色石化基地、国际油气储运基地、国际海事服务基地、大宗商品跨境贸易人民币国际化示范区。

目标既定，往后的两年间，改革浪潮一波高过一波：保税加油经营资质在舟山破冰；在全国首创保税燃料油供应业务操作规范，填补国内

---

① 指按照国际通行惯例，为国际航行船舶提供免税燃料供应。该业务是国际海事服务的重要组成部分，也是衡量港口国际化水平和配套服务水平的重要指标。

■ 舟山绿色石化基地（浙江自贸试验区舟山片区　供图）

保税油行业的制度空白；在全国首创"跨关区""跨港区"供油；在全国首次尝试不同税号保税油调和业务，进一步缩小了与新加坡燃油的差价……

一个个"全国首创"频现，生动演绎着浙江自贸试验区的发展活力，也极大地提高了企业的操作便利性和成本效益，吸引着越来越多的供油企业向舟山集聚。

2020年3月26日，国务院正式发布《关于支持中国（浙江）自由贸易试验区油气全产业链开放发展的若干措施》。浙江省商务厅党组成员、总经济师朱军曾主抓该项工作，据他介绍，上述赋权方案是党的十九大以来国家层面首次聚焦自贸试验区全产业链出台系统集成的政策文件，开启了浙江自贸试验区油气全产业链建设集成性改革创新发展的新征程。

"赋权为浙江自贸试验区油气全产业链建设注入强大动力、按下'快进键'，迅速形成万亿级油气产业格局，不产一滴油的舟山市也从昔日的海上渔港摇身一变成为今天的油气大港，成为长三角地区经济发展速度最快的地级市之一。"朱军说。

据 2020 年数据显示，浙江自贸试验区挂牌三年多来，对外贸易年均增长 93%，利用外资年均增长 99%，聚焦油气全产业链建设，已成为全国油气企业最集聚的地区。

改革迫在眉睫："扩区行动"打响

2020 年 8 月 30 日，国务院正式批复《中国（浙江）自由贸易试验区扩展区域方案》，新设立宁波、杭州和金义片区。自此，浙江自贸试验区形成舟山、宁波、杭州、金义"一区四片"发展格局。

在朱军看来，彼时实现扩区，有着独特的历史背景。

2020 年 3 月 29 日至 4 月 1 日，习近平总书记考察浙江，赋予浙江"重要窗口"新使命，要求浙江发挥国家战略叠加优势和自由贸易试验区作用，以更大力度推进全方位高水平开放。

彼时的浙江自贸试验区建设已进入深水区，同样亟须实现新的突破和改革。当时在已获批的 18 个自贸试验区中，仅浙江自贸试验区只有 1 个片区。浙江作为民营经济发达省份，改革创新资源富集，单片区设置不利于充分发挥这一优势。

改革迫在眉睫，一场"扩区行动"就此打响。

起草扩区文件的经过，朱军记忆犹新。"那是 2020 年 5 月的一天，我正在开党组会，接到了商务部的电话，让我们抓紧起草文件，围绕打造以油气为核心的大宗商品资源配置基地、新型国际贸易中心、国际航运和物流枢纽、数字经济发展示范区和先进制造业集聚区这'五大功能定位'展开。"朱军说，接到电话的他非常兴奋，立即召集专班成员开干。

一场与时间的赛跑摆在大家面前。为了赶在 2020 年 6 月底中央全面深化改革委员会第十四次会议召开前提交定稿，文件的起草时间只有短短一个月。

"当时我们三天两头往北京跑，就住在商务部不远处的北京宁波宾馆，负一层的会议室可以说是我们日夜奋斗的地方。省商务厅和舟山、宁波、杭州、金华等地的同志组成了10余人的专班，调研论证、画图纸、起草文本，分工明确。"朱军回忆起当时的场景仍然热血沸腾。

不仅是北京宁波宾馆，商务部外的小接待室也给朱军留下了深刻印象，他的手机里，至今还珍藏着当时的照片——不足20平方米的接待室里，簇拥着10余人，大家戴着口罩神情专注，桌上则摆放着一台台笔记本和一份份材料。他深有感触："那时候正是新冠肺炎疫情严重的时候，我们不能进部里，每次讨论方案都是与部里同志在接待室见面，很不容易。"

专班成员不敢有一丝懈怠，通宵达旦起草，逐字逐句琢磨，一遍一遍与商务部对接，连续六七天高强度作战，每天讨论研究到凌晨，把涉及多个部门的上百条反馈意见，都充分吸收到扩区方案中去。其中涉及不同部门的事权，经过多次省部沟通协调，方案才得以完善。

2020年8月，随着《中国（浙江）自由贸易试验区扩展区域方案》的公布，浙江自贸试验区再迎重磅升级，实现了从挂牌到赋权扩区的"两级跳"：从一域之地扩展到"四大片区"，从聚焦油气全产业链拓展到"五大功能定位"，这是基于浙江省情的统筹考虑，有利于更好地发挥浙江特色优势，标志着浙江改革开放事业进入了一个新的历史阶段。

改革再出发：建设全国首个大宗商品资源配置枢纽

2024年11月，《中国（浙江）自由贸易试验区大宗商品资源配置枢纽建设方案》（下称《建设方案》）对外发布，这是全国首个以大宗商品资源配置枢纽为核心的重大改革。

"此次改革的重点在'枢纽'二字。"浙江省商务厅自由贸易区处长骆林勇掷地有声，"2020年，国务院就已经批复浙江建设大宗商品资源配置基地，'基地'强调'一品一域'，是以油气全产业链为核心，并逐步拓展到大宗商品其他品类；'枢纽'则意味着要辐射带动周边地区，对国家大宗商品产业链安全起到重要保障作用。"

浙江推进大宗商品资源配置枢纽建设，既是承接国家战略，又是服务地方经济发展需要。从"基地"到"枢纽"，浙江自贸试验区有着良好基础：自2017年设立以来，当地已建成全国重要的大宗商品储运基地，油品储存能力达全国的五分之一；建成油气吞吐量、铁矿石吞吐量均居全国首位的大宗商品枢纽大港；建成全国最大的铁矿石中转基地，年铁矿石吞吐量超2亿吨……如何将现有资源盘活，成为摆在浙江面前的一道考题。

"虽然方案是2024年11月发布，但我们做了整整21个月的探索和努力。"骆林勇介绍，2023年3月，浙江提出全面落实国家自贸区提升战略，以改革创新精神建设好自贸试验区，形成更多标志性成果。从那时起，他们就开始谋划如何改革。

面对这一综合性极强的工作，如何破题尤为重要。在反复调研论证后，骆林勇和其他改革者们选择继续将目光聚焦油气，锚定浙江特色进行提升。

2023年6月，中央改革办受邀来到浙江舟山、宁波进行调研，经过两周的走访，一个结论性的意见得出——"建设大宗商品资源配置枢纽势在必行，舟山是理想之地"。短短20余字的背后，调研报告厚达百余页，从浙江自贸试验区现有的产业优势、国际对比分析、建设大宗商品资源配置枢纽的作用等多方面进行阐释。

很快，这份沉甸甸的调研报告被送至国家层面，受到高度重视。为推进方案落地，浙江成立了工作推进专班，由26个部门共同推进此项工作，精准对接国家21个部委。一项项政策突破，前后共花费17个月。

时间来到2024年7月18日，党的二十届三中全会明确，支持有条件的地区建设国际物流枢纽中心和大宗商品资源配置枢纽。

"看到'枢纽建设'官宣，我们可以说是长长舒了一口气，一年多的探索可以说是看到了曙光。"但让骆林勇没有想到的是，仅10天后，商务部再次打来电话，提出需对原先方案重新论证。一众改革者再次出发，奔走于北京和浙江之间。

功夫不负有心人，经过长达21个月的努力，《建设方案》最终发布，标志着浙江自贸试验区进入提升发展的新时期，开启了打造具有区域竞争力和国际影响力的大宗商品资源配置枢纽的新征程。

■ 2024年12月4日，推进高水平对外开放建设高能级开放强省动员部署会暨中国（浙江）自由贸易试验区大宗商品资源配置枢纽建设启动大会在杭州召开（李震宇 摄）

　　"方案针对油气、矿石、粮食等重点品种，围绕大宗商品储运、加工、贸易、交易和海事服务等五个方面，统筹考虑金融、人员等配套政策，提出了 15 条重点任务，其中也包含了不少'全国首创'，例如建设大宗商品特色型综合保税区，允许开展生物燃料油的混兑调和、出口业务，推进分层设立土地使用权，构建国际化大宗商品企业商业储备体系等。"谈及方案内容，骆林勇如数家珍。

　　《建设方案》出台，浙江答题。站在新的节点上，浙江自贸试验区将深入实施自由贸易试验区提升战略，积极对接国际高标准经贸规则，高标准建设大宗商品资源配置枢纽，提升资源配置力、制度创新力、国际竞争力，努力形成更多标志性、引领性创新成果。

　　回顾来时路，在时代发展的澎湃浪潮里，浙江自贸试验区宛如一艘勇立潮头的巨轮，沿着改革航道破浪前行。

　　在这里，改革不是一句空洞的口号，而是一个个充满活力的实践。在这里，改革不断校准方向，以创新为帆，以开放为桨。它以积极探索，大胆尝试，用一项项务实举措，书写着属于自己的奋进篇章。

（钱晨菲　董易鑫）

"一号开放工程"：对外开放，再谋新篇

2023 年是改革开放 45 周年、"八八战略"实施 20 周年。于浙江而言，当年一项重要决策的推出，让全省对外开放步入新阶段，也为这一年份增添了许多特殊色彩。

2023 年 1 月 28 日，农历新年上班第一天，浙江省委召开全省深入实施"八八战略"强力推进创新深化、改革攻坚、开放提升大会，作出实施包括"地瓜经济"提能升级"一号开放工程"在内的三个"一号工程"的总体部署，对外释放出强力推进开放提升、加快打造高能级开放之省的信号。

站在当下回望，在浙江商务系统的不少干部看来，在三年疫情结束、全球经济亟待复苏，但挑战愈发复杂的背景下，这一省域发展选择不仅让浙江当年实现外贸贡献率全国居首，出口升至第二，更以整体和系统思维统领起浙江对外开放大局，为当下推进高水平对外开放、建设高能级开放强省打下了坚实基础。

源起：拉升"长板"的战略选择

在那场"新春第一会"上，浙江省委提出，要强力推进开放提升，加快打造高能级开放之省，实施"地瓜经济"提能升级"一号开放工程"，

坚持高水平"走出去"闯天下与高质量"引进来"强浙江有机统一,推动主导产业的产业链供应链体系、内外贸综合实力、重要开放平台、企业主体提能升级,打造更具韧性、活力、竞争力的"地瓜经济";实现双循环战略枢纽地位再提升,推动大宗商品配置能力、物流通达能力、高端要素集聚能力跃升;实现制度型开放再提升,扎实推进贸易投资自由化便利化,加大服务领域制度开放力度,加快构建开放风险防控制度体系,全面增强浙江省中国式现代化新动能。

回忆起这场会议,浙江省商务厅办公室主任丁书锋依然印象深刻。彼时任浙江省商务厅综合发展处处长的他直言,"一号开放工程"并不是"拍拍脑袋"就得出,而是经过系列调研、谋划后提出的。"新春第一会"前的一个月,他和同事就参与到了会议的筹备工作中。

"2022年底,省委政研室与我们商务厅就已经开始围绕'一号开放工程'的顶层设计进行对接沟通,从它的名字、框架、内容等方面做好前期工作。"全程参与其中的丁书锋从彼时形成了一个强烈的感受,那便是通过对"地瓜理论"的认识和认识再深化,"一号开放工程"将为浙江的对外开放带来一种思维理念上的深刻改变。

在浙江,"地瓜理论"提出于2004年8月10日,时任浙江省委书记习近平同志在《浙江日报》"之江新语"专栏发表的《在更大的空间内实现更大发展》一文中谈到了"地瓜理论"——"地瓜的藤蔓向四面八方延伸,为的是汲取更多的阳光、雨露和养分,但它的块茎始终是在根基部,藤蔓的延伸扩张最终为的是块茎能长得更加粗壮硕大"。

丁书锋坦言,彼时对于"地瓜经济",不论是浙江商务系统还是各职能部门或专家学者,都面临一个重新认识的过程。例如在征集全省"地瓜经济"案例时,就有与"地瓜"有关的农产品案例报上来。而在专家论证会、研讨会上,许多专家也直言对这一概念研究得还不够。

在商务系统内部，参与顶层设计谋划的过程也是认识再深化的过程。作为亲历者之一，时任浙江省商务厅综合处副处长乐宁介绍："当时为让全系统更加了解'地瓜经济'，我们一方面重新梳理20年前的相关内容，以及近年国家有关对外开放的重点内容；另一方面，厅下属浙江省商务研究院专门绘制了一张地瓜形象的思维导图，形象化展现当下'地瓜'的块茎、藤蔓应该是什么，阳光雨露和养分应该包括什么。"

一个月的筹备过程中，围绕"地瓜经济"为什么、是什么、怎么做，"一号开放工程"应该"装入"哪些内容一遍遍讨论研究，成为浙江省商务厅许多干部的"头号工作"。其间，一个普遍认知也在他们中形成，即"一号开放工程"是对开放系统和整体的谋划，是浙江拉长开放"长板"的战略选择。

"三个'一号工程'所代表的创新、改革、开放是系统性提出的，都是聚焦省域核心竞争力问题。其中，浙江是走'开放路'发展起来的，外向型经济基础较好，但也面临新的'成长烦恼'。要实现经济高质量发展、'经济大省勇挑大梁'，就要不断把'长板'再拉长。"丁书锋谈着他的理解。

而从前述提及的与"一号开放工程"有关的会议内容看，浙江"拉长"的方式，很大程度体现在"更系统"和"更整体"上。

丁书锋表示："以往我们讲开放，涉及的大的板块通常包括外贸、外资、对外投资、开放平台、国际合作这些内容。而如今'地瓜经济'更强调'瓜'，更加强调主体、平台、开放枢纽以及相关制度型开放等。它的逻辑内涵与以前的开放理念是有区别的，如果说以往是更侧重开放型经济，现在就是涵盖面更广泛、涉及产业更多的整体性对外开放，这是一种思维理念的跃升，也是我理解的'提能升级'之体现。"

落实：集省域之力换蓝图为实景

凡大事者，需操其要于上，亦分其详于下。

在"新春第一会"作出实施三个"一号工程"部署后，浙江省商务厅成为推进"一号开放工程"的牵头部门。接下来的两年，全省层面对此项工作的推进力度之大，超出了许多人此前的设想。

"浙江一直重视对外开放工作，并在 2004 年和 2018 年两度召开全省性的对外开放大会。与以往相比，'一号开放工程'作为一项全局性部署、'牵一发而动全身'的大事，由省商务厅总牵头推动全省全面推动扩大开放工作，这是之前没有过的，也让我们感受到了省委、省政府对对外开放越来越重视。"丁书锋表示。

为尽快将开放强省的蓝图化作实景，在"一号开放工程"推进阶段，落实落细成为浙江商务系统乃至各地、各部门的工作重点，完成了以"五个一"为内容的机制保障工作。

浙江省商务厅综合处副处长李江波介绍，"五个一"即建立一个专班、出台一个政策意见、推出一个实施方案、建立一套督查考核机制、完成一项课题。"由 51 个省级部门组成的专班在一周内便建立了起来，《强力推进开放提升加快打造高能级开放大省的意见》（下称《意见》）与《浙江省"地瓜经济"提能升级"一号开放工程"实施方案》（下称《方案》）等其他"四个一"工作也在一个月内快速完成。"

这是"新春第一会"后，浙江快速完善工作体系、形成政策合力的缩影。工作体系完善方面，《方案》明确了 9 个方面共 39 项重点任务；政策体系方面，浙江建立开放提升"1＋X"政策体系，除《意见》明确七方面 126 条政策举措外，还统筹推进贸易、财税、金融、产业、人才、科技等首批 26 项配套政策制定。同时，在"8 + 4"经济政策体系下，制定"扩大内需和对外开放"政策包，出台 6 条政策举措和 8 个配套政策，储备新一轮"扩大内需和对外开放"4 项政策……

丁书锋表示，省级的制度框架快速建立后，推动全省上下形成了合力抓开放的良好局面。当时的不少故事如今让他感觉犹在昨日。

其举例，"'一号开放工程'提出后，各级、各单位一把手更为重视开放工作，各部门对开放的认识明显加强，在一些地市，许多部门都在主动要求加入地方专班中"。

另一故事则与全省最佳实践案例的评选有关。丁书锋记得，"一号开放工程"推进初期，其办公室门口常有县（市、区）分管领导的身影出现，希望获得更多工作指导。"这一方面说明各地非常重视，但也体现了不少地市尤其是县（市、区）不清楚如何准确推动这一工作。"

针对该实际问题，浙江省商务厅启动全省最佳实践案例评选，通过展示地方的系统性探索，形成榜样带动作用，帮助各地市、县（市、区）找到自身特色路径。按照每半年发布一批的节奏，过去两年浙江省商务厅发布了四批相关案例，有效促进了"盆景"变"风景"。

扎实推进"一号开放工程"，浙江并非只保持几个月的热度，而是将其作为过去两年的经济社会发展主线任务，予以压茬推进。

2023—2024 年，在开展前述工作的同时，浙江通过举办重大活动、会议搭建对外开放窗口；出台《中国（浙江）自由贸易试验区提升行动方案（2023—2027 年）》、启动浙江自贸试验区大宗商品资源配置枢纽建设等，推进制度型开放提升；实施推进世界一流强港建设改革等，不断建强开放枢纽……全省域、全方位、深层次组合拳的接连打出，让全省对外开放不断向高水平迈进，双循环战略枢纽地位不断增强。

如外贸方面，2023 年，浙江进出口总额达 4.9 万亿元，其中出口占全

■ 2024 年 5 月 29 日，全省"地瓜经济"提能升级"一号开放工程"大会在杭州召开

国份额升至第二，进口首次跻身全国前五，外贸贡献率居全国首位。2024年，浙江进出口规模首破 5 万亿元，占全国份额迈上 12% 的新台阶，9.5%的出口增速继 2023 年后再居东部沿海主要省市首位。

此外，宁波舟山港货物和集装箱国际航运中心发展指数排名提升到全球第八；2023 年，浙江中欧班列（义新欧）开行 2619 列；实际使用外资 152.7 亿美元等实打实的成绩，也成为"一号开放工程"所起作用的体现。

新局：接续发力续写开放新篇

过去两年，全省在实施"一号开放工程"中打下了更牢的对外开放基础、积累下更多的改革探索经验，同时也对现阶段薄弱环节有了更为清晰的认知。

谈及该话题，丁书锋、李江波都有着深刻体会——例如对标广东、江苏等"标兵"，如何进一步提升产业链层级，让外贸出口持续向"高"攀升；如何吸收更多阳光雨露，吸引全球更多优质资源集聚；如何引导内陆城市更好发挥自身优势，提升对外开放的整体性协同性……这些，都需不断探索新答案。

坚定、清醒，方知方向、方有作为。

在深化改革、扩大开放上续写新篇是浙江承担的重要使命。2024年底，省委召开推进高水平对外开放建设高能级开放强省动员部署会，明确要锚定"提升资源配置力、全球辐射力、制度创新力、国际竞争力"，推进高水平对外开放，做到"服务最优、成本最低、效率最高"，切实增强"话语权、定价权、规则权"，建设高能级开放强省。

在具体工作中，会议设定了"三步走"的目标：到2027年，资源配置力、全球辐射力、制度创新力、国际竞争力显著增强，形成服务最优、成本最低、效率最高的开放环境，高能级开放强省建设取得明显成效。到2030年，资源配置力、全球辐射力、制度创新力、国际竞争力进一步增强，基本建成高能级开放强省。到2035年，全面建成高能级开放强省，国际市场话语权、定价权、规则权显著增强，国内国际双循环战略枢纽地位和高水平对外开放优势牢固确立。

从历史脉络看，推进高水平对外开放、建设高能级开放强省绝非"另起炉灶"，而是在实施"一号开放工程"的基础上接续发力，一以贯之深化落实"八八战略"。

围绕对外开放再加力、再落实，浙江的动作已在密集开展。例如在省级层面成立了由省委书记、省长担任双组长的高能级开放强省建设领导小组。相比以往，领导小组的架构规格更高。

丁书锋介绍，2025年，浙江还将为省级各部门制定下发一张"任务书"，明确各部门需要完成的细化指标，以进一步强化落实。"以罗列'干货'的形式向各部门下发任务书，这在过去也是没有过的。"

新阶段新征程上，作为推进高水平对外开放、建设高能级开放强省的牵头部门，浙江省商务厅也已围绕前述新目标做好了全方位部署。

浙江省商务厅党组书记、厅长韩杰表示，在真抓实干、攻坚克难，落实落细各项任务方面，全省商务系统将坚持一手抓硬件、一手抓软件，突出抓好"平台提能级、枢纽建强、模式创新"三件大事，统筹改革和开放、统筹"硬件"和"软件"、统筹"引进来"和"走出去"、统筹内贸和外贸、统筹开放和安全，扎扎实实推进各项任务高质量落实。

围绕高效统筹、凝心聚力，形成推进强大合力，浙江商务部门将建强机制，构建多跨协同的工作推进体系，有效整合跨领域、跨部门、跨地区的开放资源要素，形成建设高能级开放强省的磅礴力量。

"我们将始终以服务全国、放眼全球的高站位和锚定最好、看齐一流的高标准，时不我待、奋进拼搏，在推进高水平对外开放、建设高能级开放强省的新征程上展现新担当。"韩杰说。

从开放图强到开放大省、开放强省，再到如今全力建设高能级开放强省，改革开放 40 余年，浙江勇立潮头、开放发展的故事续写至今。面向未来，这里的时代新篇已经起笔，其又会写下怎样的敢为人先与波澜壮阔，令人期待。

（王逸飞　张益聪）

第二篇

商通全球

20世纪80年代，改革东风拂遍中国大地。

在春意盎然间，犹如幼蚕在悄然间吐丝为茧，浙江经济从内向型向外向型发生着转变。1987年，浙江提出"发展外向型经济，以出口为导向，靠贸易兴省"的经济发展思路，正式加快对外开放步伐。

在这一思路的指引下，浙江将目光着眼全球——积极拓展国际市场，开展两轮外贸承包经营，首次开展远洋自营出口业务，发展出口贸易……随着对外贸易的蓬勃发展，浙江的经济结构发生显著变化，产业升级步伐加快，市场竞争力大幅提升。随着外经贸逆势上扬，2000年，浙江全省进出口总额增幅高于全国平均水平20.5%，浙江"外贸现象"引起了全国关注。自营出口额曾几乎为零的浙江，如今摇身一变成为全国第二大出口省份。

破茧而出，商通全球。四十余载再回首，"贸易兴省"战略的实施，使浙江对外贸易实现跨越式发展，更为浙江开放路上的精彩蝶变写下了浓墨重彩的一笔。本章将回顾这一系列变革如何深刻影响浙江经济的发展轨迹，以及浙江如何为全国的经济改革提供宝贵经验。

与世界握手，浙江自营出口启航

改革开放 40 多年，世景变迁，恍若隔世。曾经自营出口额几乎为零的浙江，摇身一变成为全国第二大出口省份。崛起之势，锐不可当。

与世界经济"握手"的故事，在 1980 年 2 月 29 日写下了第一笔。那日，一艘承载着 1200 吨干杂货的货船汽笛长鸣，从宁波港启航驶出，拉开浙江开展远洋自营出口业务的序幕。这标志着浙江实现全面自营出口，也在浙江对外经贸发展史上留下了又一关键坐标。

穿越浩渺烟波，四十余载再回首。即便浙江外贸已如一艘巨轮在世界经济大浪潮中乘风破浪，但那条货船依然被一些见证者视作珍宝，藏于记忆深处。在他们看来，那不仅是一个奇迹的开端，更藏着浙江外贸几十年来千折百回、坚韧前行的精神基底。

重要变革：从供货省到口岸省

20 世纪 70 年代末至 80 年代初，是中国现代史上最具关键性的时期之一。党的十一届三中全会的召开让人们看到了时代变迁的转盘缓缓启动。浙江的外贸发展，也在这一时期迎来了关键节点。

在那之前，浙江曾有一段只能担任"外贸乙方之乙方"的经历——中华人民共和国成立以来，每年国家外贸部门下属的各专业外贸公司都按照严格的计划安排，从非口岸省采购商品，再由口岸省出口。

"1980年前，浙江就是为广州、大连、上海、青岛、天津这些口岸城市调配组织货源，主要提供农副土特、轻纺等产品。"回忆起这段处处"讲计划"的时光，原浙江省外经贸厅副厅长邬建荣颇为感慨。

1976年，国家政策出现改变的迹象。当年，原对外贸易部批复《关于同意对港澳地区直接办理活猪陆运出口业务的批复》，同意浙江自当年7月1日起对港澳地区直接办理活猪陆运交货、结汇业务。

这是一个转折点，意味着省级国营外贸公司无须经由上级公司或口岸省分公司等"中间商"，可直接对接外商。

浙江一下子从众多供货省中脱颖而出，活猪成为浙江省首个自营出口商品种类。那时，几乎每天都有一辆专送香港的753次列车，将浙江的活猪快马加鞭运往"东方之珠"。仅在1976年的最后五个月中，中国粮油食品进出口公司浙江分公司（下称"中粮集团浙江公司"）就对港出口21.82万头活猪。

遗憾的是，虽国营外贸公司已涉足部分商品的自营出口，但没有对外签约权的浙江外贸本质上仍是以口岸省公司为下家的内贸。在业内人士看来，当时的这种模式制约了非口岸省外贸的发展，也在一定程度上拖慢了浙江改革开放的进程。

幸运的是，一年多后，浙江迎来了一次身份转变。1978年1月，国务院正式批准浙江为对外贸易口岸省，同时决定在宁波港建北仑港区，浙江由此成为全国最早实行对外开放的省份之一。12月，党的十一届三中全会吹来改革开放的"东风"，全面指令性计划和高度集中的对外贸易体制从此开始改革。

来自中央的信号越来越明晰——要加大加快改革开放的步伐，让沿海省市能独立自主地发展对外贸易！随着外贸由中央高度集中到逐步向地方放权，浙江省政府也着手改革传统外贸体制，开展贸易口岸省的建设，为全面自营出口的实现奠定基础。

1979年6月，宁波港正式对外开放。浙江远洋自营出口时代的到来，已是万事俱备。按照那个年代的定义，当时的"远洋"实际上指港澳地区以外的地方，最初是东南亚，后逐渐扩展到欧美等地区。

1980年2月29日，浙江首次开展远洋自营出口业务，许多人站在宁波港的码头边眺望那一艘驶向东南亚的货轮。不少外贸人好奇的眼神中，还带有些许自豪和对新征程的希冀。毕竟，从浙江自家的港口向远洋运自家的货，这是头一回。

"我没有在现场，那时候我只是一个跑罐头销售的业务员，是一颗'小螺丝钉'。"被问及当天的具体场景时，邬建荣笑着摆摆手说，"不过可以明确的是，这批货由好多张小订单凑成。虽然出口的都是浙江的一些土特产，但是订单都是我们省自己找的，外贸主动权掌握在我们自己手里了！"

在计划经济转向市场经济的时代浪潮中，业务员的感受最是见微知著。远洋自营出口意味着浙江的外贸公司可以直接与国际市场接轨，这对当时的外贸业务员提出了更高的要求。

浙江不再是供货省，原先等着上海这类口岸城市外贸公司的订单"喂饭吃"的时光一去不复返，外销员出去"抢订单"的日子随即到来。彼时，无论是负责与工厂接洽、落实货源的货源员，还是负责与客商谈生意的外销员，都需十分清楚货物的品种、规格、质量，以及交货期。

潮流滚滚，向涛头立。1981年，邬建荣凭借"白天做外贸，晚上学业务"的努力，通过当年全国外销员统考。回忆往昔，邬建荣骄傲地说："我也是千军万马过独木桥。那时的外贸人都争着考证，拓展外销业务。"

那两年，浙江也交出了一份亮眼的外贸答卷。据记载，1980年，浙江省出口额约 2.4 亿美元。两年后，这个数字翻了一番多，上升至 5.5 亿美元，浙江基本实现从供货省到口岸省的华丽转变。

茁壮成长：直面市场交朋友

广袤的海洋，总被人们寄予无限的希望。向海图强的浙江，也在这片深蓝中一次次冲破关于发展的想象。

与其他省份相似，中华人民共和国成立初期，浙江省对外交流的伙伴仅限于苏联、东欧各国、朝鲜、越南等社会主义国家。当中国接纳世界和世界进入中国的热情越来越高，如何拓展"朋友圈"，成为对外开放起步期浙江面临的当务之急。

回忆起那段岁月，邬建荣说，走出中国、走向世界寻客商，展销会是一条必经之路。

1979 年，中国出口商品交易会（2007 年起称"中国进出口商品交易会"，下称"广交会"）迎来了 22 岁生日。历经多次迁址的广交会展位连年扩展，场馆不断向后加盖，流花路展馆人山人海。经中粮集团总公司组织，广交会的展位上出现丝绸、黄酒等浙江特色产品，展位前人头攒动。

但由于当时政策的限制，生产和经办这些特色产品的浙江企业一直身居幕后，从未组团参展。那一年，作为供货单位——中粮集团浙江公司的员工，邬建荣第一次前往广交会观摩学习，"由于省级公司都没有自营出口权，只是供货单位，所以无法组团参加广交会，出口权、品牌、渠道都由总公司统一安排"。

彼时，邬建荣的心情是复杂的。一方面，他喜于浙江产品在广交会上深受市场欢迎；另一方面，他也渴望着有朝一日浙江能够独立组团参展。

他没想到，这一愿望在短短两年后就成为现实。

1980年，浙江全面开始自营出口。1981年，众多省级专业进出口公司获批成立。同年，浙江首次组织12家单位参加第49届广交会，当届就夺下"开门红"，出口成交额达7619万美元。

那时候，浙江亮相广交会，风头无两，而邬建荣却将其形容为"摸着石头过河"。"就像摆地摊一样。在浙江全面自营出口的初期，我们的订单面向散客，谁来都卖。"他打趣道。

随着交易日渐红火，为保障市场稳定和竞争有序，浙江的外贸公司开始指定值得信任的经销商作为总代理，其他客户想要购买产品，需与总代理谈。同时，由于出口自营权被放宽，国营外贸总公司的经销商也同步被介绍至地方分公司。至1981年，浙江已与113个国家和地区进行贸易往来。

外贸的新纪元已缓缓拉开帷幕。面对广阔的全球市场，浙江也在市场拓展中努力抓住更多主动权。从参展向办展跨越，就是彼时的代表之一。

1983年起，浙江分别在中国香港和日本、澳大利亚、美国、德国等16个国家和地区举办以出口成交为主的展销（洽谈）会，形式为展销结

■ 1983年春第53届广交会，外商投资企业首次参展

合、以销为主。这些展销会中，有原浙江省外经贸厅主办或与浙江省贸促分会联合举办的，有省级外贸公司共同举办的，也有外经贸部举办或几个省（区、市）联合举办的。

"有机会就去！"邬建荣说，为鼓励外贸企业多多与国际市场接触，浙江政府层面一度放低企业的参展门槛，尽可能"敞开大门"。

他特别提到，华侨华人对到国外参展、办展的"自家人"尤为捧场。浙江是全国重点侨乡，数以万计来自温州、丽水等城市的侨胞在欧洲开餐馆和超市，对家乡特产的需求尤盛。

邬建荣记得，曾有一位在荷兰开餐馆的青田籍侨领，出于食材购买的需求与自己取得联系。后来浙江赴荷兰开办展销会，该侨领就号召当地餐饮界的代表过来捧人场、下订单。虽早已与这位侨领失去联系，留下一些遗憾，但邬建荣仍对那段岁月记忆犹新，因为他在内心一直将其视作外贸"战友"。

"通过他们，我们发现之前没出口的很多产品其实在海外市场有着很高的需求。"邬建荣感慨道，正因拥有出口自营权，企业才能对国际客户和竞争者拥有更多的了解，进而提升产品竞争力。

一段史料足以佐证。据《浙江省外经贸志》记载，中粮集团浙江公司在 1981 年以后积极开发新产品并改进传统商品包装，提高出口商品档次，扩大销路。例如，绍兴酒过去采用大坛子包装，1985 年，该公司对其包装材料、品种规格进行改进，引进酒瓶 75 万只，改成瓶装，每吨提高售价 400 美元。

"朋友圈"越扩越广，产品利润节节攀升，外销人"忙并快乐着"……那些年，对外开放脚步的加快让浙江与世界连得更紧、贴得更近。

开放图强：天时地利人和

从籍籍无名的外贸小省，到各国、各地展销会的新宠儿，再到一步步成为位居全国前列的外贸大省，全面自营出口业务无疑是浙江完成这一系列转变的关键。这不禁令人发问：为何此业务得以在浙江顺利开展？

"'外事'无小事，关键时候省政府会出来给我们撑腰。"在邬建荣看来，究其本质，还是浙江省政府高度重视开放型经济发展，以之为经济社会的重要支柱。

这样的"厚爱"，在一条小小的鳗鱼苗中就能体现。

沿钱塘江而兴的杭州萧山滩涂资源丰盛，当地居民久有捕捞鳗鱼苗的习俗。尤其 20 世纪 70 年代后，萧山养鳗业大兴，鳗鱼苗身价陡增，贵过黄金，鳗鱼苗捕捞一时称盛，诞生了不少"万元户"。

1979 年 1 月 1 日，中粮集团浙江公司取得对日本出口鳗鱼自营权。彼时，浙江与江苏同为鳗鱼苗的主要产地，存在竞争关系。为避免低价倾销引发省际矛盾，浙江特意召开全省鳗鱼苗工作会议，确定捕捞时间、收购价格、出口价格等细节，便于与江苏同步。

该会议给许多参会的外贸领域人士留下了深刻印象。他们认为，省领导为了一种商品开全省层面的工作会、关心它的收购方案，非常少见。其原因在于鳗鱼苗的收益与农民关系密切，也在于该事项涉及浙苏两省关系和对外出口，尤需慎重对待。

20 世纪八九十年代，日本是浙江主要的出口地。从某种程度而言，日本的市场动态也是浙江外贸形势的"风向标"。

在瞬息万变的竞争环境中，唯有洞悉市场，才能引领潮流、抢占先机。邬建荣回忆，那时，省领导曾亲自带队赴日本考察。

■ 20 世纪 90 年代初，浙江省土产畜产进出口集团有限公司广交会参展情况

那个年代，省领导出国考察不多，浙江的出访团队也称不上庞大，但着实为浙江外贸带回了许多新经验。例如，在此之前，浙江出口的农副产品多以干货、罐头为主，而在考察日本的市场需求和生产作业方式后，浙江逐渐探索出口鲜货，提升出口商品竞争力。

"领导在用实际的行动和政策，支持我们的外贸发展。"邬建荣还对一件事记忆犹新，"当时企业改革中的许多文件均由省长亲自拍板，其中一项涉及浙江国有外贸公司可保留利润而非全部上交的决策，极大提高了外贸企业的积极性。"

这一阶段，国内改革开放逐渐走深的"天时"，与浙江官方重视外贸发展带来的"地利""人和"相遇，让浙江对外开放的窗口越扩越大。1984 年，宁波、温州成为全国对外开放的沿海港口城市；1988 年，杭州被国务院列入沿海经济开放区范围；20 世纪 90 年代初，浙江对外开放完成了从沿海向衢州、丽水等中西部城市的推进……

向历史纵深望去，直至 30 多年后的今天，从开放强省宏伟蓝图的建构，到"地瓜经济"提能升级"一号开放工程"的深入实施，以浙江首次开展远洋自营出口业务为序的故事一直在书写。作为故事主角，浙江2023年进出口额对全国增长的贡献率已高居首位，作为故事书写者，一代代浙江外贸人也正在这更具机遇的时代，用敢闯敢拼、坚韧创新、永葆锐气、永争一流的外贸人精神，写出"向东是大海"的全新章节。

（王逸飞　鲍梦妮）

扭亏为盈，外贸体制改革下的浙江出路

潮起之江。勇立潮头者，往往以改革制胜，以包容致远。

改革开放 40 多年来，走在开放路上的浙江，外贸规模和质量经历了从小到大、从低到高的提升。今天的浙江，正以更开放的心态、更自信的步伐，积极融入全球经济大潮，不仅在国内市场扮演着重要的角色，在全球贸易网络中也占据愈发重要的地位，成为推动国际贸易发展的重要力量。

但或许很难想象，20 世纪 90 年代初，在 2001 年中国加入 WTO 之前，浙江全省外贸企业在第一轮承包经营后，总亏损一度高达 3.7 亿元人民币。

在此不利局面下，浙江以两轮外贸承包经营为契机，乘改革东风，千方百计支持出口，并大力推进外贸企业改制，最终实现扭亏为盈。浙江外贸逆势上扬的故事，也让外贸"浙江现象"引发全国的关注。

承包制改革：从"大锅饭"到自负盈亏

计划经济下，外贸出口在很长一段时间里由政府直接主导。回忆起当时，原浙江省外经贸厅厅长杨祖成记忆犹新。

1980 年至 1987 年，各省的外贸业务主要还是由国家统一安排计划，处在统负盈亏的"大锅饭"阶段。随着社会主义市场经济体制的逐步建立，中国融入经济全球化的进程不断加快，原有的外贸体制也发生了重大改革。

1988年2月，国务院发出《关于加快和深化对外贸易体制改革若干问题的规定》（国发〔1988〕12号文件），全面推行外贸承包经营责任制。外贸财务经营由中央统负盈亏，改为地方自负盈亏。

该项改革的出台背后，有个与浙江有关的插曲。

1987年，外经贸部经研究提出，国家的出口额将从275亿美元扩大到300亿美元规模。为了鼓励出口、调动积极性，外经贸部财务司提出，凡是出口创汇1美元，出口补贴可以加2分人民币和1美分，鼓励超计划出口创汇，出口奖励不受使用外汇指标的限制。

该项奖励方案本来是仅限于财务隶属于中央财政的直接经营出口业务的外贸企业的，但是浙江在大力争取下，也得到了这个机会。国家原定给浙江年度2亿元的出口创汇指标，在政策的鼓励下，浙江实现超计划出口，创汇整整增加了1亿元。中央看到此项政策对地方外贸的促进作用，随即启动1988年的外贸承包经营责任制改革。

"在过去，国家每年都会按实际出口成本和地方结算，吃的是'大锅饭'。在承包制改革后，各地向国家承诺实现特定的出口收汇基数，同时保证上缴一定额度的外汇。这种改革措施极大地激发了地方的积极性，因为对于超出既定出口收汇基数的外汇收入，地方政府可以按照一定比例进行分成，也就是自负盈亏。"杨祖成解释道。

很快，浙江敏锐地抓住了这次外贸体制改革的机遇。1988年3月，浙江省外贸承包方案出台，拉开了浙江外贸承包制改革的序幕。从这一年开始，浙江外贸体制实行"自负盈亏、放开经营、加强管理、联合对外"的重大改革，全面推行外贸承包经营责任制。

但在当时，一方面，由于计划经济的思维残留，大部分市（县）还存在着中央不会不管的幻想，外贸企业亏损十分普遍；另一方面，尽管中央给了地方一些外贸经营权，但地方外贸公司没有客户、没有出口渠道、没有货源，一切都要从头开始。

1990 年，杨祖成正式来到浙江省外经贸厅任职。彼时的浙江，外贸出口总额位列全国第七。

1991 年，浙江外贸增速虽创下 32.9% 的历史纪录，全省外贸企业总共却亏损了 3.7 亿元。"但和其他省份比起来，浙江竟然还算是亏损比较少的，甚至可以说是沿海省市中亏损最少的。"杨祖成直言道。

为确保完成省政府下达的外贸出口任务，浙江省外经贸厅干部领导积极向省政府反映情况，主动争取省财政、计经委、银行、外管等部门的支持。

心往一处想，劲往一处使，千方百计支持出口。在省政府主要领导的重视下，浙江采取了在省级外贸企业进行盈亏调剂的政策措施。

杨祖成记得，浙江省丝绸公司（现更名为凯喜雅国际股份有限公司）就顾全大局、发扬风格，先后调剂了 4 亿多元给其他省级公司，有力地支持了全省出口的增长和有关省级外贸公司的稳定发展。

为了适应变化，地市层面也想尽千方百计。例如杭州决定以双轨承包的形式，将省政府核定的指标切块承包下达到各区政府、市级主管局（公司）和市级各外贸专业公司等 20 个承包单位，再分解承包到所属出口生产企业。

根据外贸双轨承包精神，杭州市区各出口生产企业、有关主管局承担了生产供货任务，各外贸经营企业承担了出口创汇任务。

在丝绸之府杭州，一些具备条件的县（市）一级丝绸公司和丝绸生产企业在此背景下取得了出口经营权，如杭州丝绸进出口公司、杭州丝绸印染厂、杭州都锦生丝织厂等。由于丝绸产品本就换汇成本较低，在政策东风下，丝绸产品出口在短短几年内实现高速增长，一时间风头无两。

这一轮外贸体制改革，大大激发了企业和地方政府的积极性，使得浙江的外贸出口在短时间内实现了质的飞跃，推动了外贸经营机制的灵活化和市场化。

在前一轮外贸承包制取得不俗成效的背景下，1991年，新一轮外贸承包制开始在全国推行。

具体来看，全国外贸体制实行"统一政策、平等竞争、自主经营、自负盈亏、工贸结合、推行代理制和联合统一对外"的方针，主要内容是取消国家对外贸的财政补贴，通过调整汇率、改革外汇分成等办法，全面推行自负盈亏新体制。

面对变局，浙江外贸企业及时进行适应性调整。

"首先是在经营思想上，我们要求企业确立效益观念，要从'做了再算'转变为'算了再做'。在经营方针上，我们要求企业树立质量观念，从注重出口商品数量转变为提高出口商品质量，调整和优化出口商品结构，扩大附加值较高的深加工产品出口。在竞争观念上，我们则需要从传统式外贸向立体型外贸转变。"杨祖成用"三个转变"，归纳新一轮外贸承包制带来的变化。

在此背景下，浙江各进出口公司通过综合运筹扭亏为盈，在建立企业自负盈亏机制上迈出扎实的一步。

譬如，1999年，四家省级外贸公司资产重组，建立了浙江省中大技术进出口集团有限公司。公司摆脱过去单一出口的模式，不断提升产品附加值，形成了以机电、成套设备技术进出口为龙头的外贸经营特色，不仅在短期内实现了盈利，还成功开拓了多个国际市场，成为浙江省外贸体制改革的一面旗帜。

可以说，外贸承包经营责任制改革极大地提升了浙江外贸的发展速度，浙江外贸增速也由此进入"狂飙时期"。

外贸公司改制：激活一池春水

政策制度大方向改革如火如荼的同时，企业市场小风向的转变也在悄然发生。

1992年春天，邓小平南方谈话之后，中国改革开放迎来第二次重大机遇。此时的浙江紧抓契机，积极实施外贸企业探索股份制试点改革，激活了一池春水，激发了企业内生活力。

春江水暖鸭先知，省级外贸公司率先"试水"。"当时，浙江粮油、水产、纺织、茶叶、工艺品等省级外贸公司以其主营业务为切入口，开始

■ 1992年9月18日，浙江中大集团股份有限公司成立。这是浙江省首家外贸股份制企业

着手探索经济所有制改革。"邬建荣回忆起这段岁月，颇为感慨。

他记得，这些公司成立之初，是为了促进各自类别商品的出口，但是在行政管理方面又分别隶属省机械、水产、供销、二轻等7个厅局。因此，省级外贸公司首先要脱离行政"扶着走路"的境地，迈出在市场经济环境里独立自主的第一步。

如今回头看，在这一过程中，浙江省通过一系列地方外贸公司的二次筹建、战略转向，建立了一支在日后大放异彩的外贸队伍，为外贸的快速发展奠定了良好的基础。

事实上，从省级到地方，这种转变几乎是同步进行的。浙江省商务厅党组成员、总经济师朱军清楚记得，彼时，嘉兴、湖州、绍兴等市的国有外贸企业也积极进行股份制改造。股份制改造试点工作的开展为外贸企业建立、健全公司制的法人治理结构，增强激励与约束机制，实现制度创新积累了有益的经验。

1999年，绍兴开出了第一张浙江省民营企业自主进出口营业执照。到2001年，绍兴纺织品企业通过出国参展实现的出口占当年全市出口增量的80%，纺织品外销率在35%以上。

出口商品也随市场变化"与时俱进"。"比如说，当时浙江出口到日本、韩国的酒，由坛装改为瓶装，实现了'瘦身'增值。"邬建荣回忆称，这种减量又加价的行为看似不符合市场规律，但在贸易逻辑上，精装酒不仅方便运输，还能有效满足海外顾客对进口商品精品化的需求。

本着贸易权多放一点，发展就快一点的原则，浙江很多中小微企业也获得了外贸经营权，成为浙江外贸主体中不容忽视的一部分。

"热播电视剧《繁花》生动再现了那个年代的真实场景。女主角汪小姐与魏总合作，以小微企业接下外贸订单。彼时的浙江，类似情形也十分常见。"邬建荣举例道，宁波一家县级进出口小微企业获得外贸经营权后，就在当地收购瓷器出口海外，实现了利润增长。从装不满一车货，到覆盖整条陶瓷产业链，该公司进出口额实现飞速增长，业务延伸至陶瓷制造加工、房地产等多个领域。

自此，统购统销的外贸经营模式在浙江成为过去式。从省级国企到地方国企，再到自营企业和小微企业，均在外贸市场大展拳脚。浙江不仅形成了多元自由的外贸体系，还彻底打开了外贸进出口的全链路。

通过近十年的努力，浙江外贸局面扭亏为盈，并初步形成了以专业进出口公司为主体，多层次、多形式的对外贸易新格局。1998 年，浙江外贸出口总额升至全国第四位。

新旧世纪之交，浙江的外贸企业面临着挑战与机遇。一方面，1998年亚洲金融危机席卷，中国这一"年轻"的市场首次与国际资本交锋，成功打赢了"自卫反击战"；另一方面，中国加入WTO的谈判即将进入尾声，越来越多的中国企业将走向国际市场，越来越多的外国企业也将进入中国市场，开启"双向奔赴"和"双向竞争"。

这种局势下，经过一系列外贸体制改革的浙江，凭借外贸经营主体多元化、出口市场多元化、出口商品多元化、贸易方式多元化的"四个多元化"战略，不断扩大对外贸易规模，以外贸增量做大经济蛋糕，为"真刀真枪"搏击金融危机和全球资本浪潮备足了"余粮"。

浙江外贸人深知，只有不断提升自身实力，才能在激烈的市场竞争中立于不败之地。或许未来还将遇到更多的挑战，但吃"改革饭"、一路披荆斩棘的浙江外贸人没有畏难和退缩，他们深知，新的挑战也意味着新的机遇，只要勇于突破，定能实现新的发展。

20 世纪 90 年代至今，时代浪潮滚滚向前，浙江在体制机制创新上不断发力，外贸领域也迎来前所未有的变革。在外贸公司改制的大潮中，浙江积极推行现代企业制度，鼓励和支持外贸企业股份制改造，实现了从

"小而散"到"大而强"的转变。义乌小商品市场的崛起与改革,让"世界超市"在国际市场上大放异彩,成为中国外贸的重要窗口。同时,内外贸一体化改革的推进,也让浙江的企业在享受国内市场红利的同时,更好地融入全球市场,实现国内外市场的无缝对接。

未来,浙江将继续深化外贸体制改革,不断创新外贸发展模式,为中国的对外贸易事业贡献更多的浙江力量。

（张煜欢　张益聪）

在当今全球化的经济格局下，对外贸易的重要性不言而喻。而开拓国际市场，则是开展国际贸易的重中之重。回望 40 多年改革开放之路，浙江作为中国对外贸易的前沿阵地，始终在开拓国际市场上不断创新、锐意进取。

从"鸡毛换糖"到"买全球、卖全球"，从"马路市场"到"世界超市"，小城义乌的蝶变，是浙江交易市场从零起步走近全球消费者的缩影；公共海外仓在各地生根发芽，尽显深耕本土市场、开拓本土用户的外贸韧性；新冠肺炎疫情三年，浙江涌现网上交易会、商务包机等创新举措，以一流的工作确定性解好了"抢市场"的"极难题"……一座城市、一种模式、一段记忆，承载着万千外贸人开拓市场的勇敢与智慧。

40 多年浙江开拓国际市场的实践证明，机会总是留给有准备的人。如今，世界经济增长动能不足，全球贸易环境复杂变化，不稳定、不确定、难预料因素也在增多。机遇与挑战并存，浙江当如何创造下一个奇迹？在本章，我们将跟随浙江外贸变革的亲历者回到那一段勇拓市场、沉浮商海的激荡岁月，于历史中寻找当下之"解"。

从市场之变，看浙江如何"买卖全球"

市场是社会分工和商品生产的产物，哪里有社会分工和商品交换，哪里就有市场。乘着改革开放的东风，义乌国际商贸城、绍兴柯桥中国轻纺城、海宁中国皮革城等浙江实体市场应运而生，如雨后春笋般蓬勃发展。

作为中国民营经济和外向型经济的代表省份，浙江凭借着敢为人先的精神和创新举措，上演了诸多意想不到的传奇故事。其中，一个个"小市场"衍生出一个个"大产业"，推动了"大开放"。

从市场看变化，浙江"买卖全球"天地宽。其中，义乌的市场之变尤为典型——40多年来，这里从"马路市场"到"链接全球"，发展成名副其实的"世界小商品之都"。

以义乌为窗，浙江"买卖全球"的外贸活力展现在世界眼前。

市场现"雏形"：从农民摆摊到"兴商建县"

改革开放初期，计划经济的"坚冰"首先在工业日用品领域被打破。民众需要一条方便而廉价的产品购买途径，这是他们对美好生活的追求。敏锐的义乌货郎们从中看到商机，"马路市场"应运而生。

1980年11月，义乌县工商部门恢复颁发"小百货敲糖换取鸡毛什肥临时许可证",廿三里集市、稠城镇县前街先后出现自发的小百货摊点。这股经商热,燃动着一位下海创业的农村妇女——"货郎担"冯爱倩的心。

"年纪大了,担货郎担走街串巷吃不消","我想要正大光明地卖货,要有销售商品的许可"……出于上述种种原因,冯爱倩打算去趟浙江省政府,办理个体经商户的许可证。

对于当时的工作人员而言,冯爱倩的"张口就来"真可谓"大姑娘上花轿——人生头一遭"。虽然党的十一届三中全会顺利召开,但政策落实到各地需要时间,没人敢轻易给她回个准信。

但是,政策就是政策,白纸黑字写得明明白白。最终,经浙江省政府领导同意,相关部门批给冯爱倩一张《个体经营户临时税务登记证》,编号为 001。

"这张证书可不能摆摊使用,而是要开商店。"冯爱倩说,自己一时拿不出这么多店铺租金,便决定和几个相熟的卖货郎一起,在市区热闹的地方支几个临时摊位售卖商品。虽然这样违反当时市场监管的规定,但为了养家糊口,冯爱倩几人只能冒险打起"游击战"。

成天被赶来赶去的日子过不到 3 年,大家便吃不消了。1982 年,时任义乌县委书记谢高华被闹到县委大院的冯爱倩"质问":大家只是想摆摊做生意养家糊口,为何要砸大家饭碗?断大伙的生路?

解决贫困民众的生计问题,正是谢高华上任以来的"头等大事"。谢高华立即将脾气火爆的冯爱倩请进办公室,详问苦衷、诉求。

冯爱倩将她如何为了养活几个孩子从国营饭店辞职,走上卖货郎的道路;为何要违反市场监管条例,冒风险摆摊等事"吐槽"了个遍,甚至将一起摆摊的商贩遇到的困难,都拿出来讲。

"回去放心摆摊,没有人会再驱赶你们。"交谈尾声,谢高华给冯爱倩吃了颗"定心丸"。

"一把手"的承诺,一定有分量。冯爱倩信心十足地将这个好消息带回给大伙。摊贩们为了支持政府工作,方便其管理,开始有组织地聚集性摆摊,摊位甚至延伸到义乌县委大院门口。

■ 1982年9月,义乌小商品市场正式开放

9月5日,稠城镇湖清门小百货市场率先开放,义乌第一代小商品市场由此诞生。11月,义乌县政府发出影响深远的"四个允许"通告:允许农民经商,允许从事长途贩运,允许开放城乡市场,允许多渠道竞争。

政策的红利不断激发民众的创业热情。1984年,义乌官方提出"兴商建县"的方针,放宽企业审批政策,简化登记手续,义乌全县掀起经商办厂的热潮,年底个体户突破1万户,达14259户。12月6日,义乌第二代小商品市场——新马路市场建立,全部为水泥板摊位和钢架玻璃瓦棚顶,商品流通范围不断扩张。1985年,义乌小商品市场被浙江省工商局评为"五好市场"。

"成长快的孩子换上大衣服":老外千里万里来淘金

随着时代的发展,义乌原有的市场难以满足进场经营者、采购者的需求。1986年9月,第三代义乌小商品市场——城中路市场建成,总占地面积 4.4 万平方米，场内建有综合商业服务及工商、税务、邮电、金融等管理服务大楼，立体化管理服务体系初步形成。

至 1990 年底，义乌第三代小商品市场已成为全国最大的小商品专业批发市场。1992 年 2 月，第四代义乌小商品市场——篁园市场一期工程建成，设摊位超 7100 个，"马路市场"转变为"室内市场"。1995 年 11 月，与篁园市场同属第四代中国小商品城的宾王市场建成开业，建筑面积 28 万平方米，摊位 8900 个，经营用房 600 间，基本形成"买全国货、卖全国货"的格局。

1998 年起，陆续有外国企业和外商在义乌建立采购点。2001 年，中国加入 WTO，义乌进出口量倍速增长。为承接更多订单，义乌中国小商品城不断升级提速。

2002 年，为支持义乌小商品出口业务属地办理，金华海关驻义乌办事处成立，义乌实现了"家门口验放"。那一年，义乌还发生了很多大事要事，桩桩件件都足以改变一大批商户的命运。

彼时，义乌官方明确提出了建设国际性商贸城市的总体目标，于 2002 年 10 月建成了具有标志性意义的第五代市场——国际商贸城一区市场；义乌小商品市场所属的浙江中国小商品城集团在上海证券交易所上市，标志着义乌中国小商品城正式进入全球资本市场。

回忆起 2002 年初来义乌的时光，在义乌生活了 20 年的尼泊尔商人毕需努感慨万千，他说："当时我在中国做生意，有位合作商说，'做生意的人一定要去义乌看看'。"

说者无意，听者有心。那年，毕需努从尼泊尔加德满都乘飞机抵达上海，再转车来到义乌的篁园市场。偌大的市场、海量的商品让他决定留下。随后几年，他不断往返义乌和加德满都，以海运的方式把义乌的小商品运到家乡。与此同时，越来越多和毕需努一样的外商来义乌"淘金"，千里万里，不辞辛苦。

2005年，常驻义乌的外商达到8000多人，近600家境外企业经批准在义乌设立了办事处（代表处）——但义乌的行政级别只是县级市，按照规定，义乌没有外资企业登记权限。

"那时候，登记外企常驻代表机构的外商得去杭州。由于语言不通再加上手续烦琐，办理时间需要半个月。还有外商寻求'黑中介'帮忙，结果被骗。"一位政府工作人员回忆道。

2006年11月14日，浙江省委办公厅、省政府办公厅下发《关于开展扩大义乌市经济社会管理权限改革试点工作的若干意见》，对义乌实行史无前例的扩权，首批下放了472项经济社会管理权限。义乌市政府一时被外界称为"中国权力最大的县级政府"。

"换上大衣服"的义乌，办事效率明显提升，投资环境显著改善，政府工作围着市场转、城市围绕市场建。2008年，义乌被中央确定为改革开放18个典型地区之一。2009年7月，义乌海关正式开关，对外办理业务，这是杭州关区内首个设立在县级市的隶属海关。开关当年，小商品年出口集装箱量突破50万个标箱。

市场的腾飞：多措并举与世界"共舞"

随着市场的国际知名度越来越高，一系列跨境贸易的问题接踵而至。

■ 蓝天白云下的世界市场［中国（浙江）自由贸易试验区金义片区　供图］

"那会最发愁的是，出口生意做不大。"义乌年画挂历对联行业商会会长楼宝娟回忆道，"我们的产品都是多个款式搭配着卖，每年新年不同样，不同区域又不同样。客户最多一次订购上百个款式，但不同的产品又对应着不同的出口标准，交易'门槛'太高。"

上述情况并非个例。市场采购贸易方式（海关监管代码 1039）在一次次实地走访、调查研究中诞生。这种模式简化了通关流程，降低了外贸门槛，使得不懂外语的小商户也能轻松完成国际贸易。如今，义乌年均约 80% 的出口值源自市场采购贸易方式。

"现在，客户想选购多少种类的东西都可以，甚至年画用品和圣诞用品也能拼成一个货柜发货。大家的选择灵活了，订单自然越来越多，店里一到旺季，人多到'站不住脚'。"楼宝娟笑言。

楼宝娟的店铺位于国际商贸城，这是义乌的标志性建筑。国际商贸城经营面积 640 余万平方米、拥有商位 7.5 万余个，汇集 210 多万种单品。如果在国际商贸城每个店铺停留 3 分钟，按每天营业 8 小时计算，逛完这里需要一年半的时间。

丰富的品类、集中的采购方式让海外采购商与日俱增。如今，义乌市场与全球 230 多个国家和地区保持着贸易往来，每年吸引近 60 万人次的外商前来采购，常驻外商超 1.5 万人。

为了让义乌商户们更方便地开展对外贸易，17 年来，义乌国际商贸城每年至少组织 100 多场英语晨练公益活动，采用线上、线下相结合的方式，帮助义乌商户们提高英语沟通能力，更好地对接来自世界各地的客户。

不仅如此，义乌还发布了"义乌中国小商品城"品牌出海计划，"品牌出海"成为"热词"。

具体来看，义乌已拥有海外分市场、海外仓、海外线上平台、海外展厅、海外展会 5 种出海模式，迭代升级 Chinagoods 平台"展示交易＋

关汇税、运仓融"的一站式贸易服务功能，集成数字老板娘、AI 翻译官等应用超 100 个。2024 年 5 月，义乌多位老板娘凭借 AI 辅助生成的英语视频"火出圈"，登上了纽约时代广场大屏，推介来自义乌的各类特色小商品。

义乌中国小商品城海外投资发展有限公司总经理袁颖介绍，义乌已在迪拜、墨西哥等地建立了小商品城和海外仓，采取了"海外仓＋展厅"的"前展后仓"运营模式，更好地把中国产品推介给国外不同需求的客户。

回望历史，义乌国际商贸城、绍兴柯桥中国轻纺城、海宁中国皮革城等浙江头部的交易市场均充分利用市场先发优势，以民众创业创新为动力，推进市场化、带动工业化、催生城市化，最终创造出国际化的东方商业奇观。

一个个实体市场，借助国际化发展的东风，成为一个个"买全球、卖全球"的重要节点。中国制造在这里集聚，万国客商在这里云集，一列列班列从这里出发驶向世界，人、货、场、链在这里汇聚、腾飞，共同推动浙江交易市场变成开拓国际市场的重要堡垒。

聚焦当下，在全球化背景下，浙江的"买卖全球"早已不是简单的货物交换，而更涉及技术创新、品牌塑造、服务优化等诸多方面。放眼未来，海纳百川布新局，"市场们"承载着更多的畅想与可能。

（钱晨菲　董易鑫）

勇闯"中国第一展"，
浙江与广交会的风云往事

广交会被誉为"中国第一展"，是中国打开对外贸易的"第一扇门"。鲜为人知的是，如今的外贸大省浙江曾一度"徘徊"在门外，许多浙企最早只能通过"展外展"的形式间接参与广交会，从而迈出走向海外市场的第一步。

斗转星移，潮起潮落。2024 年，广交会的历史已翻至第 136 页，曾经默默无闻的浙商早已成为广交会上的"实力担当"，承揽了五分之一的展位。从无到有、由弱至强，沿着时间维度回望浙江与广交会的风云往事，更能体会到浙江外贸发展成就的来之不易。

弄潮 1980：各式花招"勇闯"广交会

1980 年，风起云涌。那一年，中国首张个体工商业营业执照在温州诞生；那一年，浙江企业首次获得自营出口权，开启外贸新纪元；那一年，广大浙商正式闯入"中国第一展"，翻开广交"天下客商"的新篇章。

广交会始于 1957 年，按照常理，作为沿海省份的浙江早该深度参与其中。然而，彼时的浙江虽然已经具备较强的生产能力，但因并非口岸省，且不具备自营出口权，所以许多浙江企业只能作为供货商参与，为

■ 2024 年，第 136 届广交会现场

其他口岸城市调配、组织货源。

邬建荣仍清楚记得，1979 年他第一次以供货单位员工的身份去广交会观摩学习时的场景。他回忆道，浙江出产的茶叶、丝绸等优质产品很早就出现在广交会，但限于政策，生产和经办商品的浙江企业只能深居幕后。

这种模式无疑制约了非口岸城市外贸的发展。为加快推动改革开放，中央给沿海省市扩权，让其能独立自主发展对外贸易。

1980 年，浙江企业首次获得自营出口权。1981 年，浙江 12 家单位组成交易团首次参加第 49 届广交会，一登场便斩获 7619 万美元的出口订单。浙江外贸从此进入新纪元。

然而这个时期的广交会规模较小，僧多粥少，展位一席难求。赴会的 12 家企业均为浙江省级进出口公司，许多民营企业难以在广交会获得一席之地。

"那个时候如果能参加广交会，就相当于外贸订单成功了一半。"时任慈溪进出口股份有限公司副总经理叶良华坦言，在没有互联网和手机的年代，谈一笔生意何其艰难。

诚如其所言，20 世纪 80 年代，许多浙商靠着写信谈生意做出口，有时候一个月才能收到一封回信。到了 90 年代，外贸业务员开始用传真机与外国客商交流。可是一家企业往往只有一台传真机，一群外贸业务员排队等着用机器的画面，叶良华至今记忆犹新。

因此，在当年，广交会几乎是企业唯一能对外展示产品的窗口。如今在业内举足轻重的浙商"大佬"，不少都曾坐着长途火车到广州，揣着名片、拎着样品、翻墙、挤门、看脸色，只为获得一次产品展示的机会。

为借助广交会拿下订单，浙商发扬走遍千山万水、想尽千方百计、说尽千言万语、吃尽千辛万苦的"四千精神"，八仙过海各显神通。

有人借风驶船，当时不少北方省市民营经济发展程度有限，对于展位的需求并不强烈，浙江企业便有了"借"展位的机会；有人守"株"待客，带着样品守在同行的展位旁，等到展位上的客商准备离开时，赶紧追上，递上名片，拿出样品；有人办起了"展外展"，广交会展馆两边的过道上，附近同时进行的其他行业展里，客商下榻的星级酒店大厅里，都有浙商施展乾坤的身影。可以说，当时广交会的一面墙、一张桌子都能成为浙企走出去的一个平台。

方太集团创始人茅理翔也曾为进入广交会煞费苦心。1989 年，去广交会之前，他做足了功夫，买了西装，学了几句日常英文。但由于没有进馆证，还是被挡在了门外。观察到外国人进出时，保安盘查不严，茅理翔便大胆冒充外国客商的伙伴，靠一句"hello"混入展会现场，并借机推销产品，开启了企业的国际化征途。

这种"创造机会"的精神，在浙商身上发挥得淋漓尽致。正是在这一阶段，浙江牢牢把握住广交会机遇，广拓市场，出口总额逐渐超过福建、辽宁，在全国上升至第四位，为后来又相继超越上海、江苏奠定基础。

危中见机：融入世界经济大舞台

进入 21 世纪，"入世"后的中国开启了外贸发展的黄金年代，广交会的人气亦逐年攀升。一批又一批浙商从广交会开始走向世界。直到今天，广交会依然是浙江外贸企业展示自己的重要舞台。

2024年，第136届广交会期间，浙江、杭州、宁波三个交易团共有6700余家企业参展，展位数创下新高。

作为广交会的"晚来客"，浙江企业参展迟、起步晚，为何展位数和成交规模却能连年创新高？答案，或许可以从几个时间节点中窥得一隅。

2001年，美国"9·11"恐怖袭击事件使得广交会的到会客商和出口成交量比上届有所下降。然而，困境往往也孕育新机。受到阿富汗反恐战争影响，一些原来对伊斯兰国家情有独钟的采购商转而到中国采购商品。防毒衣、防毒面具等防护产品热销，活性炭、矿泉水和一些药品也供不应求。

为抓住商机，浙江的参展企业想了不少办法。对因故未能到会的老客户，他们加强联系，通过传真、电子邮件、信函等方式，争取会后成交；对广交会上成交的商品，他们抓紧时间落实生产，提供优质货物，尤其是药品、食品等需要通过认证的商品，更是一丝不苟地进行生产；为防范风险，避免损失，他们密切跟踪客户的资信变化情况，对信用下降的客户，及时采取有效防范和补救措施。

功夫不负有心人。在一系列举措下，那一年，浙江交易团开拓了新的客源，也稳住了外贸订单。

2003年的春天，"非典"肆虐，从未间断的广交会仍如期举行。很多企业想去却不敢去，可如果原有展位出现空缺，展位就有可能流失到其他交易团。

"一方面，我们积极做好防护，每天喝板蓝根，吃方便面，减少不必要的接触；另一方面，政府采取激励措施，哪家企业积极布展就给奖励。"时任广交会宁波交易团团长俞丹桦记录下了当时的情况。

尽管处于特殊时期，但在政策的激励、企业的奋发下，参展的浙江企业还是取得不小的成果。那一届广交会上，浙江的出口成交额仅次于东道主广东，占出口成交总额的 11%。

2008 年，美国金融危机爆发。受危机影响，2009 年春的广交会上，参展商们感受到了前所未有的寒意。担忧的情绪在各省市的展会团中弥漫，不少参展企业的订单急剧减少。

意料之外的是，这次危机也成了一个商机。那一年，商务部放开口子：由于其他省市参展企业大幅缩水，需要新增展位的省市可以上报申请。浙江省商务厅获悉后，敏锐地察觉到这将是一次难得的机会，于是立刻将消息通过各地市商务部门传达下去。许多浙江企业热情高涨，一举拿下不少摊位。

就这样，在一次次危中见机、化危为机中，浙江企业逐渐在广交会有了更大的舞台、更多的机会。2012 年，浙江展位数占广交会总数的五分之一，居全国各省区市之首。到如今，浙江也一直保持着这样的份额。

百年变局：锻造"硬核实力"展新姿

打铁还需自身硬。时任浙江省商务厅副厅长陈如昉分析，浙江外贸的发展很大程度上得益于民营经济的蓬勃发展，以及外贸体制的深入改革给民营企业带来的崭露头角机会。

为加快培育外贸主体，浙江出台了不少扶持政策来改善外贸发展环境，包括提出"应展尽展，全力出展"的口号，鼓励民营企业在国内外参加展会等，这样的政策举措一直延续至今。

在政策鼓励下，浙企踊跃参加全球各类展会。除广交会外，还积极参加法兰克福国际家用及商用纺织品展览会、美国芝加哥国际家庭用品展览会等境外展会。浙江还尝试在日本、越南等国家设立自办展览，吸引了世界各地的展商购买摊位，收获了不少的采购订单。

当前，世界百年未有之大变局加速演进，世界之变、时代之变、历史之变正以前所未有的方式展开。面对世界经济复苏势头不稳、外需持续疲弱等新的挑战，浙江外贸却交出精彩的成绩单，这背后离不开浙江外贸人的创业与创新精神。

在 2024 年广交会上，许多浙企求新应变，用创新与设计"突围"，智能仿生手、烹饪机器人 CookGPT 等浙江"智造"产品成功"圈粉"海外客户，斩获了大量订单。有外商坦言，期待新一年的广交会，期待浙江企业带来新的惊喜。

四十余载时光荏苒。广交会的舞台上，展品在变，客商在变，然而浙江外贸人的拼搏进取之姿始终如一。四十余载岁月如歌。浙江外贸人随广交会一起成长，一路逢山开路、遇水架桥，不断开辟浙江外贸的新境界，助成今日浙江的开放与繁荣。

（奚金燕　蓝伊旎）

"包裹速达"背后，
公共海外仓何以"叶茂全球"

时代之变，常照于生活细节。例如，各国消费者购买浙产商品所需的时间，已从十天半个月缩短至一日。在这背后给予有力支撑的，正是浙江在十余年间探索建立的一座座公共海外仓。

作为境内企业在境外设立的具有公共服务功能的外贸新型基础设施，海外仓犹如一个关键齿轮，紧密啮合头程运输、海外仓储、尾程配送等物流服务，助力浙商在国际贸易竞争中提速，将"中国制造"加速销往全球。

商海搏击，精进者赢。以公共海外仓为窗口，浙江外贸产业链与供应链的深刻变革可得窥一二，"跳出浙江发展浙江"的思路清晰可感。借此向历史纵深望去，今日的"包裹速达"是浙商凭借自身韧性于市场中搏击的真实写照。

源起：应对外贸之变

公共海外仓的出现与势起，均与应对外贸之变有关。

千禧年初，线上支付体系的搭建与支付移动端的出现，为跨境电商的诞生奠定了技术基础。2004 年，"地瓜理论"被提出，进一步激发浙江企业"走出去"、拓市场,搭建境外营销网络的热情。

在传统外贸模式中,出口货物运到目的地港口意味着一单生意基本结束。进口商要贴什么牌、卖给谁、卖多少钱,国内的生产企业并不知情。

"2010年前后,一小批浙江企业开始建立海外仓。原因很简单,就是为了摆脱中间商,更亲密地接触市场。"浙江省商务厅对外贸易发展处原副处长张晓雯对此印象深刻。

在以家电产业闻名的宁波慈溪,为改写被赚差价的命运,许多企业依托海外仓实现本地接单、海外发货,境外贸易做得风生水起。当地的老板们在欧美市场开设家电生活馆,以"前店后仓"模式方便下游供应商直观了解产品。家电生活馆后来还逐渐配套了物流、售后等功能,跳出"囤积货物的仓库"这一概念的局限。

与之相似,浙江多地依托县域产业特色向世界伸出"藤蔓",例如,"世界超市"义乌将小商品城的经营模式复制到迪拜,足迹遍布全球的温州老板在迪拜龙城设立批发市场。"前店后仓"模式不断演进,成为公共海外仓的形式之一。

浙江人推动外贸由"大"向"强"的内驱力,让公共海外仓逐渐在海外落地生根。而其数量的大幅增长,还要从新冠肺炎疫情带来的外贸形势之变说起。

2020年初新冠肺炎疫情暴发后,国际物流一度中断,进出口集装箱一柜难求,大量国内企业无法将货物及时交付给境外商家,交易出现停滞。正当不少企业主急得团团转时,大洋彼岸的海外仓正井然有序地存储、派送商品。这令众人眼前一亮——原来还可以一次性将大批量货物运输、存放至市场国的仓库,再慢慢分销。

如此一来,哪怕物流受阻,国外客商依旧可以到海外仓下单订货。在周转方面，国外疫情期间，各大电商平台的退货可回到公共海外仓，等疫情缓解后再上架销售。

"它就像外贸市场的'蓄水池'。"张晓雯的形象比喻，道出了公共海外仓抵御风险的作用。如今回过头看，海外仓已经成为浙江许多企业乃至整个外贸行业渡过疫情危机的重要"法宝"。

十余年探索至今，浙江的公共海外仓已有物流型、贸易型以及平台型等多种类型。其中，物流型海外仓凭借固定航线（海、铁、空）和固定时间的优势约价，根据客户的需求，为客户提供运输、货物代理、仓储、配送等多种物流服务；贸易型海外仓在固有的贸易活动基础上，依托目的国本地细分销售渠道和网络关系，在原有的国际贸易背景下，搭建国内卖家的线下销货和线上展示平台；平台型海外仓通过第三方平台下单，物流发货到海外仓分拣、再包装、再配送到客户端的海外仓，实现境内卖家、海外仓和境外买家处于同一系统平台，便于三方沟通、统一管理、统一解决问题。

对于公共海外仓建设呈现的百花齐放之势，张晓雯认为，"每个市场主体设置海外仓时，都会从深耕或擅长的领域着手创新，这既是浙江民营经济活力的体现，也是市场发展的规律导向"。

内核：实现美美与共

以公共海外仓为棋子，新一代浙商在摸索中前行，逐渐布下国际贸易领域的新棋局。其中，"美人之美、美美与共"理念成为众多浙商眼中公共海外仓得以迅速发展的内核所在。

乐歌人体工学科技股份有限公司董事长项乐宏，是在建设公共海外仓中"打头阵"的浙江企业家之一。与项乐宏会面时，他刚从美国回到宁波，几天后又将启程前往第 136 届广交会。"做公共海外仓就必须连轴转、到处'飞'，得对仓库所在国了如指掌。"他语速飞快。

但实际上，乐歌最开始"走出去"的缘由实属被动。2008 年，一场史无前例的金融危机席卷全球。彼时仍以贴牌加工为经营模式的乐歌，遭遇了海外订单一夜冻结的考验。

"不行！我们得主动走出去！"项乐宏大手一挥，开始带领团队在境外第三方平台卖起自己的产品。为弥补人体工学座椅和办公桌体积大、质量大、运输成本高的不足，2013 年，乐歌在美国西部的硅谷租下首个境外仓库。

听起来风光无限，但他如今把它形容为一个"不太明智的决定"——硅谷地价高，且美国 70% 的人口集中在东部，大量货物都得往东边发送，仓库的仓储成本、物流时效都不占优势。

抱着"想搞美国的'一日达'"的想法，他于 2014 年和 2018 年分别在美国东部的孟菲斯和南部的休斯敦新租赁海外仓，之后又在 2020 年大举购入 6 个海外仓。这在公司其他高层眼中，无异于疯了，因为在海外投资重资产，意味着企业将背负极高的运营风险。可是项乐宏清楚，自建仓库可以稳定仓储成本，并与其他企业抱团取暖，争取到更低的运费，形成共赢局面。

项乐宏举例，将乐歌用不到的仓储空间租给国内做跨境电商的中小企业，不仅可以回收租金，还便于与物流公司砍"打包价"，"如果一家企业发出超 1000 万个中、大件包裹，就会成为尾程物流服务商的全球Top100 客户，物流价格必然降低。毕竟'个人票'没有'团体票'划算"。

随着时间的推移，乐歌的海外仓储战略逐渐显出成效。截至 2024 年12 月底，乐歌合计运营海外仓 21 个，面积近 70 万平方米，累计服务千余家外贸企业。2024 年，乐歌海外仓共处理包裹超 1000 万个，同比增加

■ 乐歌美国洛杉矶仓（乐歌股份　供图）

一倍以上。

"客户把价值上亿元的货放在乐歌的仓库，恰恰说明我们值得信任。我既服务了大家，又加固了自己的'护城河'，这就是美人之美、美美与共。"项乐宏说。

像乐歌一样，如今，越来越多的浙江企业在自身出海的同时，也在探索如何以公共海外仓为媒介，抱团取暖。宁波发现国际物流有限公司基于自行研发的智慧物流平台系统，帮助跨境电商企业进行订单的时空数据分析与海外仓选址建议；合丰信息科技（金华）有限公司利用海外仓资源，帮助磐安户外用品生产企业等在海外搭建销售网络；义乌一米供应链管理服务有限公司在瓦伦西亚海外仓举办展销会，带动50余家义乌小微企业出海，达成的海外客商订单额超过2000万元……浙江人的国际"朋友圈"，在海外仓的支撑下，越拓越大。

底气：政企双向发力

截至 2023 年，浙江省 319 家海外仓企业已在全球 53 个国家和地区建立了 839 个海外仓，占全国总量的 33.6%。浙江跨境电商进出口额达到 5100 亿元，规模占全国的五分之一以上。作为外贸基础设施的公共海外仓，已成为带动外贸高质量发展的重要平台。

从新生到壮大，再到如今在浙江外贸中发挥重要支撑作用，公共海外仓的成长可谓迅速。这背后，除了企业的果敢创新，政府的持续支持亦提供了源源不断的助力。

"面对新业态，浙江商务部门展现了高度的开放性与包容性，并未限以过多的条条框框，而是积极倡导并鼓励海外仓的多元化、创新化发展，这也是海外仓建设快速起步的重要保证。"回顾十多年前的发展历程，张晓雯不禁感慨万千。

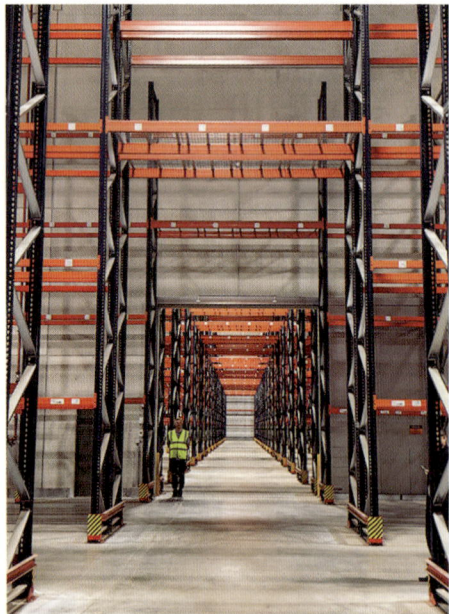

■ 2024 年 5 月 17 日，乐歌德国韦尔讷仓开仓前夕（乐歌股份 供图）

作为外贸大省，浙江早在 2015 年就率先在全国开展公共海外仓培育工作。2016 年起，浙江省商务厅第一次开展省级公共海外仓评选，至 2024 年已开展九轮。同时，聚焦提升外贸企业出海实效，商务系统建立了省级公共海外仓的绩效考评制度，完善淘汰机制，始终坚持从企业需求出发，及时倒推出台各类支持举措。"疫情几年里，浙江商务系统时常赶工式出对策，因为我们觉得企业等不了。"张晓雯对当时的场景仍历历在目。

这种官方的"呵护"是持之以恒的。2021年，海外出现一仓难求的困境，这就迫切要求政府介入，畅通海外仓储的供需对接渠道。

在浙江推行数字化改革的背景下，浙江省商务厅开发全国首个海外仓的数字应用——海外智慧物流平台，将前端外贸企业与后端全球海外仓直接对接，集成海关物流、境外线上线下营销、海外代办、金融保险等4大类19种业务，构建从供仓到管仓的闭环服务体系。

每天登入海外智慧物流平台，查询留言，筛选用仓企业，已经成为菜鸟国际美国海外仓市场经理张子先的工作日常，"我们入驻平台的第二天，就接到了一家做五金基建的外贸企业的订单。能在这么短的时间内接单成功，非常出乎预料"。

据了解，在海外智慧物流平台上线之前，外贸企业已经通过一些非官方的线上平台获取客源，但常面临费用参差不齐、客源质量各异、供需双方信息不对等的问题。海外智慧物流平台的出现，无异于给需要海外仓储支撑的外贸企业吃了一颗"定心丸"，也助力海外仓更好地服务外贸企业。

而为提供更好的政策支持，同年，浙江出台《推进海外仓高质量发展行动计划》，提出到"十四五"末，力争在全球设立超千个海外仓，努力打造促进外贸高质量发展的重要平台。

"怎样让制造业工厂顺顺利利地把货卖出去，同时又得到更多的利润，这是我们最关心的。这些年形势复杂多变，我们能感受到政府也一直在为广大企业着想，我们是在一条共同的道路上前行。"项乐宏认为，是政府的长期支持，给了他们坚持对外开拓市场的信心。

走过十余载，公共海外仓正步入新的历史机遇期。2024年，商务部等9部门出台《关于拓展跨境电商出口推进海外仓建设的意见》，推动跨境电商海外仓高质量发展。浙江省委、省政府印发《浙江省加力推动跨境电商高质量发展行动计划（2024—2027年）》，提出了打造高能级跨境电商国际枢纽省的目标，力争到2027年实现跨境电商出口规模较2024年翻一番，到2030年再翻一番。在浙江将实施的五大行动中，完善集货仓等仓储物流布局成为基础设施提能行动的重要组成部分。

作为"地瓜经济"持续发展的时代产物，根植本土、叶茂全球的公共海外仓是浙江外贸过去十余年乘风破浪的见证。在浙江推进高水平对外开放、建设高能级开放强省的新征程上，被寄予更多厚望的公共海外仓，也值得更多期待。

（柴燕菲　赵晔娇　鲍梦妮）

在疫情三年中解好极难题

历史总是在曲折中前进。走过的曲折，又将成为人们面向未来的勇气。

2019 年底，寒意料峭。当人们开始期待即将开启的本世纪第三个十年时，一场新冠肺炎疫情的出现和蔓延，将所有人拉入一段史无前例的全民抗疫中。

从外贸视角回望，疫情三年亦是浙江外贸发展史上最特殊的岁月之一。其特殊在生变——全球经济面临停摆风险，订单锐减、成本上涨、盈利空间下滑成为常态；在求变——全力保障"两手硬、两战赢"，浙江以一系列首创举措走出外贸"稳中有进"上升线；在蜕变——从务实到创新，再到形成解决难题、极难题的能力，化危为机让浙江外贸更具底气。

2020 年至 2022 年，浙江进出口总额、出口总值、进口总值年均增长分别为 17.7%、16.8%、20.4%，均优于全国水平，也成为疫情挑战下中国外贸稳健发展的重要贡献者。而在许多亲历者看来，那些历历在目的情节，那三年的复杂性，又并非寥寥数字可以道尽。

以一流的工作确定性应对外部环境的不确定性

2020 年的春节，对浙江省商务厅党组成员、副厅长陈志成而言恍如昨日。时任浙江省商务厅对外贸易发展处处长的他，从大年初一起就和同事吃住在了厅里。

2019 年 12 月，武汉出现不明原因的肺炎病例；2020 年 1 月 19 日起，新冠病毒人传人现象明确；1 月 23 日，武汉"封城"；至 1 月底，浙江报告确诊病例 599 例⋯⋯

疫情暴发伊始，保护人民生命安全是一切工作的中心。在商务系统，主要工作都围绕防疫物资保供展开。

"当时卫健委、经信厅负责防疫物资的调拨组织工作，但他们一开始不掌握哪些企业生产这些防疫物资。我们在组织物资进口之外，也一家家联系省内生产并出口口罩、防护服的企业，把名单提供给这些部门。"陈志成回忆，"那个时候没有你我之分，大家都是为了一个目标主动多做些事。"

在浙江防疫物资保供中发挥了重要作用的建德市朝美日化有限公司，正是由商务部门对接而来。疫情初期，其完成了每日 40 万只口罩的调拨任务，后被省委、省政府表彰为浙江省抗击新冠肺炎疫情先进集体。

2020 年 2 月起，疫情形势相对平稳可控，浙江省委提出，在坚决打好管控阵地战、救治攻关战的同时，也要坚决打好发展总体战。各行业复工复产有序推进。

疫情对外贸的冲击不言而喻。陈志成表示担心，"因为我们监测的外贸数据不太好，这样下去肯定不行"。

此前三年，因全球市场需求不足、中美贸易摩擦等，浙江进出口增速开始走低。此时又遇上疫情影响，对这位对外贸易发展处处长而言，压力不可谓不大。而正如其所说，浙江商务系统乃至省级层面，都在推动外贸复苏上想了诸多办法。

因外贸企业手持大量国际合同，涉及国际信用问题和全球产业链运行，浙江在助力企业复工复产时将外贸企业列为优先项。省级出台金融、财税等 10 个方面政策进行实质性帮扶，浙江省商务厅牵头成立 18 个省级部门组成的外贸企业复工复产专班，集中解决突出问题。一个月后，浙江重点外贸企业全部复工。

随着疫情防控逐渐转向常态化，另一个现实问题摆在了眼前——疫情影响导致企业订单量锐减，境内外展会也纷纷停摆。对外贸企业而言，失去订单意味着失去市场。

"疫情考验的是我们的应变能力。但不变的是我们要一直以企业需求为导向。"陈志成回忆，当时厅领导提出能不能在线上做一些活动，这让陈志成脑海里浮现出举办出口网上交易会的想法。

陈志成曾于2012年至2014年在义乌挂职，成为义乌小商品走向线上的重要推动者，也是义乌第一任分管电子商务的副市长。这一经历让出口网上交易会的推出顺利不少。

在办展计划上确定按国家、按行业办；在通讯媒介上选定全球通用的 Zoom 视频会议软件；在办展方式上借鉴浙江组织中国国际进口博览会配套活动时采用过的参展商与采购商按 1∶3 的比例精准配对洽谈的经验；在合作对象上对接他国政府部门，委托外国专业展会公司……仅用两周，浙江首场出口网上交易会就在越南举行。

浙江远大国际会展有限公司是该场活动的承办方。总经理陈瑾介绍，"这场聚焦纺织面料行业的活动是疫情发生以来全球首场同类活动。浙江企业主要来自杭州、绍兴、嘉兴、湖州等地，意向成交金额达 1.45 亿美元"。

从浙江省商务厅举办到每个市、县（区、市）商务部门争相举办，2020 年，浙江累计举办近 400 场网上交易会，解决了大量外贸企业的燃眉之急。时至今日，许多企业的海外客户正是当时对接而来的。

2020 年是受疫情影响的首个完整年度。当年，浙江实现进出口总额 3.38 万亿元，较上年增长 9.6%。其中，出口 2.52 万亿元，增长 9.1%，进

■ 2020年12月3日至5日，浙江首次以线下、线上融合代参展的模式搭建"2020中国浙江国际贸易（越南）展览会暨第九届浙江出口（越南）交易会"，成为在特殊时期为浙越双方企业搭建的高层次经贸交流平台

口 8627.9 亿元，增长 11.2%，均大幅领先全国平均水平，对全国进出口、出口的增长贡献率居各省区市首位。与前三年数据相比，也画出了"V"形拐点。

"我们当时的想法，就是以一流工作的确定性来应对外部环境的不确定性。"回想起当年，陈志成认为，高度协同联动和快速应变是浙江较好抵御疫情冲击的两大关键。"协同联动包括政府各部门之间、政府与市场主体之间的理解、配合。比如，当时海外的浙江企业就大量往国内寄物资。快速应变则体现在我们的一系列举措收到了超预期成效上。"

"浙江首创"密集出现

新冠肺炎疫情是人类历史上极为罕见的全球性大流行病。在党中央的坚强领导下，中国采取科学精准的防控策略，统筹推进疫情防控和经济社会发展工作取得积极成效。2021年至2022年，浙江外贸也书写了更多故事，为浙江走好高质量发展之路奠定了良好基础。

梳理疫情前后数年浙江的外贸数据不难发现，这两年其交出的成绩单尤为亮眼。

2021年，浙江进出口总额首次超过4万亿元，达4.14万亿元，同比增长22.4%。其中，出口总值3.01万亿元，同比增长19.7%；进口总值1.13万亿元，同比增长30.3%。2022年，浙江进出口、出口、进口增速均达到两位数，出口对全国增长的贡献率居各省区市首位。

这样的表现与全球疫情形势有关。随着疫情对世界各国的冲击持续加大，大量订单开始向国内转移。当然，浙江外贸人的努力也是关键。

"疫情的后两年，省内总体呈现多点散发的局面。我们把工作重心之一放在了打通产业链供应链上，在发生疫情的地区，通过集卡车封闭式运作等创新举措，保证物流不停运、相关工厂不停工。"陈志成说。

而彼时在浙江，没有疫情的地区已实现人员顺畅流动，这让商务系统与企业的联系对接更为密切。浙江各级商务部门开始定期邀请企业座谈，或是向企业请教它们对大形势的判断，或是了解企业需求所在。

浙江围绕一"进"一"出"的问题采取的动作，正是源于"问需于企"。

最先出现的是"出"的问题，即企业反映的办理签证难、出不去。2021年起，受国外疫情及其他因素影响，企业赴部分国家洽谈时常遇到签证办不出的情况。当年，浙江省商务厅与浙江省外办等多次前往相关国家驻华使馆协调。陈志成说，当年他就分别前往美国、德国、印度、法国、澳大利亚等国的驻沪总领馆协商洽谈，为企业创造便利。

"进"的问题则体现在入境隔离带来的沟通成本增加。为鼓励国外商务人员到浙江谈业务，浙江首创推出了"闭环泡泡"模式——将入境商务人员等点对点转运至免隔离闭环管理区即"闭环泡泡"开展商务活动，其间不可离开管理区。中方人员进入管理区完成工作后，采取相应的隔离措施。

这受到了企业的普遍欢迎。一家企业负责人当时对陈志成说，"我们不用冒风险出国，也能降低沟通成本。自己闭环管理也不影响工厂运营，这是一件大好事"。

此外，浙江以企业需求为导向而采取的首创举措还有两个团组的一"进"一"出"。

其中，"进"是指商务包机的开通。2022年夏天，浙江省商务厅在宁波调研时了解到，受航班熔断的影响，许多外贸企业在外人员面临着"出去回不来"的问题。7月10日，经过与上级的积极争取，全国首架拓市场商务往返包机从宁波起飞，载着一批外贸人飞往欧洲稳订单；7月21日，第二架商务包机起飞，送出新一批外贸人，接回前一批市场开拓者……

"出"则是浙江省商务厅牵头组织的"千团万企拓市场抢订单行动"。2022年12月4日，浙江首个"抢单团"前往德国、法国，6天时间里参加了欧洲食品配料、健康原料展，拜访多个境外重点商协会。

"商务部门摸准了企业的需求。以前我们一家企业出国，不会拜访这么多商会。见面之后，大家像多年不见的老朋友一样，关系很快就近了。"瑞丽家纺（嘉兴）有限公司董事长费中富回忆。

彼时已任浙江省商务厅副厅长的陈志成，正是浙江"第一团"团长。他至今对德国一名政府官员的话记忆犹新——"当时他说，你们是疫情后第一个来这里的中国团组"。

仅2022年12月，浙江就有20多个经贸团组"走出去"，拿到意向订单超180亿元。浙江的这一举措还登上网络热搜，收获无数点赞。

浙江外贸为何敢首创、能首创、多首创？陈志成称，"我们不是想做

■ 2023 年 1 月，浙江省赴香港开展"投资浙里"全球大招商年活动

就做什么，而是企业希望我们解决什么问题，我们就解决什么问题。这让大家一直有一种积极性，拧成一股绳在战斗"。

浙江外贸收获何种启示？

"今年外贸形势比以往更加复杂严峻，但是浙江外贸就是这样走过来的。无论是台风还是后来的新冠肺炎疫情暴发，都没有打垮我们浙江外贸。我们是越挫越勇，越来越好。"

2023 年 1 月 12 日，浙江省商务厅党组书记、厅长韩杰在浙江省"两会"上表示。这一表态也让外界感受到了浙江外贸人面向未来的底气。

底气何来？

在陈志成看来，浙江商务系统通过积极应对疫情冲击，最重要的收获就是形成了解决难题和极难题的意识和能力。

他把解决工作中遇到的问题比喻为解高考数学题,具体分四类:第一类是送分题,基本都能答出来;第二类是难度适中的,一半人会答;第三类是难题,百分之八九十的人答不出来;最后就是极难题,只有极少数人能答出来。

"形成这种意识和能力,首先,在态度上要务实,要解决实际问题;其次,在观念上一定要以企业需求为导向,去解决企业解决不了的共性问题,针对各企业的个性问题也可以去协调解决;最后,在方法上要敢于创新,在没有经验可循的情况下,解决问题就要靠创新。"陈志成表示。

同样,浙江的外贸市场主体也在三年疫情中悄然生变。

在浙江商务系统,这是一种共识。一方面,浙江外贸企业拓市场的意识极大增强。这表现在在更严峻的大环境下,越来越多的企业能够主动想方设法拓市场。另一方面,企业拓市场的方式也更加多元。这体现在企业从线下到线上、从参加实体展会到逐浪跨境电商中。

历史总是在对过往的经验的汲取中被写下新的章节。2024年8月,中共浙江省委十五届五次全会擘画了未来一段时期的改革路线图。其中,继续推动"地瓜经济"提能升级成为14项攻坚性改革之一。

在陈志成看来,疫情中政府与市场发生的器质性变化,不仅让浙江外贸化危为机,更对未来浙江深化实施"地瓜经济"提能升级"一号开放工程"、走好未来的开放之路奠定了良好基础。2024年,浙江外贸进出口规模首次突破5万亿元大关,全国份额迈上12.0%的新台阶,出口增速继2023年后再居东部沿海主要省市首位。

作为一名商务系统"老兵",陈志成也将疫情三年的工作经历视作职业生涯里的一笔珍贵财富。疫情期间,他被浙江省委授予"浙江省优秀共产党员"称号。

"这是对浙江商务系统工作的肯定，我非常自豪于能够身处这支队伍中，尽一份力量。"陈志成坦言，这种自豪源于这支队伍的主动性和积极性，大家不只是把本职工作做好，而是能主动多做事情；源于这支队伍的勇气和担当，在国外疫情形势复杂时，能带头"走出去"；源于这支队伍的实干和争先，能把上级要求落实在一项项实际行动中，做一件、成一件、带动一片。

疫情三年仅是浙江外贸史的一页，但这三年的风雨险阻、众志成城，又决定了它必将以特殊的形式被外贸人所铭记。千磨万击终不弯，这幅一千多个日日夜夜的抗疫图景，成为"干在实处、走在前列、勇立潮头"的浙江精神的生动诠释，激励并鼓舞着一代代开放图强的后来人。

（王逸飞　鲍梦妮）

历史的江河奔腾向前，有静水深流，亦有波澜壮阔。

世纪之交，风云变幻，彼时的浙商很难想象，有一天他们能把生意做到世界每一个角落。很多人也不会想到，今天，中国会成为全球货物贸易第一大国。

2001年，中国正式加入WTO。广大浙商乘势出海，浙江也由一个资源小省一跃成为开放大省。

数据显示，在很长一段时间里，浙江出口总值一直排在全国第四，位居广东、江苏、上海之后。2011年，浙江出口总值2163.5亿美元，以65.6亿美元的优势超越上海，成为全国出口第三大省（区、市）。2023年，再次进位，超越江苏，跃居全国第二。

为什么是浙江？浙江为什么能？于无声处听惊雷。回望"入世"当年，浙江的出口总额仅229.8亿美元。20多年间，浙江的出口规模增长了超过18倍。

作为一个资源小省，逆袭是如何发生的？本章将回溯这一段波澜壮阔的历史，探寻浙江外贸出口规模连跨两个台阶背后的密码。

两次"跨越"背后，浙江做对了什么

历史车轮滚滚向前，总有一些荣耀与非凡的岁月值得回望。

改革开放 40 多年来，浙江外贸战线上，2011 年与 2023 年是两个颇具历史性意义的年份。

2011 年，浙江出口总值实现 2163.5 亿美元，以 65.6 亿美元的优势超越上海，成为全国出口第三大省（区、市）；2023 年，12 年后，浙江再次进位，以 3.57 万亿元的出口总值超越江苏，跃居全国第二。

从资源小省到外贸大省，从千禧年的第四到 2023 年的第二，浙江的跨越之路并非一路坦途。古语有云："激水之疾，至于漂石者，势也。"而今回望两次出口总值排名的跨越，不是探究数字本身，而是希望通过回溯一路上的"时"与"势"，探索浙江对外贸易坚守了什么、做对了什么，以此撷取力量，以启今人。

乘势而为：与时俱进，"四个多元化"的发展信条

长三角、珠三角，海港密集，交通便利，历来是中国外贸强省聚集地。

然而在改革开放以前，地处长三角南部的浙江，虽地理位置佳，资源却十分贫瘠。1980 年，浙江省出口额仅 2.4 亿美元，出口的基本上是猪肉、蔬菜、茶叶、棉麻纺织品原料等初级产品，且在计划经济体制下，

主要供给香港。

"那个时候外贸没有放开，全省就十几家国营外贸公司，主营粮油、丝绸。很多工作都还在探索，但是能感受到当时浙商是跃跃欲试的。"韩杰回忆说。

如他所言，1980年，浙江省刚刚开展外贸的时候，总共只有17家省级专业外贸公司，分别经营茶叶、畜产、水产、工艺品等，专营色彩浓厚。当时，浙江省自营出口总额仅占当年外贸收购总额的一半左右，出口在全国位居第13位，占全国出口总额的比重仅为1.3%。

为了统一对全省进出口的领导，1983年3月3日，浙江省对外贸易经济合作厅成立，对外贸易在当时被浙江寄予厚望。1988年3月，浙江省外贸承包方案出台。两轮6年的承包经营以后，浙江人敏锐地抓住了外贸体制改革的东风，外贸增速进入了"狂飙"阶段。

1999年，为进一步应对亚洲金融危机，针对当时外贸发展中的一些突出问题，浙江提出了外贸领域的"四个多元化"。这是浙江外贸的一次重大理论和实践创新，折射的不仅是"鸡蛋不放在一个篮子里"的质朴哲学，更是浙江勇于向一切未知去探索、寻找机会的决心。

"四个多元化"中，最有浙江特色的，就是外贸经营主体多元化。在国有外贸公司还是外贸主力军的时候，浙江民营企业就在外贸发展中开始逐步展现出极强的生命力。

在韩杰看来，民营企业从事外贸出口，具有体制优势，还有机制灵活、积极性高、成长性好的特点。实践证明，民营企业是开拓国际市场最活跃、最具竞争力、最有潜力的力量。

也正是这种生命力，紧扣时代发展的脉搏，推动浙江外贸逐步转变成以民营企业为主力军。一批民营企业直接参与国际生产分工和国际市场竞争，如万向、正泰等一批代表性企业，发挥了浙商特有的"四千精神"，浮沉商海数十载，如今依然挺立在国际市场的潮头。

如今，浙江有进出口实绩的民营企业已突破10万家，全国每5家民营出口企业中，就有1家是浙江企业——这无疑是浙江外贸活力的最大源泉。

外贸经营主体多元化，又推动了出口市场、出口商品和贸易方式的多元化。

遍布全球的浙商，推动了浙江出口市场多元化发展。"浙江出口市场不像有些省份那样非常集中，我们是哪里有生意做哪里就有浙商，东方不亮西方亮。"韩杰表示。

同时，政府的有意引导也对出口市场多元化起到了重要推动作用。"一开始浙江外贸对象以我国港澳地区和少数发达国家为主，而省里一直鼓励市场多元化，外贸公司如果愿意去非洲、非传统市场，可以从速审批、给予补助资金。在市场多元化的战略指引下，浙江对发展中国家的

■ 2023年4月16日，韩杰带队赴第133届广交会现场调研浙江省企业参展情况

市场开拓力度不断加强。有一段时间，中国对西非，特别是贝宁、加纳、多哥等国的出口，一半以上份额都是浙江的。"原外经贸厅厅长金永辉回忆。

不同的市场意味着不同的消费水平。市场多元化必然要求产品多元化。随着时代的发展，相关产品更新换代，新能源汽车、锂电池、光伏产品等"新三样"高新技术产品出口保持领先，带动了一大批生产型民营企业发展壮大，初步形成了大外贸的发展格局。

贸易方式的多元化，也蕴含在企业主体多元化的进程当中。跨境电商最早由阿里巴巴孕育，市场采购贸易方式响应了义乌国际商贸城千万商户的出口便利化呼声，乐歌的海外仓模式受到了时任国务院总理的点赞。这些新业态快速发展，不仅为贸易提供了新的运营模式，也成为外贸增长的"加速器"。

"四个多元化"战略为浙江的赶超跨越埋下了伏笔。再次回望2011年、2023年浙江外贸的两次跨越，可以看到，浙江对新兴市场国家贸易增长强劲，东盟先后超越日本成为浙江省第三大贸易伙伴，超越欧盟成为浙江省第一大贸易伙伴；民营企业出口占全省出口的比重先后超过六成、八成，其浙江省外贸主力军的地位不断巩固；一般贸易模式占比提高、市场采购等贸易方式不断兴起。历史证明，"四个多元化"是浙江外贸长足发展的重要法宝。

逆势而上：危中见机，在弯道上的两次赶超跨越

国际形势变化深刻影响对外开放。中国外贸一路历经风风雨雨，有过高光，也曾有过低谷。对于浙江而言，每一次危机都是"弯道超车"的机会。浙江的两次赶超跨越，与危机同存，与危机共舞。

　　展会是企业拓展市场的最重要方式。然而，受美国次贷危机影响，2009 年广交会的到会客商数和出口成交量均有所下降。为帮助企业拓展市场，当时浙江出台了不少扶持政策来改善外贸发展环境。

　　浙江交易团想了不少办法稳住老客户、开拓新客源，抓住了新的商机，依托广交会收获更多的机会。2010 年，我国外贸出口回暖，这让之前选择坚守广交会的浙江企业尝到了甜头，广交会的订单像纸片一样向浙江飞来，浙江的外贸又焕发了新的活力。2011 年，浙江出口总值 2163.5 亿美元，以 65.6 亿美元的优势超越上海，成为全国出口第三大省（区、市）。"上海作为国际化大都市，它的外贸地位在我们当时看来就是不可撼动的。那年出口超过上海，我们是想都不敢想的！"陈如昉说。

　　2001 年刚"入世"，浙江出口总额仅为上海的三分之一。2011 年，浙江成功超越上海。这是浙江外贸在危机中把握市场、坚持多元发展推动的第一次跨越。这次跨越，也让许多人对浙江外贸产生了新的愿景。浙江离外贸出口全国第二的位置还有多远？浙江还能不能再创奇迹？

　　让人始料未及的是，此后十年间，国际地缘政治格局日益复杂，外贸不确定、不稳定因素明显增多。尤其是 2018 年以来，受中美贸易摩擦影响，浙江许多商家外贸订单断崖式下降。

　　突如其来的寒冬令人备受煎熬。怎么办？生意还做不做，怎么做？萦绕在浙江外贸人心头的疑问，也是浙江省重点攻关的难题。

　　"做！以前做 100 万美金，现在做 10 万美金，亏损也要做！"韩杰透露，当时很多企业都想放弃了，觉得太难了，"我们就坚持和企业沟通，给他们加油打气，告诉他们，钱赚少了，等经济形势好了还能赚回来，但是订单丢了，人家就再也不会来找我们"。

　　"后来证明，我们咬牙坚持下来是对的。也是在与国际伙伴的合作交流中，彼此更加了解，我们的本领也得到了显著提升。"韩杰感慨道。

有一个具有代表性的故事，在湖州市安吉县，万宝智能家居科技有限公司总经理薛栋在2019年初就飞往美国，与大客户谈判了整整4天、2次打破心理预期，最终亏本接下价值近亿元的年度大单。为此，他把欧洲、中东等其他非美市场的利润全部用来补贴美国市场的损失，以此守住了市场份额。

一边"保"，一边"进"。在千方百计保发达国家市场的同时，浙江也研究制定了一揽子政策和举措，帮助企业开拓"一带一路"新兴市场。

新冠肺炎疫情期间，浙江外贸再次迎来了重大挑战。这次，浙江外贸人敢于创新、危中寻机的精神，在前所未有的复杂国际环境中，发挥到淋漓尽致。

疫情初期，面对外商入境不便的现实难题，浙江首创组织"云展会""云洽谈"，在第一时间从零起步，搭建庞大的"云"上展会体系，通过网络连接世界，坚守订单、坚守客户。

疫情期间，在国际人员往来受限的背景下，浙江探索"代参展"模式，搭建桥梁，帮出不去的浙江企业参加展会、做好本地营销。首创"闭环泡泡"管理模式，让外国客商、投资商在"闭环"内体验无感防控，助力国际商务交往。

2022年，在优化调整防控措施以后，浙江抢先放出"大招"，第一时间通过包机、拼机等模式组织1万家企业赴海外开拓新市场，达成意向订单近1900亿元，打响了全国抢订单、抢市场的"第一枪"，为稳外贸全国大局贡献了浙江力量。

在保市场、保企业、保客户的战略下，浙江扛过了外贸寒冬，稳住了基本盘，更积蓄起了"弯道超车"的动力。

2023年，浙江再次迎来了进位的高光时刻：出口总值成功超越江苏，跃居全国第二。

"这是一个历史性跨越！"饶是在商务一线奋战三十多年，提及此，韩杰仍不免动容。在韩杰看来，大环境好的时候快速增长，多少有些水涨船高的因素，但在全球经济低迷时，浙江仍能保持稳健增长，才更见功力。

细细剖析，浙江外贸的两次跨越，正是两次漂亮的"弯道超车"。而两次连续的"弯道超车"充分说明，浙江外贸的跨越并不是历史的偶然，而是浙江勇于在危机中先人一步、敢于不断探索、不断创新、善于在纷繁复杂环境中抓住机会的必然。

谋势致远：同心同行，穿越世界经济"风浪"

在这两次跨越的历程中，有一双温暖的"手"陪伴始终。在顺势时，它的痕迹并不突出；在逆境中，它却总能拨云见日。

在韩杰看来，改革开放 40 多年来，省委、省政府与商务部门有一个共识，那就是尽一切努力，为企业发展创造良好的市场环境，让企业和产品更快、更多、更便利地走向世界。

他还清楚记得，1998 年，有一位义乌商人要在南非建设小商品市场，项目投资总额 203 万美元，超过了当时外经贸部外汇投资的标准。

"当时外汇非常短缺，每一宗对外投资项目都要经过国务院审批。企业想出去又不敢出去，这时候就需要政府推一把、扶一把。"提及此，韩杰仍记忆犹新。彼时的他虽初出茅庐，但敏锐地察觉到了开放发展的时代趋势。

为了帮企业争取过审，他跑到北京，拜访了外经贸部合作司，又找时任外经贸部副部长孙振宇说明情况。很显然，部委领导们都被这位年轻人身上的冲劲、拼劲打动了，也感受到了基层喷薄而出的改革激情和发展动力。

"我当时不是为了某个企业,而是为了所有的浙商能够更加放开手脚'走出去'。后来省领导专门组织外汇管理局浙江省分局、海关和外经贸厅坐下来协商,三家一起出了一个鼓励民营企业到境外投资的管理办法。这是首创的,有很大突破。政府部门虽然承担了压力和风险,但给企业吃了定心丸。"韩杰坦言,有些事情放到现在看起来很简单,但在当时却是石破天惊。

浙江自下而上的创新意识和开拓精神,以及政府与市场有机统一相辅相成的体制机制,便是浙江屡次实现跨越的"法宝"。在许多个关键的路口,这两点都发挥了重要作用。

20世纪90年代,浙江提出"县县有外贸"的战略。浙江省、市、县(市、区)各级外经贸部门,非常重视中小企业获得进出口经营权后的指导服务工作,分期分批有计划地培训外语、进出口业务、WTO基本知识等方面的人才。

原浙江省外经贸厅力推外经贸人才战略,先后多次组团出省招聘外经贸专业人才,帮助出口企业招聘所需的高素质人才,使外贸人才队伍迅速扩大,间接促进外贸的持续快速发展。

"入世"以后,浙江遭遇的贸易摩擦急剧增加,虽然浙江外贸的总体量已经很大,但民营企业科技进步的总体水平还比较低,技术创新能力较弱,技术装备停留在20世纪七八十年代水平的企业还比较多。

作为外经贸主管部门,原浙江省外经贸厅强化服务意识、推动政府职能的转换。2001年,浙江省国际投资促进中心、浙江省对外贸易服务中心的成立,为加入WTO后浙江外贸更快发展做好了护航、推进的准备。

经济周期之下,总有起起落落,会有高光时刻,也会经历艰难曲折。"回首改革开放以来的40多年,可以发现,每临重大关口、每逢重大机遇，浙江总能上下同心、因势而动、顺势而为、乘势而上，才实现了一次又一次历史性的跨越。"韩杰感叹道。

行至百年未有之大变局，在着力推进高水平对外开放、建设高能级开放强省的时代命题下，浙江又将如何书写新的跨越，答案或许就在历史之中。

（柴燕菲　赵晔娇　奚金燕）

货贸、服贸、数贸：驰骋国际贸易海洋，浙江如何"披荆斩棘"

2024 年巴黎奥运会上，义乌发货的助威棒、埃菲尔铁塔模型等商品出现在赛场内外，黄雨婷"射落"首金时佩戴的白色发夹成为跨境电商爆款；连接印度尼西亚首都雅加达和第四大城市万隆的雅万高铁成为"网红"铁路，2022 年卡塔尔世界杯主体育场"大金碗"熠熠生辉……

如今，以中国制造、中国速度为特色的数字贸易吸引全球民众；以中国工人、中国技术为代表的服务贸易牵动世界目光。

时代洪流奔腾激荡，无数的历史经验启示后人：创新与变革，才能带来新的腾飞。21 世纪初，"服务"作为贸易业态，慢慢走进了浙江这个贸易大省的眼中。2003 年，随着"数字浙江"蓝图擘画，浙江开始探索数字贸易，一场壮阔的数字化浪潮在浙江里激荡澎湃、乘风出海。18 年后，浙江省委、省政府印发《关于大力发展数字贸易的若干意见》（下称《意见》），着力打造全球数字贸易中心。

瞄准世界，浙江有自己的底气。2023 年，浙江省服务贸易进出口总额 5979.6 亿元，数字贸易进出口总额达 7716.5 亿元，连续 4 年实现两位数增长。作为资源小省，多年来，浙江如何取得服务贸易、数字贸易领域的先发优势？着眼这场浩荡征途的起点，先行者们又凭借何种勇气中流击水、破浪前行？

服务贸易创新发展：由"传统派"迈向数字化

2006年，浙江省商务厅开始研究服务贸易，按照国际收支平衡表[①]的12大类别，推进服务贸易工作，包括建筑、运输、旅游等。

彼时，在"地瓜理论"的指引下，浙江省商务厅不断为浙江服务贸易起步、发展注入力量："如果说产品出海是有形的'地瓜'，那么服务贸易就代表了无形的'地瓜'。"

什么是服务贸易？从业多年，浙江省商务厅原副厅长张钱江无数次耐心回答过这一问题，他常提及"姚明打篮球"的故事——2002年，姚明被休斯敦火箭队选中，成为NBA史上第一位外籍状元，他通过自身技术去美国打篮球赚外汇，便是典型的服务贸易。

在张钱江看来，浙江是探索服务贸易体制机制改革的先行者。2009年，浙江省商务厅率先成立科技贸易处，于2010年改为服务贸易处。张钱江相继担任这两个处室的第一任处长，在拟订浙江国际服务贸易发展政策、推动国际服务贸易创新发展等方面有诸多实践探索。

现代国际贸易主要由货物贸易与服务贸易构成，关于二者的区别，张钱江"研究了小半辈子"。

在他主编的《服务贸易》一书中指出，服务贸易与货物贸易的区别是贸易标的的不同——服务贸易可以不跨越国境实现，货物贸易一般要跨越国境实现；服务贸易的实现只需要各生产要素（人员、资本、技术

---

① 国际收支平衡表是国民经济核算体系中基本核算表的组成部分，反映一定时期一国（地区）同外国的全部经济往来的收支流量表。（1.运输；2.旅游；3.通讯服务；4.建筑服务；5.保险服务；6.金融服务；7.计算机和信息服务；8.专有权利使用费和特许费；9.咨询；10.广告、宣传；11.电影、音像；12.其他商业服务）

知识）中一项移动即可，货物贸易则需要产品的移动才能够实现。

"早年间，建筑、运输和旅游占据浙江服务贸易总量的70%—80%，相对趋于稳定，是服务贸易中的'传统派'。大家都在思考，下一个增长点在哪里？"张钱江打趣道，这方面，印度曾担任浙江的"老师"，授课方向正是服务外包。

如其所言，从服务外包开始，服务贸易在不断呈现其重要性的同时，慢慢蹚出了"数字化"转型的新路，"数字＋服务＋贸易"逐步叠加，成为浙江外贸"开疆拓土"的利器。

"印度班加罗尔被称为'小硅谷'，服务外包软件产业非常发达。发达国家把自己做不完的软件业务外包给发展中国家，这是一个很好的机遇。"张钱江回忆说，浙江服务外包工作起步早、发展快——早在2006年，杭州市便入围第一批"中国服务外包基地城市"。

当时，浙江紧抓服务外包工作，尤其注重软件信息服务，浙大网新、新华三集团、虹软科技等企业成为行业的中流砥柱，正是在那个时期"生根发芽"的。

除了以信息技术为代表的服务外包，在浙江服务贸易数字化创新发展的画卷中，文化贸易也增添了浓墨重彩的一笔，逐步成为浙江由服务贸易向数字贸易"蝶变"的重要业态。

中南卡通《乐比悠悠》、玄机科技《秦时明月》等浙产动画进入130多个国家和地区的播映系统；由杭州游科互动科技有限公司出品的中国首款"3A"游戏《黑神话：悟空》多次登顶全球最大游戏发行平台Steam的热销榜，成为中国游戏出海的里程碑式作品……近年来，浙江文化贸易蓬勃发展，为数字贸易提供了丰富的内容和形式。

"通过打造影视品牌、建立新媒体传播矩阵、发展数字制作技术等，我们花了许多心血探索影视、游戏行业出海。"作为亲历者，张钱江深知

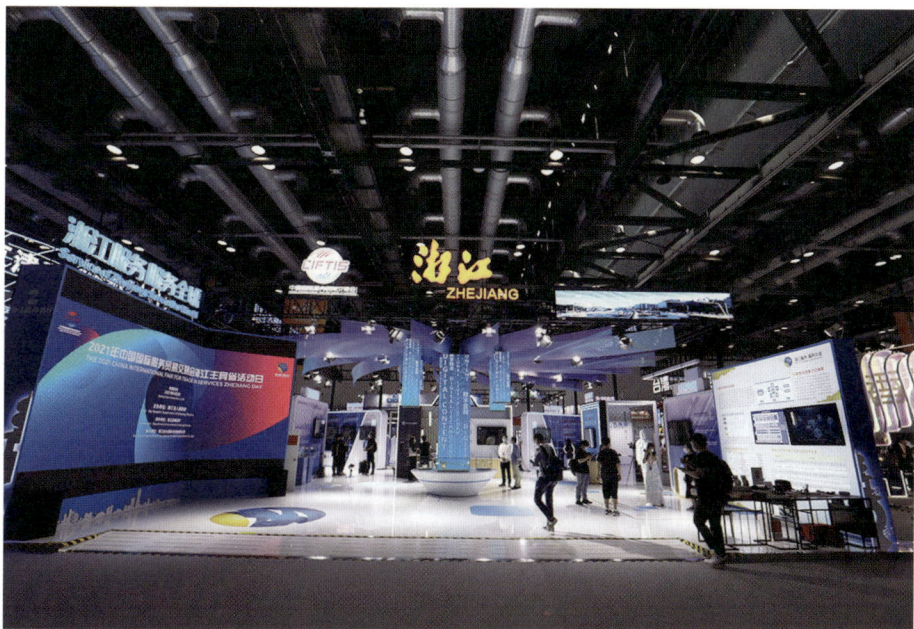

■ 2021 年，中国国际服务贸易交易会浙江主宾省活动日现场

这条路走得并不容易。

"过去，浙江是'文化交流大省'，但不是'文化贸易大省'，突破这两字之差，耗费了许多外贸人的心血。"张钱江分析，浙江曾经常带领越剧团、歌舞团等出国交流，但此类交流是不赚钱的，而真正的文化贸易需要签订合同、产生经济效益，让其他国家购买中国的文化产品。

进入 21 世纪以来，浙江在动漫、文化用品、数字出版物等文化贸易领域付出更多心血，不断实现新的突破。2011 年，一次参加戛纳电影节的经历令张钱江记忆犹新——偌大的展馆里，浙江华策影视集团的摊位数量很多，影响力也很大，"洋面孔"围成一圈欣赏、讨论，热闹非凡。

"影视剧是全世界人民都喜闻乐见的娱乐方式。"华策影视集团总裁傅斌星介绍，从在国际影视节和交易会上"摆摊"，到在国外主流媒体上构建自有内容阵地，华策影视集团建设"华剧场"，打造影视传播全球"一张网",已在海外各大媒体平台上建设了100多个频道,吸引了2000万粉丝。

文化贸易为何如此重要?张钱江举例道:"浙江曾出口黑白电视机到非洲,但使用几年后,当地人不会记得它来自哪里;如果这台电视机播过一个中国节目,比如一度风靡非洲的《媳妇的美好时代》,那么它就能长期留在一个非洲年轻人的脑海里,产生更多影响。"

从文化贸易一隅看全局,时至今日,浙江服务贸易数字化创新发展的动力依然强劲——随着科技发展,浙江企业自主研发的生成式人工智能工具"梧桐数字员工"覆盖全球150多个国家和地区;2024年中国国际服务贸易交易会上,浙江企业展示的智能驾驶技术备受海外客户关注……

以杭州为例,2023年,全市服务贸易出口额中,"数字化"占比已经超70%,远高于全国40%左右的平均水平。自此,浙江成功蹚出从货物贸易衍生出服务贸易、再从服务贸易衍生出数字贸易的新路子,"三匹快马"让浙江外贸发展跑出"加速度"。

数字贸易抢滩突破:从探路者到集大成

数字无界,贸易无边。在"双十一"购物狂欢节"剁手"采购进口商品的人们或许不知道,作为中国外贸增长新引擎的跨境电商,正是贸易数字化的典型呈现,也是数字贸易的重要组成部分。

"谈数字贸易,离不开跨境电商,也就是所谓的'买全球、卖全球'。"浙江省商务厅原副厅长徐高春曾在宁波市人民政府口岸与打击走私办公室历练,也曾分管浙江省商务厅流通发展处、消费促进处、商贸运行处、电子商务处等部门,见证了跨境电商"从0到1"的突破。

2012 年，海关总署批准宁波、杭州、上海、重庆、郑州成为中国首批跨境电商试点城市。彼时，徐高春负责宁波口岸相关工作，瞄准了保税进口这一新赛道。

"当时，海关发现海外留学生、游客在国外买东西寄回国内，每天的邮包不在少数。"观察到该现象后，徐高春和同事经研究调研后决定，由跨境电商企业以集装箱形式进口奶粉、红酒、尿不湿等老百姓需求较大的货品，集中进、分散出，降低成本的同时缩短交货期，也提升了消费者的体验。

保税进口的探索取得阶段性成果，新的问题又出现在眼前——中国产品如何通过跨境电商出海？

2015 年，国务院批准杭州成为全国首个跨境电子商务综合试验区。徐高春坦言，当时浙江只有一个杭州综试区，其他地市的货物运到杭州徒增运输成本，响应者寥寥。

幸运的是，漫漫长路中总有微光，抓住它，便使"不可能"成为"可能"。

"浙江块状经济发达，纺织、五金、家电等产业集群优势显著，所以我们决定按产业集群做跨境电商园区。"徐高春回忆道，2015 年至 2022 年，浙江持续发力，率先实现跨境电商综试区省域全覆盖。

2023 年，浙江跨境电商进出口总额达 5129.3 亿元，同比增长 18.9%，规模占全国比重超五分之一。

"发展太快了，每一年都在进步、每一年都在增长。"时至今日，回首最初的开拓之旅，徐高春甚至还有一种不真实感——那时，常有从业者向他寻求答案，"都是做电商，国内市场很大，为何还要费尽心思把货卖到国外？"

在徐高春的记忆里，与之对应的是，2016 年，浙江省举行跨境电商大会，想寻找发言交流人时，能够分享跨境出口经验的人很少。

跨境电商的意义在哪里？徐高春认为，只有想清楚、回答好这个问题，才能对从业者们进行宣传普及工作，凝聚发展合力。

"传统外贸里，我们的企业把商品卖给外商，对方去做零售，品牌、渠道、定价权都是他们的，我们只是代加工。而跨境电商企业真正掌握这些资源后，就能帮助我们从国际贸易价值链的低端走向高端。"徐高春表示，跨境电商是对传统外贸的一种颠覆性转变。

譬如在 2013 年，杭州子不语网络科技有限公司（现子不语集团有限公司）就由内贸转型专事跨境电商，从一家销售杭州四季青服装市场女装的淘宝店，转型把鞋服销往巴西、俄罗斯、美国等海外市场，目前已发展成为中国最大的跨境电商公司之一。

这样的转变还有很多。支持跨境电商平台建设、启动跨境电商人才培养计划、出台《浙江省加力推动跨境电商高质量发展行动计划（2020—2023 年）》……多年来，浙江用心用情，以真金白银持续推动跨境电商高质量发展。

2024 年上半年，浙江跨境电商全业态出口 3586.8 亿元，同比增长10.1%，占全省出口总值的 9.2%。看到跨境电商不断跑出"加速度"，越来越多的人希望加入其中。然而大家心中也难免焦虑：跨境电商的红利还有多久，自己"入局"后会不会成为"韭菜"？

"跨境电商是全球化和数字化的交叉，它的全球化由各国老百姓推动，是不可逆的，只会不断升级、扩大。试想，海外消费者在亚马逊等平台购买过中国物美价廉的产品，如果因为一些国际关系问题失去购买机会，他们第一个不答应。"谈及跨境电商的未来，徐高春笃定道。

驰骋在跨境电商蓝海，尤为考验"船长"抵御风险的敏锐与勇气。关于这一点，徐高春对"走遍千山万水，想尽千方百计，说尽千言万语，吃尽千辛万苦"的浙商群体信心满满。

"有一次我跟一个温州企业家聊天，他在亚马逊上卖手提小电焊机，生意火热。正是因为他观察到了很多外国人住独栋别墅，经常需要修修补补，而维修的人工成本又比较高，所以家用电动工具很受欢迎。"在徐高春的记忆中，类似的案例不胜枚举。

在跨境电商快速发展的基础上，贸易数字化的趋势不断加快，数字贸易红利也开始释放。2020年，为了突破服务贸易发展十几年的瓶颈，浙江从"可数字化的服务贸易"出发，开始探索数字贸易，又一次"春江水暖鸭先知"，成为第一个吃螃蟹的人。2021年，浙江在全国率先出台《中共浙江省委办公厅、浙江省人民政府办公厅关于大力发展数字贸易的若干意见》，引导数字贸易企业竞逐全球市场。

"党的二十大报告将数字贸易与货物贸易、服务贸易作为建设贸易强国的三大支柱，在服务贸易、数字贸易方面，我们扮演了探路者的角色。对于新兴领域、新鲜事物，浙江商务总是保持开放包容、学习对标的态度，政府鼓励引导、企业实践应用，这才是浙江贸易发展的'关键一招'。"张钱江笑言。

回首来路，在浙江开放经济不断跃迁的"成绩单"里，贸易不断衍生、发展，并正发挥着越来越显著的作用。它的苗壮成长，源于各类企业主体洞察国际市场时的"灵光一闪"，源于政府一代代"浙江贸易人"的接续奋斗，源于每位先行者"干在实处、走在前列、勇立潮头"的精神面貌。身处变幻莫测的国际市场，浙江贸易的前路注定不是坦途，但其背后凝聚的力量，将给予它一往无前的勇气。

（张　斌　傅飞扬）

改革开放 40 多年，浙江与世界在持续链接中逐渐融为一体。而历史新篇的写就，核心就是"事在人为"。几十年来，在"四千精神"的浸润下，在"地瓜理论"的指引下，一家家敢为人先、勇立潮头的浙江企业，用自己的方式与世界"握手"，为观察这段奇迹般的历史提供了独特视角。

一把老虎钳如何"剪断"外商对中国手工具的成见？厘米级定位、米级感知、纳秒级授时的时空智能服务，如何令浙江的空天信息产业站上世界舞台？"区外全球保税维修业务"落地，浙江如何实现全球接单？浙江企业在竞逐时代开放大潮中"灵光闪现"，总是给予世人意想不到的惊喜。

众人拾柴火焰高。2024 年，浙江省进出口规模首次突破 5 万亿元大关，占全国份额迈上 12.0% 的新台阶。

英雄不问出处，富贵当思缘由。本章节将通过一家家"时代先锋"的成长故事，探寻浙江何以在世界商海乘风而起，扶摇万里。

深耕浙江　链动全球：
物产中大的"进击之路"

大宗商品被誉为工业的"基石和血液"。在瞬息万变的中国大宗商品市场中，物产中大集团是一个较为特殊的存在。

其特殊性在于，历经大浪淘沙，乘着改革开放的东风，从浙江省物资局转制而来的物产中大，在一个高度市场竞争的领域，历时二十余载，蹚出了一条传统物资系统企业向现代企业转型之路，实现了从浙江省属国企到世界 500 强企业的"跨越"。

看似寻常最奇崛，成如容易却艰辛。从"手捧金饭碗"到"竞逐市场大潮"，从传统贸易服务起步到创新智慧供应链集成服务，回望物产中大的升级之路，也为观察浙江开放发展带来了另一个视角。

打响浙江国企改革"第一枪"

大宗商品与国计民生息息相关。国内大宗供应链领域的世界500强"四大巨头"，除物产中大位于浙江杭州外，其他三家均位于厦门。

物产中大最早的历史可以追溯到 1954 年的浙江省物资局。在计划经济时期，掌握着全省计划物资的调拨职能，可谓"手捧金饭碗"。

然而随着市场经济体制的逐步建立和完善，物资局的职能和结构也发生了相应的变化。原本"衣食无忧"的物资企业也迈入了市场化大潮。

1996年，浙江省物产集团公司成立，浙江省物资局正式转制为经济实体。当时企业总资产42.20亿元，净资产10.9亿元，净利润仅2107万元。

彼时，放眼全国，一大批传统物资企业甚至折戟沉沙、销声匿迹，而物产中大却在大浪淘沙的严酷市场竞争中生存了下来，并且朝着千亿元国企一步步迈进。

回忆起那段难忘的岁月，许多老员工仍记忆犹新。虽说是国企，物产中大却是在"三个没有"（没有垄断资源、没有倾斜政策、没有进入门槛）的前提下发展起来的。

开放的行业环境倒逼企业想尽一切办法开拓市场。最早的时候，公司经常把大钢厂计划生产多余的钢材尾料全部买下，然后把产品信息整理发布在《物资商情》上，寄往全国各地，率先由"坐商"转为"行商"。

竞逐市场大潮，呼唤更灵活的体制机制。1998年，为了更好地赋能企业发展，浙江省委、省政府开展产权制度改革试点工作。集团率先在省属国企中打响了改革"第一枪"，通过试行经营层和员工持股建立起了"既参与经营管理，又共享发展成果"的互动机制。

以物产中大旗下一级成员企业物产中大金属为例，自改制以来，灵活的薪酬考核机制和开放的人才管理理念，激发了全体员工高涨的创新创业热情。这种混改模式也为当时企业的快速发展注入了巨大能量。

2007年，经浙江省政府批准，浙江中大集团的国有股份整体无偿划拨给浙江物产集团，开启了新的发展之路。次年，集团销售总额首次突破1000亿元大关，成为浙江省首个经营规模超千亿元的特大型企业集团。

2011年，美国《财富》杂志公布了世界500强的榜单，物产中大成功上榜，打破了浙江"零的纪录"。2015年，物产中大实现了整体上市。

近十多年来，伴随着中国经济新一轮腾飞，物产中大业务版图愈加壮大。如今物产中大的供应链版图中有以钢铁、能源行业上下游客户为服务对象的，也有面向化工行业的集群式中小企业，连续 14 年位列世界500 强榜单。

"回望物产中大从'活下来'到'强起来'的改革发展历程，没有改革就没有物产中大的今天。"物产中大集团董事长、党委书记陈新如是说道。

从卖商品到卖服务的转型之路

上榜容易，守榜难。当互联网时代席卷而来时，传统的流通方式必须做出改变，物产中大做了 50 多年的老本行——"卖钢铁"也面临着变革。

物产中大集团副总裁李兢介绍道，近年来，物产中大致力于成为"中国智慧供应链集成服务引领者"，与供应链上的供应商、制造商、消费者等相关利益方共建供应链集成服务生态圈。

其中最典型的故事就是"不生产一根钢筋，却为港珠澳大桥找到了最匹配的产品"。

港珠澳大桥被誉为"世界上最长的跨海大桥"，在建造中攻克了多项世界级工程施工及技术难点。

大桥建设时期，也正是大宗商品行业在经历计划与市场"双轨制"后，走向完全竞争市场的阶段：上游钢厂手握资源，掌控着产品议价的优势，但与终端客户的对接相去甚远；下游虽有越来越旺盛的基建工程建设需求，但苦于流通链条漫长、参与者众多，既没有防控大宗商品价格频繁波动风险的专业能力，也疲于在物流、仓储、金融、信息等繁杂要素里耗费精力。

港珠澳大桥项目建设历经 14 年，一方面钢材用量大，从采购到交付时间跨度大，建设单位面临着未知的价格风险以及随之而来的巨大资金压力；另一方面，对特殊材料有着较高要求。如在大桥浪溅区采用的不锈钢钢筋，被欧洲极少数厂家牢牢垄断着。

在了解到情况后，物产中大金属首先组织团队赴欧洲等地钢厂考察调研。时任港珠澳大桥配送项目经理对这段经历记忆犹新，"挪威出设计，英国出标准和体系认证，西班牙、意大利钢厂提供原材料，丹麦负责深加工和营销，这种隐性行业垄断，远比我们预想的要复杂"。

垄断也就意味着合作存在不确定性，无论是售价和交货期限，都是不确定的。因此物产中大金属又把目光投向国内。在经过多轮磋商、论证、评估之后，物产中大金属最终找到了山西太钢不锈钢股份有限公司。

在与其合作的过程中，物产中大金属一方面协助对方突破技术壁垒；另一方面，联合解决来自欧洲厂商的价格垄断、备品备件封锁、关键产品认证阻挠等诸多问题。最终成功承揽了港珠澳大桥主体工程不锈钢钢筋供应，一举打破国际垄断，在缩短建设工期的同时也为项目节省了超5000万元成本支出。

■ 浙油中心合作库（物产中大 供图）

"在参与港珠澳大桥项目后，我们对特殊市场环境下供应链集成服务的理解也更加深入。"李崧表示，近年来，物产中大集团通过"四流联动"，与民企进行错位协同发展，为供应链上的供应商、制造商等中小民营企业提供涉及大宗生产资料采购、物流、征信等服务在内的一揽子综合解决方案，化"供应链"为"共赢链"，助力更多企业穿越"经济周期"，行稳致远。

物产中大供应链集成服务经验和模式还应用延伸到了浙江自贸试验区油气全产业链建设过程中。

2015 年 5 月，物产中大集团与舟山市政府联合牵头组建浙油中心，致力于提升以油品为核心的大宗商品全球资源配置能力和价格影响力。目前，浙油中心为舟山地区累计招引油气企业超 3500 家，覆盖全国 32 个省、自治区、直辖市和特区。

作为浙江自贸试验区油气全产业链建设重要载体，浙油中心创新推动期现一体化油气交易市场建设，积极打造价格指数体系，厚植油气产业发展沃土。

2021 年 6 月，浙油中心与上海期货交易所共同研发的"中国舟山低硫燃料油保税船供卖方报价"正式对外发布，是全球保税船燃油加注市场上第一个以人民币计价的现货价格指数，打破了海外市场对低硫燃料油价格形成的机制垄断，更为提升我国在国际能源市场的价格影响力开启了新篇章。

拥抱国内国际"两个市场"

英国学者马丁·克里斯多夫曾说："21 世纪的竞争不是企业和企业之间的竞争，而是供应链和供应链之间的竞争。"

面对百年变局加速演进的世界局势，加强物流供应链韧性成为应对不确定性、规避复合叠加风险的重要一环，任务也愈发艰巨。

我国是全球大宗商品的最大消费国，也是最大的进口国。作为超级大买家，中国本应对全球大宗商品行业具有举足轻重的影响力，然而现实的影响力主要局限于需求端。一旦国际大宗商品价格动荡，企业就可能要遭受巨大损失。

在此背景下，供应链企业正在成为连通产业链上下游的枢纽。近年来，物产中大深化供应链集成服务，通过内外结合、贸工结合、产融结合，积极参与全球供应链重构重塑，助力浙商"引进来"和"走出去"，构建"双循环"新发展格局。

一方面，加快海外布局。物产中大积极参与国内龙头企业海外项目、工业园区等重点工程建设，与其"抱团出海"。值得一提的是，物产中大云商近年来打造跨境出口综合服务平台，实现与电子通关口岸跨境电商大数据互联互通，成功打通全国首例跨境电子商务线上结算体系，2023年服务中小微企业超100万家，覆盖全国23个省份，跨境邮包数量超4000万件。

另一方面稳步做大国际贸易，尤其在二手车等新兴业务上先行探索。集团旗下物产中大元通2010年开始试水二手车业务，开设了全国首家二手车4S店，并经过10多年的探索，逐步构建了自营交易市场、托管交易市场、评估拍卖、二手车出口的服务体系。

随着国内汽车保有量和换购人群迅速增加，二手车市场规模不断扩大，2019年，国家有关部门开展二手车出口业务试点工作。当年8月2日，物产中大元通抢抓机遇，完成了省内首单二手车出口业务——将一辆价格为12968美元的别克二手车通过海上运输的方式出口至科特迪瓦，打开了新的通道。

2024 年上半年，物产中大集团汽车出口 1.85 万辆，同比增长 1.1 倍，为浙江外贸稳规模优结构、国内汽车消费升级发挥了促进作用。接下来，物产中大还将强化海外汽车服务体系和网点建设，助力汽车出口加速驶向海外。

从"三个没有"到率先跻身世界 500 强，物产中大的"进击之路"是特定时期浙企顺势而为的一个缩影，也是浙江开放发展的成果载体。

出海之路，征途漫漫。当前，随着中国企业掀起"出海潮"，全球供应链产业链也在加速重构。2024 年 12 月，全国首个大宗商品资源配置枢纽落地浙江。浙江省将油气全产业链建设经验进一步拓展至铁矿石、有色金属、粮食、优质蛋白等大宗商品，重点打造"三基地两中心"，推动大宗商品领域全产业链、集成式改革。在更高水平对外开放背景下，以物产中大为代表的供应链企业也将迎来新的"蓝海"。

（柴燕菲　奚金燕）

世界的"巨星"是如何炼成的

改革开放 40 多年，中国与世界在持续连接中逐渐融为一体。一家家中国企业奇迹般的表现，正为观察这段奇迹般的历史提供了独特视角。仇建平打造的"巨星"正是其一。

杭州城东，一幢 9 层的建筑在市区里并不起眼，这里是巨星控股集团（下称"巨星集团"）办公地。与"2024 年中国民营企业 500 强"第 131 位的实力相比，这样的办公条件显得有些"低调"。但在积极"走出去"、实现全球化发展方面，巨星集团的故事足够"高调"。

从一个人、一部电话、一间租来的办公室，到拥有工具、叉车、机器人、轮胎、柴油发动机五大核心产业，产品销售及服务网络覆盖全球 200 多个国家和地区，巨星集团在过去 30 多年，一步步伴随着改革开放的历程，发展为全球化制造业集团，也成为浙江"地瓜经济"版图中的一颗硕果。

"伟大的企业一定是全球化的企业。"作为巨星集团董事长，仇建平一直将"全球化"作为企业的不变方向。在他看来，民营企业、民营企业家的命运与国家发展紧密相连，是 40 多年改革开放的受益者。在未来，借助中国制造强大的竞争力，定会有越来越多的中国民族品牌在全球舞台成为"主角"。

从"寒门贵子"到"外贸巨头"

中策橡胶集团股份有限公司（下称"中策橡胶"）第三个海外生产基地墨西哥工厂奠基；杭叉集团股份有限公司（下称"杭叉集团"）官宣将投资设立泰国制造公司……与仇建平见面时，正值巨星集团控股的两家企业传出"新动作"不久。

"一家企业不能只看中国 14 亿人的市场，而是要思考全球 80 亿人的市场。中国企业的技术、人才、制造能力、品牌都有了很好的积累，越来越多的'走出去'是一种必然。"说起上述近况，仇建平回应道。而这位知名浙商对"全球化"的笃定，自其从商之初便已形成。

仇建平 1962 年出生于宁波的一户农村人家。与无数青年一样，贫苦家境让他渴望用知识改变命运。恢复高考次年，仇建平考入北京科技大学，后在西安交通大学获机械铸造专业硕士学位。时至今日，高学历的第一代浙商是仇建平身上的一大标签。

硕士毕业时，希望更好照顾父母的仇建平放弃留校机会回到浙江，先后在当时的杭州市二轻研究所、浙江机械设备进出口公司工作。尤其在浙江省机械进出口公司做外贸业务员时，他凭借工科背景与英语优势迅速崭露头角。在体制内工作虽然安稳，但在那个改革开放带来无数发展机遇的年代，对未来无限可能的向往促使仇建平做出了人生最重要的决定之一——辞职下海。

30 岁那年他辞去"铁饭碗"，从此前认识的美国业务伙伴处借来 30万美元，在杭州大厦租下一间办公室开始创业。因为之前有手工具外贸经验，仇建平将手工具作为创业方向，并在 1993 年成立巨星科技的前身——杭州巨星工具有限公司（下称"巨星科技"）。

"当时手工具都是乡镇企业、集体企业在做，国内市场空间不大。我创业之初就把目标放在了海外，尤其是美国市场。开始我们不具备走高端的条件，就先做中低端。"仇建平回忆。彼时，没有出口资质，他就与其他企业合作，利润共享，没有仓库，就借用一家乡镇企业的仓库存货。

凭借过人的销售能力，其在创业首年销售收入就约 200 万美元。创业的第一个五年，巨星科技活了下来，而且比仇建平预想的状况好不少。

数十年来，国家改革步伐的持续深化，为民营经济的成长与壮大带来了一个个机遇窗口。1999 年，外经贸部（后并入商务部）发布的《关于赋予私营生产企业和科研院所自营进出口权的暂行规定》正式实施，民营企业可以直接参与外贸经营。这让巨星科技驶入了发展快车道。

那些年，仇建平一直是公司的"首席业务员"。每年他要飞往美国 6—8 次，把一包包手工具背去拓展市场。如今，巨星科技的许多大客户，都是仇建平当年的"开拓成果"。

"谈 1 个大客户相当于做 100 个小客户，为什么不做大客户？接触这些大企业非常难，我就找美国朋友介绍，然后想办法证明我们的产品比别人好。"仇建平回忆。

一次，在拜访一家美国企业时，仇建平带去了巨星科技和竞争厂家的两把尖嘴钳，用自己的产品剪断了竞品，以证明产品的质优价廉。这让美国企业负责人改变了中国手工具不如其他国家产品的认识，向仇建平下了订单。

除了重视销售渠道，巨星科技不断做大的另一个"拳头"是产品创新。例如其根据美国家庭的 DIY 文化率先设计出礼盒装手工具，独辟蹊径拓展美国市场。

"我们要根据不同的市场设计不同的产品，也会把全球所有的工具样品买过来，研究别人的产品好在哪里。"仇建平介绍，目前巨星科技的各

■ 2010 年，巨星科技在深圳证券交易所上市（巨星控股集团 供图）

项专利累计已超过 1000 件。

在历史长河中，2010 年并非要事繁多的"大年"，但对巨星科技而言这一年是企业的"里程碑"。当年，其在 A 股成功上市。这家只做手工具的外贸企业年销售额达 18.8 亿元，手工具规模高居中国第一。

让中国民族品牌走向世界

如果要绘制巨星集团 30 多年的发展轨迹，不难发现，登陆资本市场后的 14 年，其业绩增幅陡然拉升。有了充实的资本支撑，巨星集团在经济全球化浪潮之下更显"弄潮儿"本色。

从早年辞去"铁饭碗"就能看出，仇建平并非安于现状之人。回忆当年上市带来的改变，他坦言："手里有钱了，我们可以开更多的海外工厂，也能做一些重大资产并购，最终的目的是让中国民族品牌能走向世界。"

在"老本行"手工具领域，其通过"原生品牌＋海外并购"的方式，发展自有品牌。十余年间，巨星科技陆续在中国、欧洲、美国以及东南亚等国家和地区建立23个生产制造基地和五大研发中心，并依托国内外电商平台为全球终端用户提供高品质、全品类的产品。在并购欧美国家高端品牌方面，巨星科技的手笔之大让业界颇为关注。

该公司上市仅两个月，便成功收购 Goldblatt 等四家公司手工具相关业务资产，而后多年其陆续将 ARROW、BeA、SK、LISTA、PREXISO、Shop-Vac、TESA 和 SCRUFFS 等细分领域龙头品牌收入麾下。巨星科技由此从单一的外贸企业转型为拥有多元化国际品牌的生产制造型外贸企业。

"在手工具行业，巨星科技在国内是绝对龙头，没有太多并购空间。但是在国外，我们有很多机会。"创业初期为海外巨头进行贴牌生产的经历，让仇建平深知品牌的重要性。

"中国企业出口产品容易，但是出口品牌是最难的。大家都知道，穷国家很难有全球化品牌。改革开放后中国制造逐渐强大，但在传统行业里打造一个海外认可的品牌至少需四五十年。"仇建平表示，欧美品牌在当地深得人心，收购它们是一条捷径，可以借中国制造低成本优势让巨星科技的盈利能力持续提升，同时加速放大巨星的品牌价值。

在这样的思路下，巨星科技在欧美国家收购高端品牌后，依然把产品留在当地生产，同时将新增产能的产品生产全部移回国内。目前，该公司海外市场占比已高达95%，成为"亚洲第一、全球第二"的手工具企业。

在聚焦海外手工具品牌频频出手的同时，巨星集团在国内的布局更显外延性，其先后并购杭叉集团、国自机器人、新柴股份、中策橡胶，形成工具、叉车、机器人、轮胎、柴油发动机五大核心产业。

因为上述企业在并购之后均表现出良好的成长性，许多人称赞仇建平为最擅长并购的浙江民营企业家。

他坦言，这并无太多奥秘。"并购本质是对行业和企业发展的判断，首先是行业是否在往上走，其次是企业的行业地位如何，第三是它的团队是否优秀，第四是品牌在国内是否数一数二。判断好这些并认真经营，企业随着市场发展自然会有好的成长。"

巨星集团在扩大产业版图的过程中，也在将自身的全球化思维、品牌思维传导向被并购企业。

例如杭叉集团在美国、德国、荷兰、加拿大、墨西哥、澳大利亚、巴西、泰国、日本、印度尼西亚等地设立十余家直属公司，实现自有营销服务网络在全球重要工业车辆产品市场全覆盖，据美国《MMH》杂志按营收排名，杭叉集团2017年以来连续位列全球叉车制造商第八位；中策橡胶在泰国、巴西、美国、德国布局四大海外子公司，于泰国、印度尼西亚、墨西哥设立三座海外工厂，是中国第一、全球第九的轮胎企业……二者在出海模式上与巨星科技不同，均为立足自有品牌在全球拓展经销商，这也是巨星集团不断丰富全球化手段的体现。

2023年，巨星集团营收超过780亿元，其中海外营收占比从三年前的40%提高到55%。"这体现了巨星制造的国际竞争力在不断增强，越来越多的国外消费者认同巨星的产品和品牌。只有中国品牌走向全球时，外贸才真正强大，市场才真正属于我们。"仇建平说。

紧跟时代潮流成长

没有企业的时代，只有时代的企业。在仇建平眼中，"巨星"如今愈发耀眼，全球化是方法，根源则在于跟随浙江乃至国家的发展潮流，实现自身成长。

以进出口经营权放开、中国加入 WTO、"八八战略"的深入实施为代表，几十年里，一个个重要的历史节点带来全新的时代风向，而浙江广大民营企业正是靠抓住了这些风向，呈现出万般生机。这样的赋能，体现在企业发展的各个领域。

业务发展层面，巨星科技在跨境电商领域的成功便是代表。2015 年，中国（杭州）跨境电子商务综合试验区获批，在省、市商务部门指导和帮助下，巨星科技顺利入局，经营跨境电商，这为该公司走好品牌中高端路线提供了捷径，也让其以最低的成本与全球用户建立起链接。2024 年前三季度，企业净利润达 19.79 亿元，其中跨境电商业务保持两位数增长。

政策支持方面，仇建平随口便能举出案例。"对外贸企业而言，出口退税政策是一个很好的保障。以前出口退税款我们半年都拿不到，现在一两天就能到账。"

让这位知名浙商印象深刻的还有一个个助企细节——从区级到省级，商务部门均安排人员"一对一"服务企业；在疫情期间物流困难时，浙江省商务厅全力帮企业协调海运货柜；企业的外国合作伙伴因客观因素无法入境，浙江省商务厅多次出面协调办理通行证……

"全世界只有中国政府会这样帮助企业，这是我们的幸运。"仇建平说。

正是市场活力与政府助力的同向同行，让中国外贸、中国制造依旧保持着持续增长态势。2024 年第三季度浙江出口 1.02 万亿元，为历史第二高，增长 6.8%，首次实现季度出口规模超万亿元的新突破。浙江省前三季度工业增加值达 2.25 万亿元，同比增长 7.0%。

在仇建平看来，中国制造的竞争优势起码在未来 10 年内都将一直存在，这也是中国制造品牌逐步从全球中端市场迈向中高端市场，赢得更广阔空间的底气所在。

带领巨星集团在全球化发展中闯出天地的仇建平，在接受采访时也向立志"走出去"或正在"走出去"的企业提出了建议。

"有些人开始遇到点问题就退回来，其实'走出去'需要持之以恒，开始一两年可能无法赚钱，但坚持下去市场就会越来越大。我的建议很简单——以前没有'走出去'的企业，要慢慢想办法'走出去'；以前'走出去'做得不好的企业，要加强力量做得更好；已经做得很好的企业，要继续把产品质量、品牌往高端方向抬升。"他说。

全球经济复苏乏力、贸易保护主义加剧、地缘政治紧张……当下，外部环境愈发充满不确定性，而越来越多的中国企业正在以自身的确定性予以应对。

谈及巨星集团的未来，仇建平表示："我们将继续坚守实体经济，深耕制造业，不断加大集团资本投入，持续推动产业高端化、智能化、绿色化，加速全球产业链供应链的升级整合，充分发挥企业全球化优势，完善全球产业布局，坚定不移地做大做强中国民族品牌。"

（柴燕菲　王逸飞　鲍梦妮）

保税维修：全球接单"修"出大生意

2024年8月8日，浙江省嘉善县，阳光温柔地撒在立讯智造（浙江）有限公司（下称"立讯智造"）的进货码头，一批150台产自越南的智能穿戴产品，在海关关员在线视频监管下，以保税维修模式进入待维修物料仓库，维修完成后将发回境外。

■ 立讯智造（浙江）有限公司（企业供图）

这是中国首个"区外全球保税维修业务"（下称"保税维修"）①获批后，立讯智造进口的首批全球同类待维修产品。

从"修自产"到"修全球"，该业务的落地不仅标志着中国保税维修业务的新突破，也意味着立讯智造可以从保税维修自产产品扩展到维修全球同类产品，开展全球维修业务，更意味着浙江作为改革开放先行地，在高端智能产业发展、促进循环经济、优化营商环境等方面迈出关键一步。

这桩"全球接单"的大生意落地过程中，既有浙江省、市、县三级部门联动，亦离不开商务部、海关、生态环境等部门的高效配合，大家全力办成一件事，书写着经济高质量发展的佳话。

缘起：一次专业的招商引资

嘉善县位于浙江北部，地处江浙沪两省一市交界处，是一片充满生机与活力的经济热土，吸引了众多国内外知名企业入驻。其中，立讯精密工业股份有限公司（下称"立讯精密"）的落户，无疑为这片土地增添了新光彩。

立讯精密，是王来春女士创立的精密制造企业，最初以连接器业务起家，逐步发展成为全球领先的精密制造平台型企业。其产品广泛应用于电脑、通讯、消费电子和汽车等领域，是众多国际知名品牌的重要供应商。

2019年，随着业务的不断拓展，立讯精密开始寻求新的增长点。嘉善，正是他们看中的一片沃土。

---

① 指综合保税区内企业通过保税方式将存在零部件损坏等问题的货物从境外或者境内区外运入综保区进行检测、维修，维修完成后复运至境外或境内区外。

"我们当时接到大客户的新产品订单，时间很紧张。江苏昆山厂区没有合适扩展的空间，嘉善姚庄这边刚好有厂房场地，规格也非常适合我们的产品生产。"立讯精密某事业群相关负责人回忆说，经过数月的沟通与协商，立讯精密决定在嘉善投资 50 亿元，建设立讯智能科技电子产业园项目。

为确保项目顺利推进，嘉善县政府立即成立了项目推进工作领导小组，紧盯时间节点，为立讯精密提供全方位、全过程的服务。企业所在地姚庄镇以"亲商安商富商"的服务理念，当好"店小二"，为项目推进、企业发展打造最优营商环境。

从项目签约到投产运行，立讯精密在嘉善的项目进展迅速。"2019 年 3 月，项目正式签约落户；同年 9 月，项目便正式投产。"徐总监说，为了赶进度，立讯精密从江苏昆山、常州等基地陆续调来六七百人的开发团队和近千名员工。

"人口在短时间内密集涌入一个小镇，再加上当地招募的生产线操作工，高峰期有将近 2 万人。当地在衣食住行和人才公寓、医疗教育上都给了我们很大的支持，解除了我们的后顾之忧。"她说，这让企业对属地政府的好感度大为增强。

立讯精密在嘉善投产后，不仅为当地创造了大量的就业机会，也带动了相关产业链的发展。随着业务不断拓展，立讯精密在嘉善的生产规模不断扩大，从 A 厂区到 B 厂区，再到 V 厂区，生产面积从 13 万平方米扩张到近 40 万平方米，每年生产产值达到数百亿元，为当地经济发展做出了巨大贡献。

节点：区外全球保税维修的落地

值得一提的是，立讯精密在嘉善的项目为浙江创新开展区外保税维修业务埋下了伏笔。

2024 年 6 月 14 日，商务部复函浙江省人民政府，支持立讯精密下属的立讯智造在海关特殊监管区域外以保税方式开展智能手表的全球维修业务。

海关特殊监管区域外保税维修业务，是指企业在海关特殊监管区域外，以保税维修的方式将存在部件损坏、功能失效、质量缺陷等问题的货物从境外运入境内进行检测、维修后，再全部复运出境的新兴业态。

这是中国首个获批的"区外全球保税维修业务"。据测算，该业务有望在 5 年内推动本地产值和出口达 500 亿元；也有望发挥"链主型"企业的带动和示范作用，在嘉善形成千亿规模的通信电子产业，5 年内增加数字经济制造业产值 350 亿元以上。

"以前我们只能'修自产'，现在可以'修全球'，保税维修业务的升级扩容让我们看到了企业发展的新机遇，从之前比较纯粹的生产逐步向产业链后端的售后服务延伸，我们与客户的关系更紧密了，相信未来的发展也会更好。"立讯智造高新技术企业保税维修项目主管苏松满怀信心。

不过"修全球"，是一件知易行难的事情。

"2021 年，我们提出想申请做保税维修业务，是抱着试试看的心态。它的最大难度在于'从无到有'进行创新，并且需要商务部、海关总署、生态环境部三个部门一致同意。"徐总监坦言当时心里是没有底的。

令其感动的是，从 2021 年提出这个想法，至 2023 年 1 月获批浙江省首个海关特殊监管区域外自产智能手表的保税维修业务，实现"修自产"，再到 2024 年 6 月 14 日获批落地全国首个海关特殊监管区域外智能手表的全球保税维修业务，实现"修全球"，这 1000 多个日日夜夜，离不开姚庄镇、嘉善县、嘉兴市、浙江省各级政府部门的一路陪伴、帮助。

据其所知，当时立讯精密其他产品线也向属地政府提出过开展"保税维修"的诉求，最后都没有成功。但是在浙江，嘉善县政府就率先表态：嘉善，作为长三角生态绿色一体化发展示范区，一些政策可以先行先试！

"1000 多天的时间，从县里到省里，政府带着企业不停争取政策，才算是拿下这项业务，而且'修全球'的申报函复效率大大快于'修自产'的申报函复效率。"徐总监感慨万千。

目标：全球通信电子保税维修中心

"行百里者半九十"，浙江省完成区外全球保税维修闭环运行只是第一步，接下来，浙江省还将在嘉善拓展保税维修范围，将单品类延伸至多品类电子产品，打造"全球通信电子保税维修中心"。

为了实现这个目标，在浙江嘉善，当地投入 1300 多万元创新打造全国领先的数字监管平台，开发了"海关保税维修监管在线"和固废信息化监管平台，为每一个零部件赋予唯一编码 SN 码（序列号）。新增部门审批功能，实现保税维修监管从部门"单打独斗"向"综合监管、智慧监管"转变，为全品类监管奠定良好基础。

截至 2024 年 12 月底，立讯智造累计进口待修复智能手表 31 万余台，20 万余台维修产品成功出货。全球保税维修自 8 月 8 日首轮运作实现闭环，已完成出货 22 批次共计 52928 台，其中非自产手表 28791 台，占比 54.4%。目前，相关产品、部件无一失控失管，两次盘库数据结果正常。

"大鹏一日同风起，扶摇直上九万里。"对于嘉善而言，意外之喜不止于此。

以开展保税维修业务为契机，当地正在吸引通信电子产业链上游模组、关键零部件生产企业集聚，努力打造千亿规模的通信电子产业集群。2023年以来，嘉善已集聚了104家规上通信电子企业，成为全球最大的CMOS图像传感器制造基地，正式签约通信电子类产业项目23个，总投资约183.5亿元，2024年1—10月，嘉善县通信电子产业链企业实现营收748.5亿元，占全省比重7.1%，规模列全省第二。

保税维修的故事才刚刚起步。随着我国对外贸易商品结构发生变化，出口高附加值产品较多，发展前景越来越广阔。浙江省商务厅相关负责人说，浙江正在推动出台新一批综合保税区维修产品目录，持续扩大维修产品范围，推动一些高技术含量、高附加值项目的保税维修试点落地。

近年来，全球化加速推进、技术发展日新月异，类似贸易新业态在全球范围内不断涌现。在此过程中，浙江充分发挥创新精神、首创精神，敢想敢试敢争取，探索出一条特色鲜明的贸易发展新路径。全国首个跨境电商综合试验区在杭州落地，形成"六体系两平台"的管理体制；市场采购的贸易方式在义乌逐步成型，为外贸高质量发展注入新动能……保税维修，是一种新的贸易方式在浙江首创、落地、发展的样本，延续着浙江开放创新的精神、走在前列的魄力。而这种精神与魄力，正是浙江扬帆全球、勇立潮头的关键所在。

（胡丰盛　黄彦君）

跨越十亿吨，浙江港通天下

从高空俯瞰宁波舟山港码头，岸线延绵、汽笛声阵阵，智能无人集装箱卡车来回穿梭，远控自动化龙门吊协助作业，勾勒出一幅现代化港口图景。海岸线上，一艘艘远洋巨轮从这座东方大港出发，通达天下。

从 2006 年宁波、舟山港口开启一体化序幕，到 2024 年全港货物吞吐量超 13.77 亿吨、连续 16 年位居全球第一……十余年间，宁波舟山港快速成长为世界大港，成为浙江海洋强省建设、中国开放发展的生动写照。

然而，全球第一大港并非一蹴而就。曾几何时，浙江沿海港口单打独斗、竞大于合。随着浙江对外开放的脚步加快、对外贸易需求日益增多，2015 年浙江省委、省政府作出全省港口一体化、协同化发展重大决策，组建成立浙江省海港集团，先后整合沿海五港、义乌陆港及内河港口资产，其也成为全国第一家集约化运营管理全省港口资产的省属国有企业。

一子落，满盘活。在全省统一部署下，浙江 6715 公里曲折海岸线资源得以全面整合利用，各港口攥指成拳、信步走向世界舞台，其中到 2024 年底宁波舟山港开辟航线总数达到 305 条，连接起全球 200 多个国家和地区的 600 多个港口。

长江经济带、长三角等内陆腹地亦借势借力、向海图强，一批批货物通过海河联运、江海联运、海铁联运等多样形式抵达宁波舟山港，搭乘海上巨轮驶向远方。

改革：强港建设在路上

对外开放，是融入浙江人血脉中的气质；经略海洋，是刻在浙江人骨子里的基因。数千年以前，浙江就沿着海上丝绸之路开启海外贸易，形成以杭州（临安）港、明州（庆元）港为主导，温州港、台州（章安）港为辅佐，层次分明、互为补充的港口体系。

风正好扬帆。丰富的深水良港、疏通的内河航道、地处长江经济带与东部沿海经济带的"T"形交汇点，都为浙江港口发展奠定了基础。但现代化图景的构建，还要回溯至20余年前。

"加快宁波舟山港一体化进程"，2003年1月，时任浙江省委书记习近平第一次到舟山调研，便明确提出了这一要求。

彼时，宁波港口和舟山港口虽处同一海域，使用同一航道，坐拥同一经济腹地，但港口的规划、建设、营运、管理相互分割，岸线资源难以优化配置。

■航拍宁波舟山港（浙江省海港集团　供图）

数据显示，2004年，宁波港口集装箱吞吐量仅400万标准箱，在大陆港口排不进前三；舟山港口货物吞吐量也仅7200多万吨，居大陆港口第九位。

2005年12月20日，在浙江省委、省政府的决策下，宁波—舟山港管理委员会挂牌成立，一个崭新的东方大港初露雄姿，2009年宁波舟山港货物吞吐量达到5.7亿吨，跃升为全球第一大港。

正当浙江豪情万丈驶上通达全球的发展快车道之际，一个潜在的风险也在酝酿中：彼时的浙江沿海，各区域港口各自为政、竞争激烈。

浙江省海港集团、宁波舟山港集团副总经理倪彦博回忆说："卷价格、抢货物现象时有发生，最终导致两败俱伤，不利于浙江海洋经济高质量发展。"

独木难支，众柱成林。继续整合资源、撬动开放新空间，成为改革趋势。

2015年8月，浙江省海港投资运营集团有限公司揭牌成立。此后，浙江海洋港口一体化整合逐步形成了以宁波舟山港为主体、浙东南沿海港口和浙北环杭州湾港口为两翼、联动发展义乌陆港及其他内河港口的"一体两翼多联"港口发展新格局。

为加速港口一体化发展，2016年11月，浙江省委、省政府推进浙江省海港集团与宁波舟山港集团深化整合融合，实行"两块牌子、一套机构"运作模式。截至2023年底，浙江省海港集团资产总额达1815亿元。作为该集团主要经营的港口之一，宁波舟山港年货物吞吐量、年集装箱吞吐量稳居世界第一和世界第三。

在多年持续改革的基础上，新时代的强港改革正推动一体化水平迈上新台阶。在港口运输蓬勃发展的同时，宁波舟山港"智慧港""绿色港"建设也取得长足进步。

比如集装箱进出口全程无纸化、集卡运输交易平台、线上电子装箱单预录入等线上业务，让码头业务高效畅通；智能理货、桥吊和龙门吊远程控制等智能化项目，有效降低了作业人员的劳动强度、企业的用工成本，也提升了港口生产效率；推进龙门吊油改电，年节约用油3.5万吨，减少碳排放8.8万吨。

"在智能化的加持下，我们工人也搬进了'新家'，从2平方米的狭小司机室来到宽敞明亮的远控操作楼，从全程手动操作到如今的智能化运转，十分便捷。"身高1.6米出头的李丽控制着20多米高的龙门吊，她直言，现在一个人能控制3台龙门吊，新技术让生产更加高效和轻盈。

强港改革仍在路上。2023年12月，浙江省委、省政府印发《关于深化世界一流强港建设改革的若干意见》，提出到2027年基本建成世界一流强港。倪彦博介绍说，眼下，该集团正全力推进世界一流强港改革任务，截至目前，浙江省级层面55项强港改革阶段性任务已基本完成，港口核心竞争力、聚合支撑力、辐射带动力不断增强。

互济：陆海联动谋共富

湖北襄阳的汽车成套散件、安徽黄山的高山茶叶、河南平舆的户外休闲品……每天，在一阵阵鸣笛声中，全国各地的特色产品汇聚到宁波舟山港，开启世界之旅。

山有所呼，海有所应。作为中国外贸产业链、供应链畅通运转的关键节点，宁波舟山港依托海铁联运等多种物流模式，成为"跳出浙江发展浙江"的一股强劲力量，探索了"陆海联动、东西互济"的共富新路径。

"与传统的出口方式相比，海铁联运方便多了！"日前，在湖北省襄阳市，某汽车公司海外事业部负责人欣喜道，搭乘海铁联运班列，走铁路到港口,不仅受天气影响比较小,还可节约运营成本,增强了企业开拓国际市场的信心。

安徽省黄山市某茶业公司相关负责人也算了一笔账,相比以前公路运输方式,海铁联运可以帮助企业减少运输成本。长期以来,在地处长三角腹地的黄山,企业过度依赖公路运输,物流成本偏高。海铁联运班列使企业对外贸易实现降本增效。

借力海铁联运,将共富链条延伸至全国各地,远不止是带动个别企业成长。在不少特色产业集群地,浙江也不断注入产业高质量发展活水。

将目光投向中部最大的户外休闲产品基地——平舆县,河南省的这座小县城汇集了众多国内知名户外休闲品牌企业,近百种产品远销海外近100个国家和地区。

不沿江、不靠海、不邻边,一座内陆县城何以"出圈"?

回溯2017年,宁波舟山港开通首列"平舆—宁波舟山港"海铁联运专列,打开了平舆县通往沿海发达地区的南下物流通道新大门,助力户外休闲产业成为平舆县支柱产业。自专列开通以来,共计运输超过10万标箱货物。

再往西面,2023年宁波舟山港首开"渝甬精品快线"班列,服务西南地区电子产品等高附加值货源出运。货物运输时间由12天缩短至2天,为内陆城市打造了便捷"出海口",助推了内陆经济发展。

而今,海铁联运成为越来越多中国内陆地区客户的选择。数据显示,浙江已开通海铁联运线路超100条,形成"北接古丝绸之路、中汇长江经济带、南联千里浙赣线"三大物流通道,将浙江高质量发展建设共同富裕示范区的成效,辐射至全国16个省区市的67个城市。

跨越山海,联结世界。2024年8月,由浙江省商务厅牵头起草的《浙江加力推动跨境电商高质量发展行动计划(2024—2027年)》指出,推动宁波舟山港打造辐射全国的跨境电商海运枢纽，拓展特色精品线路，发展"快船"模式。可见未来，宁波舟山港将进一步带动内陆腹地经济高质量发展。

链接：海上通道辐射全球

一条条通江达海、陆海联动、东西互济的物流大动脉及其物流网络，有力地支撑了浙江对外开放发展新格局。

在中国经济和世界经济高度关联的当下，浙江以宁波舟山港为枢纽，深度融入世界经济体系，正是浙江深耕"地瓜理论"的生动实践。

根据"地瓜理论"，地瓜汲取养分的多少，根本在于藤蔓延伸的能力。倪彦博表示，20多年前，浙江省委部署的"八八战略"就明确要求做强海洋经济这篇大文章，这与"地瓜理论"的要求一致，宁波舟山港作为强大藤蔓力量，为浙江经济辐射全球、链接世界提供了重要支撑。

这条藤蔓枝繁叶茂。

2024年9月，马耳他籍货船"佩斯"轮装载着义乌的2000余吨货物，从宁波舟山港启航，前往南美洲的圭亚那和苏里南。浙江首条"舟山—圭亚那、苏里南"直达航线正式通航，为浙江好货通达"一带一路"共建国家和地区再添新通道。

"过去，货物从浙江发往圭亚那、苏里南等国家，需在中途国家中转，单趟航运时间超100天。这条航线开通后，航运时间缩短至45天左右。"宁波舟山港相关负责人说。

向东，筑梦深蓝海。这些年，浙江勾画出港通天下的航运贸易网，其中，开辟"一带一路"共建国家和地区航线130余条，占该港总航线数超四成。浙江还连续举办八届海上丝绸之路港口合作论坛，累计吸引60余个国家和地区的 500 余家单位与会，涵盖 50% 以上的"一带一路"共建国家和地区。

在政府部门协力支持下，浙江省海港集团还多途径拓展海外投资和物流节点布局。譬如在新加坡、越南、阿联酋等国家和地区设立海外分支机构，推动迪拜海港云仓、越南供应链管理公司、新加坡办事处等项目落地。

向东是大海，向西则是广袤的亚欧大陆。

近几年，浙江依托宁波舟山港、中欧班列等优势，积极融入国际多式联运大通道格局，在重点腹地货源拓展、多式联运通道建设等方面继续深耕，目前已开通 26 条中欧班列线路，辐射亚欧大陆 50 多个国家和地区、通达 160 多个城市，物流配送网络直通中亚、北亚、东欧地区。

随着越来越多的服装、小家电、电动载人汽车等"中国制造""中国智造"通过海陆空走向海外，成为国际友人一扫而空的"爆款"，人们也意识到，中国已经不只是世界工厂，更是世界市场。与此同时，西班牙红酒、意大利香皂、俄罗斯食用油等海外优质好物也经东方大港一一卸货，源源不断进入中国，飞入寻常百姓家。

跨群山、通江海，设施联通之网越来越密；"买全球、卖全球"，贸易畅通之道越来越广。2023 年，浙江外贸增长贡献率居全国首位……浙江强港改革和实践充分表明，在进一步全面深化改革的新征程上，浙江将继续书写港通天下的新篇章。

（项　菁　周　健）

找准时空坐标，浙江何以开辟
空天信息产业新赛道

2012年12月，北斗二号卫星导航系统正式向中国及亚太地区提供导航、定位、授时和短报文通信服务。北斗导航与美国的 GPS、俄罗斯的格洛纳斯、欧盟的伽利略系统，共同构成国际卫星导航格局中的"四强"，中国空天信息产业迎来全新的发展契机。

北斗的精准时空应用如何融入能源、交通、农业等全业态发展中？其如何在智能驾驶的革新、智能巡检的精准等关键领域实现质的飞跃，为数字中国的蓬勃发展注入动力，并成为浙江贸易和产业发展的"新典型"？

在浙江，以千寻位置网络（浙江）有限公司（下称"千寻位置"）为代表的创新企业给出了相关回答。他们通过科技创新与国际合作，将北斗时空智能的种子播撒至全球各地，促进了信息与资源的全球自由流通，书写了浙江空天信息产业在全球舞台上勇于探索、敢于创新的故事。

无中生有　德清驶进地信蓝海

2010年，国家着手规划地理信息产业"一主十副"园区布局，浙江获得其中一个席位。

彼时，德清正致力于科技新城的建设，敏锐地捕捉到这一发展良机。虽然竞争对手实力强劲，但德清凭借现成的园区规划、优越的区位条件、有力的政策支持以及宝贵的用地空间，赢得这宝贵的一席。

2011年5月24日，德清县与浙江省测绘与地理信息局携手签订合作协议，共同打造浙江省地理信息产业园（德清地理信息小镇）。这标志着德清在地理信息产业上开启"无中生有"的崭新篇章。

这一战略抉择，为德清找到了迈入数字经济时代的切入点。

"谁能想到，如今这个现代化、国际范的小镇在2010年时还是一片田地？"作为小镇成长的参与者、见证者，湖州莫干山高新区地信发展中心副主任汤巍巍感慨万分，小镇的发展可以说是"从无到有"。

浙江国遥地理信息技术有限公司总经理杨为琛是小镇首批"拓荒者"之一，"第一次来德清地理信息小镇，看到的是水田、鱼塘，唯一有点起色的是旁边一个刚奠基的广场，说实话，心里还是咯噔一下"。

但是，接下来，德清推进地信产业建设的能力和效率，很快打消了他心中的疑虑。

为了服务好入驻企业，德清设立10亿元的北斗投资基金，为企业免费提供临时办公场所，购置实验设备供企业低成本使用，帮企业解决异地社保、挂牌上市、科技项目申报等一系列问题……事实证明，杨为琛的选择是对的。

随着科技政策的持续加码和卫星导航技术的日益成熟，2012年12月，北斗二号卫星导航系统正式向中国及亚太地区提供导航、定位、授时和短报文通信服务。

这，为地信产业发展插上了翅膀，也为德清地理信息小镇的崛起与繁荣注入了强劲动力。

2012年，首批地理信息企业顺利入驻小镇，一座座产业大楼如雨后春笋般涌现；2013 年起，小镇连续 6 年实现营业收入与税收的翻倍增长。

地信造峰　协同打造城市建设新基础设施

命运的齿轮在德清地理信息小镇悄然转动。这里，迎来了一批潜力型、重量级企业入驻，开启产业发展新篇章。

2016 年 9 月，千寻位置正式落户德清地理信息小镇，并与浙江省测绘与地理信息局、德清县科技新城管委会共同签署了合作协议书。

谁也没想到，这个企业在短短几年间一举成为空天信息产业新赛道的领军企业。

陈金培是千寻位置的创始人，他的初衷是希望能为万物智联时代提供一个新时空的基础设施，为各种各样的智能设备提供精准安全可靠的时空感知、计算和协同的能力。

但在当时，这样前卫的想法鲜少有人认同。

"那是一个相当孤独的阶段，因为几乎没有人相信这件事情能够做成，或者质疑这样的精准定位能力在未来是否真的有用。尤其在 2015 年，自动驾驶还未兴起，厘米级高精度定位能力不像现在这样，成为自动驾驶汽车的刚需。"回忆起创业初期的那段"孤独"时光，陈金培感慨万千。

幸运的是，他的想法与德清地理信息小镇的定位"不谋而合"。

在新一轮地理信息高质量发展道路上，这个小镇正凝聚合力推动小镇向国际地信城跃升，向着全球市场迈进。

在汤巍巍看来，千寻位置的入驻为德清地理信息小镇带来了先进的时空智能技术和解决方案，与小镇内的其他地理信息企业形成了良好的产业协同效应。

在德清，千寻位置联合阿里云、浙大中控、海康威视等生态合作伙伴，将北斗精准时空能力与人工智能技术结合引入当地的城市管理中，利用"时空大脑＋城市大脑＋应用场景"的模式，打造起一座全新的"未来之城"，给出中国版智能城市 2.0 建设的新范本。

据陈金培介绍，在智能城市 1.0 时代，因缺少统一的精准时间和空间信息作为基准，海量终端信息无法进行统一管理，多方采集的数据出现割裂，直接导致城市各类终端采集的信息难以实现统一处理。

千寻位置与德清打造的 2.0 版智能城市恰可解决这些痛点。

结合基于北斗地基增强系统的精准时空网络、自主研发的时空智能算法、精准时空专有服务平台、海量高精度定位终端，以及全国首个覆盖主城区的车道级高精度地图，千寻位置为德清构建了"时空大脑"，为当地提供了覆盖交通、交管、旅游、城管及工业企业大数据等领域的创新应用场景，成为德清智慧城市建设的新基础设施。

2024 年，德清更是提出"地信造峰"行动，旨在三年内实现十大突破性成就，包括引入百项标志性项目、培育百家规上企业及 30 家专精特新企业，并促使"地理信息＋"产业规模跃升至 600 亿元以上。

■ 千寻位置大规模路测（千寻位置　供图）

该行动不仅彰显了产业全球化与小城国际化的深远影响，更是让地信企业更好地形成合力，协同打造更加智能的城市建设新基础设施。

带动产业链发展　让地瓜藤蔓"自然蔓延"

这种"协同"不仅促进了技术创新和产业升级，还提升了整个浙江地理信息产业链的竞争力，带动产业链不断发展。

作为数字经济先行省和制造业大省，浙江正持续优化地理信息产业布局，推动测绘地理信息与自动驾驶、智慧交通、平台经济等新业态深度融合，将自动驾驶、车路智能协同、智慧交通纳入精细化管理，加快建立地理信息"获取—处理—应用—服务"完整产业链，一个多层次、多元化的测绘地理信息现代化产业体系正在加速构建。

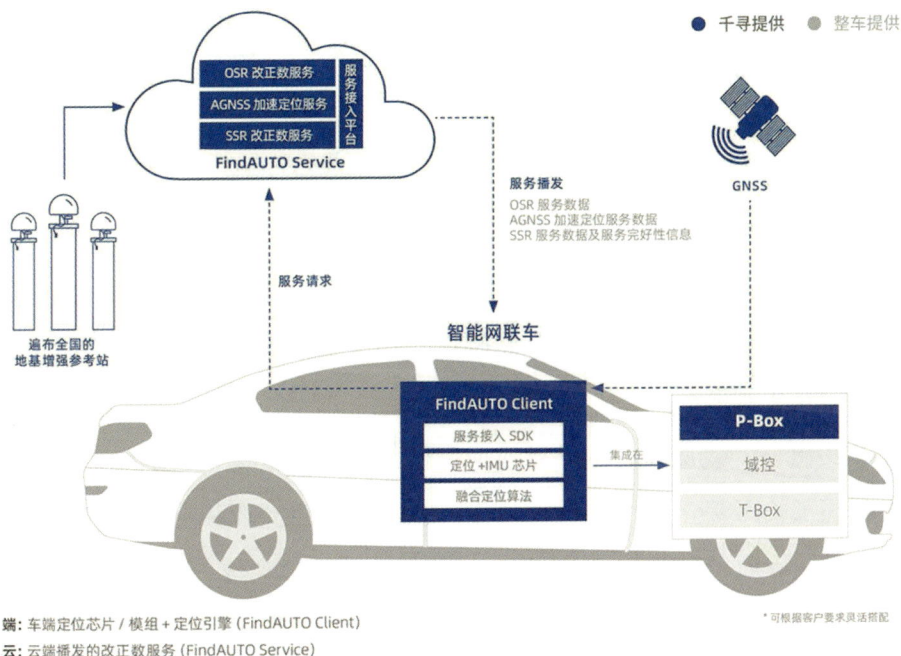

端：车端定位芯片/模组+定位引擎 (FindAUTO Client)
云：云端播发的改正数服务 (FindAUTO Service)

■ 千寻位置北斗时空智能汽车解决方案（千寻位置　供图）

在此背景下，德清不断助推企业转型升级，引导企业拓宽发展思路，做好跨界融合、扩大发展空间的文章；鼓励企业加大科技创新投入，深耕核心技术，深化应用服务、深入市场竞争；服务企业做大做强，为企业在融资、引才、研发、合作等方面提供有力支持。

这也深深地激励着企业向外汲取发展的养料。

在政策指引下，千寻位置不断加大科研投入，率先打通北斗时空智能基础能力、全链路能力，还向合作伙伴全面开放技术能力，共同助推北斗时空智能产业快速发展。截至 2024 年，千寻位置全球累计接入的智能设备已超过 22 亿台，为社会各界提供厘米级的精准定位、毫米级的细腻感知以及纳秒级的时间授时服务，北斗时空智能正在成为经济社会各领域形成新质生产力的新引擎。

以某国际头部车企为例，该公司非常注重安全性，因此在智能驾驶方面采用了千寻位置的方案，并将千寻位置推荐给总部，希望能在欧洲乃至全球范围内都应用这一系统。

正是通过这种双向的带动作用，千寻位置成功地实现了全球化的业务拓展。

在系列组合拳之下，在德清地理信息小镇内，千寻位置、中测新图、中海达等一批行业老牌企业枝繁叶茂，武汉大学技术转移中心、中航通飞研究院等国内外高校院所产业研究院相继落户，创新要素以前所未有的密度在德清集聚，产业体量飞速壮大。

2018 年，首届联合国世界地理信息大会在德清成功举办，吸引了 13 个外国部长团参会、218 家国内外知名的地理信息企业和院校参展。

德清因此赢得了地理信息版"达沃斯"的国际美誉。

汤巍巍感慨道，过去，提及德清，人们脑海中首先浮现的是风景如画的莫干山、宁静的下渚湖，以及上乘的农产品。然而，近十年来，通过不断的改革创新和产业转型升级，一个"从无到有"的地理信息小镇逐渐吸引了人们的目光。

如今，站在地信产业蓬勃发展的新起点，德清已然崛起，成为全球地理信息领域的关键力量，以千寻位置为代表的民营企业正形成发展合力，加速构建"世界地信聚焦中国，中国地信以德清为标杆"的崭新格局。

征途漫漫，唯有不懈探索方能致远。千寻位置携手地理信息产业的崛起之路，从0至1，不仅是技术革新催生新兴产业与无限机遇的生动写照，更是浙江凭借敏锐的洞察力，勇立潮头、抢占新兴产业发展高地的有力证明。在此过程中，全球化视野与新机遇的深度融合，犹如双翼，为浙江的蓬勃发展开辟了无垠的蓝天，引领着更加辉煌的未来。

（林 波 曹 丹）

茫茫东海之上，那一片深蓝总给人无限遐想。随着数以万计物美价廉的"中国制造"走向世界，贸易摩擦早已成为一个难以回避的问题。

向历史回望，对于外贸大省浙江来说，2001 年是一个具有划时代意义的年份。随着中国加入 WTO，全面放开外贸经营权，属于外贸人的黄金岁月拉开了帷幕。然而，国际市场竞争激烈，在世界商海搏击，难免会有惊涛骇浪。作为全球货物贸易活跃的省份，浙江或主动或被动地参与到了一场场关税较量中。

面对越来越多的贸易摩擦，外贸大省浙江统筹运用政府交涉、法律抗辩、产业对话等一系列贸易救济方式，维护全省产业安全和出口稳定。广大外贸企业坚定信心、直面挑战、积极应诉，在一件件"双反"案件中一次次打出"漂亮"仗。

于危机中育新机，于变局中开新局。

从 40 多年前走出国门闯天下，敢想敢拼的浙江人勇做时代弄潮儿，书写了"出海"征途中的精彩篇章。潮头之上风光无限、风险无限，在"双反"斗争中，广大企业坚定展开较量、坚决捍卫利益，搏击世界商海的故事翻开了新的一页。

让我们跟随本章节的故事，一起走进那些波澜壮阔的岁月，为今天的外贸人带来新的信念和启发。

光伏产业十年涅槃：
从"至暗时刻"到"风光无限"

同比增长均超过 30%——这是 2024 年上半年，全国光伏多晶硅、硅片、电池、组件产量增长的成绩；同比增长近 20%——这是 2024 年上半年光伏组件出口量增长的情况。

从原材料、设备、市场"三头在外"，遭到美国、欧盟十余年的围堵打压，到如今占据全球主导地位的"多项第一"，一块小小的光伏板在激烈的国际竞争中走出一条逆势突围之路。

这个逆袭的故事，要从浙江企业"领衔"应诉美国反倾销、反补贴调查开始。浙江正泰新能源开发有限公司（下称"正泰新能源"）和东方日升新能源股份有限公司（下称"东方日升"）积极应诉，帮助整个行业拿到最低税率、争取到最大利益。

对于在国际商海博击的光伏企业来说，这场"漂亮的翻身仗"也为他们注入了一针"强心剂"。

欧美打压　光伏行业迎来寒冬

"十片组件八片产自中国。"这是中国光伏产业在全球图景中的真实写照。

国际能源署（IEA）数据显示，2023 年全球太阳能生产支出（约3800 亿美元）有史以来首次超过石油生产支出（约 3700 亿美元）。其中，中国生产了全球 80% 的太阳能电池板、85% 的太阳能电池和 97% 的太阳能硅片。

这意味着，中国光伏产业已经占有绝对优势，成为当之无愧的全球第一。

然而，在这样的绝对优势背后，中国光伏行业曾走过一段漫长的逆袭之路。其中，"双反"是一个绕不开的词。

"双反"即反倾销、反补贴。当进口产品以倾销价格或在接受出口国政府补贴的情况下低价进入国内市场，并对生产同类产品的国内产业造成实质损害或威胁的情况下，WTO 允许成员方使用反倾销和反补贴等贸易救济措施，恢复正常的进口秩序和公平的贸易环境，保护进口国国内产业的合法利益。

在全球对外贸易中，"双反"也成了不少国家和地区贸易博弈的一种手段。

为何中国光伏产业在全球范围内频遭"双反"发难？在中国光伏行业协会副秘书长刘译阳看来，中国不存在倾销价格或享受补贴的情况，但

■ 西藏那曲嘉黎浙能光储电站（正泰集团　供图）

由于整个光伏行业一度陷于原材料、设备、市场"三头在外"的困境，不得已才处处受制于人。

进入 21 世纪第二个 10 年，一些国家针对中国光伏行业开始了所谓的"双反"调查。

"2011 年、2018 年和 2023 年，国内光伏行业均出现了周期性'探底'，'双反'调查、组件价格战、产能过剩等一次次袭来。"在刘译阳印象里，这几个时间节点格外清晰。

其中，美国对中国光伏产业的围堵打压长达 10 余年之久。

早在 2011 年，美国商务部便以"中国光伏企业向美国市场非法倾销多晶硅光伏电池，中国政府向中国企业提供包括供应链补贴、设置贸易壁垒等非法补贴"为由，宣布对中国输美太阳能电池（板）展开"双反"调查。

此后 10 余年间，美国对华打压不断：2017 年，宣布对中国企业发起"301 调查"；2018 年，确认在"双反"税率的基础上增加"201 关税"；2021 年，杜撰"新疆存在强迫劳动"，将新疆 4 家光伏组件生产企业列入黑名单……

据相关统计，2011 年之后，欧美国家先后数次对中国光伏产品启动"双反"调查，所设关税税率最高超过 200%。

如此高的贸易壁垒对当时的中国光伏企业来说，意味着什么？杭州市太阳能光伏产业协会秘书长赵永红认为，整个行业迎来了寒冬。

她列举了两个数据：2010 年，中国超 90% 的光伏产品都是出口，超 90% 的出口市场都在欧美，所以不论是美国市场还是欧洲市场，对中国光伏企业的打压都是致命一击。

彼时，赵永红刚入行不久，扑面而来的行业萧条让她产生了一种茫然。一时间，整个行业都面临着巨大的考验。

见招拆招　积极应诉"双反"调查

面对如此高的贸易壁垒，是选择积极应诉还是坐以待毙、任人宰割？

必须积极冷静应对！正泰新能源总裁陆川还记得，2011 年，美国对中国光伏组件开始征收反倾销税和反补贴税，最初的反倾销税高达 249.96%。其间，经过四轮调查，美国对应诉企业的反倾销税率逐渐降到了第四轮复审终裁时的 15.85%。

"即便是 15.85% 的平均税率，依旧是绝大部分中国光伏企业难以承受的负担，正因如此，我们再一次选择积极应诉。"作为国内光伏出口行业的龙头企业，正泰新能源成为第五轮复审的强制应诉企业之一。

积极应诉，这不仅是企业的鲜明态度，也是当时政府部门、行业协会等各方共识。

"高额的反倾销税意味着中国将完全失去美国这个新兴市场，因此第五轮复审的结果至关重要。"时任浙江省商务厅贸易救济调查局局长韩洪祥分析，在"双反"调查中，不同企业会得到不同税率，其中出口量最大的几家强制应诉企业将得到自己的个别税率，其他合作企业可以申请获得强制应诉企业的加权平均税率，不合作企业得到的将是针对整个中国光伏出口企业的惩罚性税率。

作为浙江省太阳能光伏产业对外贸易预警点负责人，赵永红更加敏锐，早在美国启动立案调查之初，她就明确表示："正面应诉，这是整个光伏行业必打的一仗，也是我们在美国市场的立足之战。"

有了共同的目标，商务部门、行业协会、应诉企业拧成一股绳，全力以赴积极应诉。

面对复杂的反倾销复审调查，正泰新能源第一时间成立了由法务部门牵头的专门工作组，涉及生产、销售、采购、财务及 IT 等多个部门，参与成员达二三十人，整整准备了三四个月之久。

"我们当时专门聘请了美国律师负责这一复审案，记得单单要填写的美国商务部各项调查问卷就有几百页之多。"陆川深知，应诉反倾销不是哪一个人或者哪一个部门的小事，而是涉及企业各个部门、各个环节的大事。

除了对这些有关生产、采购、能耗等各方面的详细问卷真实作答，正泰新能源还接受了美国方面的现场实地核验。他们必须保证所有环节所有数据都精准无误，才能赢得美国核验官的认可。

然而，接受调查的每一步都可谓困难重重，只能见招拆招。陆川分享了当时一个细节，在此次复审初裁时，美国商务部错误计算并裁定正泰的倾销幅度高达 98.41%。

面对这一令人触目惊心的数字，团队成员快速行动，在最短时间内发现了美国商务部 SAS 程序中存在的计算错误，并在终裁阶段递交了翔实且证据确凿的抗辩意见，不仅指出美国商务部计算程序的错误，还对美国商务部在部分原材料及运费替代国价格选择、双重救济调整上的错误做法进行了抗辩。

经过紧张而漫长的等待，最终，美国商务部在终裁裁决中接受了上述抗辩意见，重新计算并裁定正泰新能源的税率为 2.67%。这也是第五轮复审中，中国企业取得的反倾销税最低税率。

路虽远行则将至，事虽难做则必成。

在美国对中国光伏企业的第五轮"双反"调查中，正泰新能源和东方日升这两家浙江企业积极冷静应对，用大量实地核查的数据和证据，帮助其他 21 家中国对美光伏组件出口企业，拿到历次"双反"调查中的最低平均税率 4.06%，为中国光伏行业争取到最大利益。

那一刻,盘旋在中国光伏企业头顶上的贸易阴霾终于散去,对美国出口的前景开始明朗化。

抱团取暖　浙企一路逆势突围

多年来,商务部、地方商务部门、行业组织、企业"四体联动"的工作机制,有效应对一次次贸易摩擦,成为鲜明的时代印记。

浙江既是光伏制造大省,也是分布式光伏应用大省。十几年来,当整个光伏产业屡屡受挫之时,浙江光伏企业特别是中小企业却逆流而上、开拓创新,在中国光伏行业"一枝独秀"。潮水退去,也让业界对背后默默付出的浙江省太阳能光伏产业对外贸易预警点和杭州市太阳能光伏产业协会刮目相看。

将时间拉回到2010年,浙江省太阳能光伏产业对外贸易预警点和杭州市太阳能光伏产业协会成立,那正是全球光伏行业扩张最火爆的一年。

然而好景不长,转瞬间,随着远超市场需求的巨大产能集中释放,加之国际市场接连而来的贸易狙击,全行业顿时深陷寒冬,企业经营日益艰难。

彼时,刚刚从浙江大学转型加入协会的赵永红感慨于浙江商务部门的提前布局。因为就在预警点成立不久,美国便启动了对华"双反"调查,紧接着欧洲"双反"也接踵而至,预警点带领广大光伏企业展开了一场场正面较量。

"从成立之初,我们的定位就是对整个光伏产业的预警,而并非针对某个产品。"赵永红分析,这与浙江块状经济的发展特色有关,当时浙江光伏行业大多为中小企业,这就要求大家集中力量、抱团取暖。

对此,浙江省太阳能光伏产业对外贸易预警点提出,战略上"逢诉必应"，战术上"集体应诉"。

作为一家光伏领域的头部企业，东方日升负责人赞同这样的策略。在其看来，之所以"逢诉必应"，是因为面对高额的反倾销税，企业只有去应对了才有机会，只有去争取了才有空间。"集体应诉"则是在商务部门的指导和支持下，由预警点统一选择专业律师团队进行应诉，帮助广大中小企业争取最大利益。

就这样，经过一轮又一轮的应诉，最明显发生变化的是大家的心态——从最初的迷茫、惧怕，到后来的熟练、有信心。

十几年间，悄然发生改变的还有一个个在逆境中激流勇进的光伏企业。

从行业主管部门角度来看，浙江省商务厅贸易救济调查局负责人有一个直观感受，2011年美国启动第一轮"双反"调查时，浙江光伏行业几乎全部都是中小企业。到了2019年第五轮"双反"时，浙江已拥有正泰新能源、晶科、东方日升等一批行业龙头企业。

在十几年后的今天回望，上述负责人颇为感慨：从反倾销、反补贴到反规避、反吸收，从晶硅电池组件到光伏玻璃、EVA胶膜，从美国、欧盟到墨西哥、印度、澳洲，光伏行业是国际贸易摩擦频发的"重灾区"。令人欣慰的是，浙江光伏军团在多个国际贸易摩擦案中承担主要责任，攻克一个个贸易壁垒，闯出了一条逆势而上的路。

这条挑战与机遇并存的路上，当企业在前方披荆斩棘，背后始终有"一只手"在保驾护航。

2000年，面对日益频繁的贸易摩擦，浙江建立起"四体联动"贸易摩擦应对工作机制；2002年，浙江省商务厅高规格成立贸易救济调查局，直到现在依然保留；2006年，浙江在全国率先制定公平贸易工作地方性规范文件，首创外贸预警示范点；2009年，浙江开展外贸经贸法律服务月，连续15年为企业提供涉外法律援助。

一个个宏观的政策,一项项具体的举措,让浙江省商务厅厅长韩杰分外感慨。作为一名贸易救济战线的"老兵",韩杰亲历了多场贸易摩擦,也亲自推动谋划了多项贸易救济举措为企业"撑腰"。

"那时候很多企业怕打官司。其实应对贸易摩擦不仅仅是一种被动反击的过程,实际上可以化被动为主动。企业打赢了以后,国际知名度也提升了,也成了开拓市场的非常有效的手段之一。"韩杰始终认为,一切危机都是先机。

鲜花遍地的时候充满陷阱,哀鸿遍野的时候充满机会。带着这样的信念和坚韧,十几年间,浙江积极采取应对措施,坚持对外投资与内源发展并重,坚持开拓新兴市场与加强技术研发并重,光伏产业实现了从关键装备、上游原材料到光伏电池、组件的全产业链产能和技术的国内集聚,培育了一批全球行业龙头企业。

从"至暗时刻"走向"风光无限",如今,浙江光伏军团以创新力强而成为行业一抹亮色。

（汪恩民　郭其钰）

持续近 10 年，打赢中国在 WTO 起诉欧盟第一案

紧固件俗称螺丝、螺母，被誉为"工业之米"。

一颗螺丝钉，小而坚硬，维系着从精密仪器到宏伟建筑的每一个细节。正因如此，放在世界尺度上，小小一颗螺丝钉也能掀起巨大波澜，引发旷日持久的跨国拉锯角力。

时针拨回 21 世纪初，加入 WTO 后，中国在国际经贸领域遭受的贸易摩擦逐年增多。2002—2010 年，仅浙江便遭遇来自美国、欧盟、土耳其、印度、巴西等 27 个国家和地区提起的反倾销诉讼。

好在 2009 年起，一次"逆风翻盘"的"亮剑"之举，打破了被动局面。当年，以嘉兴市紧固件进出口企业协会（下称"嘉兴紧固件协会"）为代表的紧固件生产企业，推动商务部将欧盟有关立法及反倾销措施诉诸世贸组织争端解决机制，此案成为中国在 WTO 起诉欧盟第一案。

回望这场持续近 10 年的"螺丝钉之战"，案件背后，是中国制造开拓全球市场艰难又壮阔的图景，是一场智慧与胆识的较量。

螺丝钉掀起大风暴

紧固件行业起源于欧美，中国起步相对较晚。21 世纪初，随着我国

工业化的快速推进和全球化分工的深化，紧固件行业得到迅速发展。中国迅速成为全球紧固件制造第一大国、紧固件出口大国，欧盟正是主要产品市场。

把握住行业风口，在浙江省嘉兴市海盐县，当地的紧固件生产企业渐成规模，该县螺母出口量一度占浙江出口总量一半以上。"当时我们的企业发展势头强劲，出口量与日俱增，我们对这个行业充满了信心。"嘉兴紧固件协会秘书长钱月萍回忆道。

然而，蓬勃发展之势引来欧盟警惕，一场行业大洗牌突然降临。2007年9月，全国碳钢紧固件生产巨头、嘉兴紧固件协会发起企业之一晋亿实业股份有限公司（下称"晋亿实业"）首当其冲，收到一份来自欧盟的要求配合应诉反倾销的调查问卷。

同年11月，欧盟认为从中国进口的碳钢紧固件冲击了当地同类产品的正常生产，宣称遭受冲击的产业规模超过欧盟内部碳钢紧固件生产者总数的27%，"占显著比重"，因此决定对原产于中国的碳钢紧固件进行反倾销立案调查。

一时间，整个中国紧固件行业被置于风暴中央。

"第一反应是震惊，这关乎的不仅仅是行业的合法权益，更关系到中国企业在国际上的话语权。"钱月萍介绍道，他们在第一时间下定决心要打抗辩，在得到嘉兴市商务局、浙江省商务厅、中国机电产品进出口商会和商务部的支持后，嘉兴紧固件协会迅速成立应对欧盟紧固件反倾销调查无损害抗辩工作小组，在欧盟进行行业无损害游说抗辩。

作为行业老大，2008—2009年，晋亿实业先后4次前往欧盟诸国进行游说抗辩，并强烈要求中国政府通过WTO就欧盟对中国紧固件采取的反倾销措施案，正式启动WTO争端解决专家组审理程序。同时，工作小组两次在欧盟总部布鲁塞尔召开新闻发布会，明确表态坚决维护中国企业合法权益。

多方努力下，中国紧固件企业争取到了 6 个月的稳定出口期。然而，最终表决投票时，欧盟委员会（下称"欧委会"）仍裁定对中国钢铁紧固件产品征收高达 85% 的反倾销税。作为主要涉案区，嘉兴紧固件产业面临一场"存亡"之战——该案全国涉案 7.6 亿美元，浙江省涉案 3.2 亿美元，其中嘉兴市涉案 9700 万美元，涉案企业 90 余家。

小小一个螺母，为何能掀起如此波澜？"本案涉案产品包括了几乎所有碳钢紧固件。一个螺母利润虽小，但在经济链条上不可或缺，中国紧固件产业发展速度显然超乎欧盟的预期。"钱月萍说。

冷静思考后，嘉兴紧固件协会决定牵头"上书"商务部，呼吁运用 WTO 争端解决机制来规范欧委会调查程序，制止欧委会滥用反倾销规则的行为，并建议商务部进一步将此案上诉到 WTO。

一个地级市行业协会，为何会有如此决心要与欧盟"掰手腕"？

"这不只是我们的诉求，更是整个中国紧固件行业发展的需要。在此过程中，省、市政府部门的支持，涉案企业的放手一搏，坚定了我们走下去的信心和决心。"钱月萍坦言，主动出击的核心目的是赢回市场，为行业寻一条出路。

2009 年 7 月 31 日，以嘉兴紧固件协会为代表的紧固件生产企业推动商务部将欧盟有关立法及反倾销措施诉诸 WTO 争端解决机制。此案成为中国在 WTO 起诉欧盟的第一案。

面对欧方"刺刀"，由小螺母组成的"长剑"，在国际舞台上奋力一挥，宣告着中国迈出在国际贸易争端中主动破局的新纪元。

打得艰难　赢得干脆

穷则思变，困而求通。危机之下，总能迸发惊人的力量。

一纸向欧盟发出的诉状，集结起各路"英雄"。2009年11月15日，来自苏浙沪以及环渤海湾的100多家大型标准件企业齐聚海盐，在反倾销代理申诉案上签字。

"这是入世以来中国企业第一次主动起诉欧盟，并无先例可以参照，艰难程度可想而知。但各方联动，做了大量卓有成效的工作。"钱月萍说，调查、举证、抗辩……每一步都非常艰难，但紧固件企业抱团应战，展现出惊人的韧性与凝聚力。

一番谋划后，一支诉讼团队迅速组建起来。由锦天城律师事务所牵头的诉讼团队一线跟进法律程序，嘉兴市相关政府部门及紧固件协会则在后方支援，积极配合前方需求。"紧张的诉讼过程，要求前后方做到高度配合。前方需要的资料，后方要第一时间整理好送达。"钱月萍感慨道，那时虽整日连轴转，但总感到热血沸腾。

坚持不懈的努力，换来第一次胜利。2011年7月15日，WTO裁定中方胜诉，并要求欧盟于2012年底完成相关法律修改。得知胜诉的那一刻，所有人都松了一口气。

但胜利的喜悦并未持续太久。

"企业和协会很快发现，欧盟在执行裁决时仅将反倾销税降至74.1%，微调税率只是隔靴搔痒，其余裁决则不予执行。"钱月萍回忆道，由于未取得理想结果，2013年10月，中国政府再次利用WTO争端解决机制提起"执行之诉"，要求欧委会彻底纠正本案中的所有违规做法。

WTO既往案例中，"执行之诉"只有十多起案件，情况类似的更是少之又少。"由于没有可借鉴的经验，整个团队都是边干边摸索。但是，阶段性胜利说明坚持是有价值的，加上政府部门的支持，我们有了更多底气走下去。"钱月萍说。

2016 年 1 月 18 日，WTO 就此案发布执行异议程序上诉机构报告，裁定中国胜诉。2 月 27 日，欧委会发布公告称，自公告发布次日正式取消对原产于中国钢铁紧固件的反倾销措施。

中国在 WTO 起诉欧盟第一案加上"执行之诉"成功，"双重胜利"更为彻底地用世贸规则捍卫了中国企业合法权益，可喜消息迅速传开。

经过七年的努力，中国紧固件行业终于迎来正常出口环境，也让世界看到了其竞逐国际市场、争取公平待遇的决心。"正因为没有退路，我们才一定要'背水一战'，也正因为从未放弃，我们赢回了市场，也在欧盟赢得了尊严。"钱月萍感慨道。

面对国际贸易壁垒，敢于"亮剑"的嘉兴紧固件行业，为中国企业赢得了国际发展空间，让整个行业行稳致远。

行业蝶变"较量"的价值

围绕螺母的较量，为何要争到底？对于中国紧固件行业而言，近 10 年的拉锯角力、持续七年的诉讼，究竟意味着什么？

回溯这场旷日持久的跨国诉讼，答案正蕴藏在历程之中。

在"战争中学会战争"，历经漫长的审判与裁决程序，面对激烈的国际法律拉锯角力，浙企不仅展现了坚韧不拔的精神，更在一系列挑战中快速学习、适应、成长，积累了宝贵的国际商贸实战经验。

从另一侧面看，10 年时间足以让行业"痛定思痛"，为转型升级创造机遇。

"此前，嘉兴紧固件行业体量较大，但整体产品质量不高。因此，不少企业出口节奏混乱，存在散漫的'羊群效应'，容易被进口国抓住'把柄'。"钱月萍介绍道，2009 年以后，以晋亿实业为代表的企业采取了内外销共赢的营销策略，同时选择整合产业链、加大科技投入，提升产品附加值。眼下，嘉兴紧固件形成了配套完善的产业集群，生产厂家数量超过 1200 家，产量占全国 15% 左右、全球 10% 左右。2023 年，嘉兴紧固件行业实现产值 200 多亿元，出口额近 20 亿美元。

更为关键的是，小螺丝的图强之路，映照着浙江对外贸易角色的转变。在此期间，浙江主动调整策略，在"较量"中摸索前行，体制机制日渐完善——2008 年，全国第一批对外贸易预警点"浙江省对外贸易预警示范点"在杭州授牌，具有浙江特色的对外贸易预警机制建立。截至目前，浙江已建成 100 余个外贸预警点，服务纺织、服装、机电、轻工、钢铁等诸多行业，收集发布预警信息，将风险化解在萌芽阶段。

从被动应诉到主动"亮剑"，中欧紧固件反倾销案中，商务部与地方商务主管部门、行业协会、涉案企业"四体联动"的嘉兴经验，已成为中国商务部门应对国际贸易摩擦行之有效的模式。时至今日，"四体联动"机制仍像一块盾牌，为企业筑起应对国际经贸摩擦的坚实防线。

如今，全景式回顾中国在 WTO 起诉欧盟第一案，回顾政府、行业组织、企业等融入全球化大潮的艰难成长历程，较量背后，

■ 2021 年 3 月 18 日召开紧固件行业反倾销工作专题会议

有政府高层的果断决策，有行业与企业的坚持不懈，有社会各界相扶相携的深情厚谊……种种过往，亦成为浙商在全球化浪潮中勇往直前的底气，使其携手向更深、更远处迈进。

（邵燕飞 胡丰盛 黄彦君）

走出贸易保护"寒冬"，不打无准备之仗

中国加入 WTO 以来，作为全球货物贸易第一大国，或主动或被动地参与到了一场场关税较量中。面对越来越多的贸易摩擦，外贸大省浙江统筹运用政府交涉、法律抗辩、产业对话等一系列贸易救济方式，维护全省产业安全和出口稳定。

2021 年，在新冠肺炎疫情加剧国际贸易形势的不稳定与不确定之时，恒逸石化股份有限公司（下称"恒逸石化"）带领行业企业积极参加贸易救济，在应诉韩国反倾销案件中打了"漂亮"的一仗，成为浙江企业在国际贸易中捍卫自己权利的经典案例，也为同样迷茫中的中国企业打出了反倾销的"浙江样板"。

于危机中育新机，于变局中开新局。对于越来越多遭受反倾销调查的中国企业来说，这场关乎长远发展的"有准备之仗"，或许可以提供一些借鉴。

直面挑战　积极应诉

对于外贸大省浙江来说，2001 年是一个具有划时代意义的年份。随着中国加入 WTO，全面放开外贸经营权，属于外贸人的黄金岁月拉开了帷幕。

■ 全省贸易救济工作会议暨 2018 年外经贸法律服务活动启动仪式

然而，国际市场竞争激烈，在世界商海搏击，难免会有惊涛骇浪。其中屡屡遭受国外反倾销调查，成为众多中国企业面临的棘手问题，无形的贸易屏障冲击着世界贸易经济的公平发展。

身处漩涡之中，人们不禁要问：为何中国会成为遭受反倾销调查最多的国家？

对此，浙江省商务厅贸易救济调查局负责人从三个层面解答了大家的疑问。

其一，一些发达国家将中国视为"非市场经济国家"，采取替代国或第三方的产品价格作为比较，导致中国产品更容易被认定为倾销，从而被裁定较高的反倾销税税率。

其二，中国商品出口市场比较集中，这与进口国家限制进口工业制成品及保护本国经济政策相矛盾，从总体上决定了中国出口商品被这些国家和地区实施反倾销措施的概率增多。

其三，中国出口产品集中在机电、纺织、轻工、农产品等方面，"薄利多销"的经营策略，导致很多产品具有明显的价格优势，造成国外同类产品有较大的竞争压力。

以上种种带来的，一方面是连年居高不下的反倾销案件数，一方面又是巨额诉讼费用和缺乏专业人才的困境，经验不足的外贸企业进退两难。

"直面挑战，积极应诉！"迷惘之际，国家商务部门态度明晰，全力支持外贸企业特别是行业龙头企业应诉反倾销案件，保护出口市场，遏制贸易保护主义。

特此，外贸大省浙江成立了全国第一个地方公平贸易机构——浙江省公平贸易机构，统筹全省进出口公平贸易和贸易救济调查工作，做好了应对贸易摩擦的长期斗争准备。这样由省级商务部门高规格组建贸易救济调查局的情况，放眼全国其他地区也较为罕见。

这是敢打的决心，也是必胜的信心。

"虽然不能实现每案必胜，但我们首先要做到每案必争、每案必应，为企业提供力所能及的帮助，全力以赴帮助企业打好攻坚战。"浙江省商务厅贸易救济调查局负责人语气坚定。

有了政府部门牵头，企业、商会、行业协会、驻外经商机构逐渐拧成了一股绳，20多年来，形成了多主体协同贸易摩擦应对机制。如2008年浙江建立全省出口反补贴应对工作联席会议制度，2014年又出台了全国首个省级地方政府贸易摩擦应对规章。

从加入WTO以来算起，截至2020年，浙江共遭遇来自美国、欧盟、印度等40多个国家和地区发起的反倾销、反补贴、保障措施、特别保障措施、反规避等贸易摩擦案件1744起，涉案金额433.3亿美元。

面对逐年增长的贸易摩擦案件，浙江企业运用贸易救济措施维护自身权益的意识逐步增强，主动发起或参与发起88件贸易救济产业损害调查案件，全部为反倾销调查，立案数量约占全国 27.9%。

在各方撑腰下，曾经一度饱受反倾销之苦的外贸企业挺起了腰杆，有勇有谋积极应诉，与世界贸易保护主义展开了正面较量。

精心应对　见招拆招

当新冠肺炎疫情蔓延、世界经济衰退、全球化遭遇逆流等风险挑战袭来时，最先感受到寒潮的便是外贸企业。

作为国内涤纶丝出口行业连续多年排名第一的领军企业，恒逸石化对此有着更为深切的体会。

回忆起当时的情形，恒逸石化副总裁吴中印象深刻：彼时疫情使各国国际贸易和需求都受到不同程度的冲击，海运费暴涨，全球供应链中断，贸易冲突频发。除中美贸易战外，各国与中国的贸易摩擦案件数也在成倍增长。

短短一年时间内，恒逸石化就收到来自越南、墨西哥、韩国等国家的反倾销调查。

"说实话是有压力的，但我们必须迎难而上，积极应诉。"此前已有应对反倾销经验的吴中保持着冷静，他知道打反倾销要快速反应，既然是在 WTO 规则项下，就可以根据规则精准应对。

2020 年 11 月 26 日，韩国贸易委员会收到韩国企业对进口自中国的聚酯全拉伸丝发起反倾销调查的申请。得知这一消息后，吴中坐不住了，他利用在韩国多年的客户人脉，第一时间联系当地有影响力的下游企业，尽最大可能阻止反倾销立案。

然而，这些努力似乎都无济于事。2021 年 1 月 27 日，韩国确认启动立案调查，恒逸石化也随之吹响了应诉反倾销的集结号。

这也是政府、商会、企业等各方力量的集结。确认立案后，浙江省商务厅贸易救济调查局和中国纺织品进出口商会第一时间成立应对组，并于 2021 年 2 月 2 日启动应诉协调会，全力指导支持企业积极应诉。

有一个细节让恒逸石化国际销售总监徐志炎颇为感动，当时立案后，时任浙江省商务厅贸易救济调查局局长朱颖，给他打了一个时长 40 多分钟的电话，提出了许多详细建议。

"当时商务厅分析认为，在韩国反倾销调查中基础性数据非常重要，提醒我们要注重韩国会计师事务所的介入。"方向明确后，恒逸石化在立案一周内便选定了后续合作的律师团队。

如何在短时间内确保律师团队专业可靠？吴中分享了一个细节，以往企业总是选择竞标价格低的团队，效果往往不尽如人意。这一次换了策略，选择竞标价格最高的三家律所来比较，是否与韩国当地合作紧密、是否有合作的会计师事务所、是否有精通韩语人员参与……这些都是考量甄选的因素。

与此同时，恒逸石化内部由管理高层牵头，成立了反倾销专项工作组，确保财务基础数据在立案之前准备完全，以应对立案后律师团队快速有效介入的局面。

"反倾销专项小组涉及法务、财务、销售、采购、IT、物流、生产等相关部门，参与人员超过 50 人。"吴中深知，应诉反倾销不是哪一个人或者哪一个部门的小事，而是涉及企业各个部门、各个环节的大事。

挑战接踵而来。按照规定，从立案到应诉交答卷原本只有 30 天，再加上当时年关将近，企业很难做充分准备。在浙江省商务厅和中国纺织品进出口商会指导下，恒逸石化申请将这一时间延长至 60 天，赢得了难得的"窗口期"。

"那时虽然快过年了，但大家一起加班至深夜是常有的事，只为了让前期准备充分一点、再充分一点。"回忆起那段并肩作战的日子，吴中感慨万千。

在各方的通力合作、紧密配合下，恒逸石化按要求准确准时地提交了答卷。

尽管已做了充分准备，尽管此前已有应诉反倾销的经验，实际过程中总有意想不到的情况——疫情给各项工作带来了新的难题。

韩国贸易委员会调查机关无法来到中国对应诉企业进行实地核查，只能通过视频连线。为了积极配合核查工作，恒逸石化提前一个月对核查内容进行复核，律师团队提前一周到场进行核查演练。

"视频连线再加上语言障碍，在现场一目了然的东西要通过反复画图才能解释清楚，但无论对方提出什么诉求，我们都尽全力配合。"吴中回忆，大家一心捍卫企业和行业的正当利益。

经过几天的核查，最后总结时，韩国调查官员表示，这是其团队第一次使用视频核查形式，恒逸石化以高度的专业性、及时性，让整个核查过程顺利完成。

功夫不负有心人。2021年11月18日，韩国贸易委员会作出反倾销终裁，征收为期5年的反倾销税，恒逸石化取得了3.95%的最低税率。

强化预警　以质取胜

随着数以万计物美价廉的"中国制造"走向世界，贸易摩擦早已成为一个难以回避的问题。如何做好准备与贸易保护主义较量，是广大外贸企业需要做好的"后半篇文章"。

长期以来，由于反倾销诉讼的高额成本和惧怕心理，中国企业普遍消极应对，或只参加行业抗辩，或置之不理，导致反倾销应诉率低、胜诉率低，不仅使企业苦心经营的国际市场损失惨重，还让中国企业给外方留下软弱可欺的印象。

而站在企业的角度，他们也有自己的苦衷。"反倾销是国家层面的经贸博弈，背后代表着发起国的意志，我们作为企业，力量薄弱，费钱费时又怕打不赢。"一家外贸企业负责人袒露了心声。

企业的顾虑不无道理，对此，浙江从顶层设计上探索更多创新举措。

2020年，全球贸易形势愈加复杂。这一年，浙江不断遭遇来自美国、印度、加拿大、埃及等29个国家和地区在贸易问题上的摩擦，先后发生贸易摩擦225起，涉及金额126.6亿美元，分别同比增长44.2%、186.4%。

面对不断增长的数据及其背后一家家艰难维生的企业，浙江省商务厅决定统筹省、市、县各级商务系统，全面开展贸易救济工作，自主研发整体智治大数据服务平台——贸易救济精准服务平台，让全省5万余家外贸企业有了统一坚实的依靠。

虽然疫情阻隔了人们出行的脚步，却也给了大家弯道超车的机会。通过这一平台，浙江各地的外贸企业可以精准掌握产品是否被发起调查、贸易调查案件动态，同时可以获得技术型贸易壁垒信息、法律援助专家库等服务，方便企业、贸易救济局、行业组织、研究机构间进行交流。

这个整体智治的大数据服务平台是如何从无到有诞生的？时任浙江省商务厅贸易救济调查局副局长贾春仙全程参与了建设过程，她回忆，依托此前浙江省外贸"订单＋清单"监测预警系统，借助强大的外贸企业服务资源，再叠加贸易救济工作板块，最终这一平台得以迅速建成。

"平台会第一时间面向潜在风险企业精准推送与其相关的贸易救济案件最新动态，企业也可针对推送的案件预警信息提交涉案反馈与救济服务申请。"贾春仙详细介绍了平台运行逻辑，即通过外贸预警、案件响应、法律服务、应诉反馈，实现贸易救济服务企业的闭环管理，切实帮助外贸企业有效应对市场风险。

专班化推进、体系化应对，在此过程中，浙江逐渐形成了一套行之有效的贸易救济工作机制。

2021年初，根据国际贸易形势变化，浙江再次新设境外投资企业对外贸易预警点和浙江跨国公司对外贸易预警点，重点加强对国别预警信息的收集整理、分析评估、组织应对，助力化解贸易摩擦。

一项项务实举措，一次次有力支持，浙江争分夺秒为外贸企业争取利益最大化，一批批重点难点贸易摩擦案件取得突破。

说起那几年打过的"漂亮仗"，贾春仙一口气举了好几个例子：浙江贝思特钉业有限公司赢得美国对华码钉反补贴调查全国最低税率；浙江巨化股份有限公司赢得美国制冷剂产品反规避调查历史性全面胜利；浙江欧星环美汽车部件有限公司在欧盟轮毂案件中取得良好结果……每一个案子背后，都是政府与企业的并肩作战。

回望40多年开放之路，伴随着外贸企业的反倾销斗争。一路荆棘，一路鲜花，一代代外贸人以智慧、勇气和决心，与贸易保护主义较量，在世界商海中书写了新的篇章。

（汪恩民　郭其钰）

第三篇

互利共赢

志合者，不以山海为远。有容者，海纳百川入流。

20世纪90年代，浙江以空前的开放姿态，热情拥抱滚滚而来的外资浪潮。这种开放不仅催生了经济的繁荣，更促进了文化的交流与融合，为浙江乃至整个中国的现代化进程注入了新的活力。

数十年间，以奥的斯、赛诺菲等为代表的国际知名企业将目光投向浙江，将创新产品和理念带到浙江，再带着在浙江诞生的成果走向世界，推动全球业务增长，与浙江共同开拓国际市场，实现政企共赢。

"一花不是春，孤雁难成行。"一个个引进外资、实现高速发展的故事背后，映射出浙江"扩大开放"的鲜明导向。进入21世纪后，浙江凭借年均近18%的高速增长，一跃成为高质量外资集聚地。2024年，浙江实际利用外资规模已达152.7亿美元，规模跃居全国第三。

当前，世界百年未有之大变局加速演进。这些合资企业为何能在浙江实现高速的本土化发展？浙江又如何打造一个更加公平、透明、可预期的投资环境？本章节将带领我们探寻这些政企共赢的故事，或许其能给予当下的我们全新启发。

书写"共赢梦"，平湖驶入 "制造业＋外资"新航道

外资利用的变革涟漪悄然兴起，映照出风正潮平的浙江新航道。

20世纪90年代，浙江以开放之姿拥抱外资洪流，喜悦与忐忑并存。彼时，浙江外资引入尚显薄弱，多局限于轻纺、建材等传统领域，资源消耗大且技术壁垒低，重复建设成为诸多城市的共性挑战。

风起于青蘋之末，浪成于微澜之间。1999年，浙北小城平湖首次与日本机电行业巨头尼得科结缘，不曾想，25年间，尼得科的入驻，宛如开挂结串的葡萄藤，为当地带来上百家日资企业，使其利用外资连续24年跻身浙江省前十。

平湖的蜕变，是窥见浙江产业转型的一扇窗。21世纪以来，浙江与外资携手日益紧密：核心技术提升、产业结构升级、经济发展模式转变……外资亦在深耕浙江市场的过程中，与地方产业链深度融合，走上本土化之路。

"牵手"，为何如此坚定？"蜕变"，何以接连发生？这段产业蝶变与双方互信螺旋上升的历史，无疑彰显了平湖人开放包容、勇于探索的精神，体现了浙江鲜明的叙事风格。

独宠平湖　于"培育"中相互成就

驱车驶入平湖经济开发区，沿平善大道一路前行，日本尼得科株式会社（下称"尼得科"）旗下一家家工厂分列在两侧，昭示着此地的发展特色。

1999 年，尼得科旗下日本电产芝浦（浙江）有限公司［现尼得科泰科诺电机（浙江）有限公司］落户此地，拉开了与平湖合作的序幕。

"一方面是产业配套，另一方面是区位优势。长三角地区交通四通八达，便于产品和原材料运输。"尼得科汽车马达（浙江）有限公司电驱动统括部负责人王夫伟说。

王夫伟是江苏人，曾在日本、上海等地工作，2014 年来到平湖尼得科。在他的印象中，尼得科落户平湖初期，浙江制造业仍扮演着"全球低成本制造基地"角色。

然而，随着经济的发展，人工成本不断提升，国内生产成本亦不断上涨，长三角区域对日资、韩资的吸引力有所减弱，开始面临东南亚地区的正面竞争。

在此期间，平湖摸索出一条新路——锚定开放型经济，实施"主攻日韩、巩固港台、拓展欧美"的招商策略。围绕高质量外资集聚地建设目标，打造国家级平湖

■ 尼得科机床（浙江）有限公司车间

经济技术开发区、省级独山港经济开发区、全国首个跨省市合作园区上海张江平湖科技园三大主平台；紧贴外资企业需求偏好，提升营商环境市场化、法治化、国际化水平；组建由 24 个涉企部门组成的外资企业服务联盟，线下打造涉外管理服务中心……一系列政策组合拳的效应逐步显现，平湖营商环境不断优化，成功引来更多外资项目。

坚守平湖阵地的尼得科，尝到了发展红利。"近年来，一些曾犹豫是否要坚守的外资企业逐渐回流，这让我们更加坚定了自己的选择。浙江有潜力巨大的市场、完善的配套基础设施、高素质的劳动者，这远不是'价格低廉'一点能比上的。"王夫伟赞许地说。

与此同时，尼得科的到来，也让平湖驶入"制造业＋外资"新航道。此后，当地开始培育上下游配套企业。2002 年，尼得科新宝（浙江）有限公司［现名：尼得科传动技术（浙江）有限公司］签约落户之初，平湖就在规划用地旁预留 5 万平方米土地，用于引进配套企业。一年后，为其提供原材料的大洋特殊金属（浙江）有限公司落地，这对在日本合作 50 年的邻居再次相遇。

诸如此类的努力，不但为尼得科构建了一套本土化供应链体系，也为平湖聚合起一条更高质量的制造产业链。

据不完全统计，目前，平湖约有 13 家民营企业是尼得科汽车马达公司的供应商。25 年前的一次牵手，竟使平湖 25 年后成为浙江省最大的日资企业集聚区。同时，其外资来源地从 2003 年的 25 个国家（地区）增长至 2023 年的 187 个，建起了全球"朋友圈"。

立足本土　从"对话"中寻得共鸣

在尼得科与平湖的故事中，25 年 33 次追加投资，是最为人津津乐道的一章。

2024年3月，尼得科集团增资1000万美元，在平湖建设国内首条谐波减速机生产线。至此，其已在平湖33次追加投资，共设立17家企业，业务横跨电机、新能源汽车三电系统、工程设备及检测装置、服务业等领域，总投资达14.8亿美元。

一时间，外界传来许多声音，大家纷纷探究，在全球经济增速放缓的情况下，尼得科为何愿意频频"牵手"平湖？

尼得科集团本部长辻田穰治在接受媒体采访时给出了答案。他表示，选择平湖，不只是因为当地毗邻上海的区位优势，还因为其有完善的产业基础和优质的营商环境。

原来，自2010年起，平湖便与尼得科集团建立定期对话沟通机制：一般以2个月为周期，平湖市领导、相关部门与尼得科集团副社长级别及以上高层，通过座谈会或与日本总部视频连线等方式，就当前企业在生产经营中遇到的困难问题、企业发展动向等情况交流磋商。

"浙江政府部门乐于为企业搭建平台，在生产生活等各个方面提供帮助。我经常参与政府组织的座谈会，大家围坐在一起讨论问题，寻求合作机会。"王夫伟列举道，比如为新项目定制厂房、保障高峰期电力供应、帮助集团加强人才招引，"这让尼得科更有信心朝着'百年企业'迈进。"

宾至如归的获得感，不仅来自营商环境，还来自生活配套。王夫伟代表着一个群体，其中有日企高管、研发工程师、一线工人……他们与平湖的工厂一起成长、壮大，带来旺盛的消费需求。

"这里有不输大城市的正宗日料店。"王夫伟细数道，近年来，国际连锁酒店，优质教育资源，马球、棒球等休闲项目接连落地，"葡萄串"效应日益鲜明。依托日资企业集聚优势，平湖还谋划建设了欧洲（德国）产业园，累计引进全球60多个国家和地区的1300余个外资项目……

后来居上　在"逆袭"中坚定牵手

与尼得科相似，津上精密机床（浙江）有限公司（下称"津上精密机床"）也是平湖与外资"佳话"中的一章。

作为一家高精密数控机床专业制造商，津上精密机床由日本著名机床厂家津上株式会社于 2003 年在平湖经济开发区投资成立，2017 年 9 月在港交所上市，是嘉兴地区首家在香港上市的外资企业。

"我们 2003 年落户平湖的时候，还是一家名不见经传的日资企业。"津上精密机床监查室室长李镝说，发展到今天这样的规模，"这在当时是不可想象的。"一组数据证实了她的说法——2015 年，该公司亩均税收为 27.65 万元；2022 年，这一数字增长为 272.7 万元，实现十倍级增长。

逆袭是如何发生的？李镝认为，这与企业稳扎稳打的风格有关，和中国制造业的快速发展分不开，也和平湖对外资专业、细致的服务及其人文基因分不开。

"2001 年，中国加入 WTO 后，制造业呈起飞态势，全球对中国市场都非常看好，日本津上株式会社也积极考虑来华投资，初衷是开拓中国市场。"李镝回忆说，彼时，津上株式会社在中国多地进行考察，将落户意向定在长三角地区。

■ 津上精密机床（浙江）有限公司车间

"这里集聚了大量外资企业，制造业规模、质量在国内均为上乘，深厚包容的文化底蕴及高效廉洁的政府服务，在外资企业中建立了良好的口碑。"她说，当时平湖市领导和经济开发区的招商团队表现出极大热情，立即展开对津上落户的接洽工作，最终津上株式会社决定落户在平湖经济开发区。

20多年时间里，津上精密机床已成长为一家"工业母机"龙头企业，60%的配套供应实现本地化生产，带动平湖发展成为浙江著名的数控机床生产基地。

"如果没有政府专业、细致的服务，以及对工业用地扩大产能的大力支持，我们不可能发展得这么快！"李镝说，发展过程中，随着产能提升，津上精密机床厂房需求持续扩增；然而，在寸土寸金的开发区实现"个性化"拿地谈何容易，要想让其他规模企业在土地资源日益紧张的当下退出，同样十分不易。

李镝这番话，一度是浙江过去10年遭遇的发展"痛点"。

一方面，浙江各类生产要素供给相继触及"天花板"，工业发展中缺地、缺电、缺工等"成长烦恼"日益显现；另一方面，产业结构性、素质性问题突出，高耗能、高排放、低产出的工业企业、过剩产能占据大量要素资源，传统动能衰落、新动能断档，产业升级陷入"转型阵痛"。

如何利用现有资源要素实现效能最大化？

根据浙江省统一部署，平湖坚持腾换并举、吐故纳新，以"亩均论英雄"理念推动产业升级：多部门、多层级协同，鼓励优质企业以拓展企业增资扩产空间为目的进行低效用地兼并；集中指标建设"大平台"，将腾退指标集中用于高能级汽车产业生态园建设；探索以数据驱动产业培育方式"升级"，从土地信息、园区空间、审批服务等全维度为产业链招商提供支撑，实现产业链"强链补链"。

上述举措，打开了一条灵活的资源配置之路。近两年，平湖在浙江率先开展"标准厂房""定制厂房"建设，吸引 7 家世界 500 强企业入驻。同时，围绕新能源汽车、光电通信等 8 条产业链绘制产业链招商鱼骨图，突破招引一批产业链关键环节企业和上下游重点配套企业。

资源要素向优质高效领域集中，外资在平湖发展步伐更加坚定。"如今，津上精密机床先后增资 11 次，投资总额超 3 亿美元，位居平湖纳税大户榜首。"李镝说，2012 年，津上精密还在中国成立了技术研发中心，打造自己的研发团队。

双向奔赴"链式招商" 放大"葡萄串"效应

20 余年的相处中，尼得科、津上精密机床逐渐与平湖同频共振：2021 年，津上精密机床又收购了平湖经济技术开发区一家企业，全面投产后预计年产值可达 10 亿元；2024 年，尼得科加速推进在平湖建设新能源汽车驱动电机旗舰工厂，预计形成年产 100 万台汽车电动马达的生产能力。

两家日资企业 20 余年"牵手"平湖的故事，是浙江利用外资的生动缩影。其间，德国蒂森克虏伯、德国巴斯夫、德国湛新、丹麦皇冠、美国 ADM、美国嘉吉、日清食品等世界 500 强及国际行业领先企业相继落户平湖。2023 年，该地引进外资项目 27 个，实际利用外资 4.8 亿美元，以"引进一个、牵出一串"为特征的"葡萄串"效应，正在快速放大。

小城与"大业"的"结缘"之路，折射出浙江省的外资发展步伐。从 20 多年前"无中生有"的抉择，到数十年如一日的上下游产业链的积累聚合，再到"引进来"与"本土化"深度互动，见证着浙江海纳百川，融入全球经济大潮的华丽转身。

这背后，是浙江开放包容的气质，给了外资与浙江共同成长的环境——近年来，通过实施数字经济创新提质"一号发展工程"、营商环境优化提升"一号改革工程"和"地瓜经济"提能升级"一号开放工程"，浙江投资环境朝着国际化、便利化、法治化演化，发展空间愈发稳定、透明、可预期。

在此期间，外资也为浙江带来更多的就业机会、更前沿的产业技术、更成熟的管理经验。20余年的跃变足以说明，面对历史洪流、时代变迁、世界经济发展大势，浙江以外资为强大引擎，凭借非凡的胆识和勇气，书写着"双向奔赴"的广阔新篇章。

（邵燕飞　胡丰盛　黄彦君）

浙江借"梯"登高，推开世界机遇之门

杭州市九环路 28 号，偌大的奥的斯机电电梯有限公司（下称"奥的斯机电"）未来工厂处于"黑灯"状态，大型机械臂灵活运作、机器声隆隆作响，一部扶梯的生产周期只需 18 分钟、一台电梯只需 4 分钟，一块厅门板仅需 9 秒钟。

20 世纪 90 年代就来到浙江的"奥的斯"在此加速释放新质生产力。

伴随中国城市化进程加速，电梯作为现代建筑的基础设施，承载了人类生活的基本需求，也深刻改变了社会发展面貌。嗅到中国强大的市场潜力，1997 年美国电梯品牌"奥的斯"的生产基地——奥的斯机电落户杭州。

外资青睐浙江　掘金中国城市化进程

千禧之年，浙江姑娘应庆园刚大学毕业就进入奥的斯机电工作，那时公司年电梯生产量只有 1000 多台。让她没想到的是，20 多年来，企业订单成倍增长，如今年均生产达到 5 万多台。

"奥的斯"与中国缘分不浅。1852 年，美国人伊莱沙·格雷夫斯·奥的斯发明了世界上第一台现代意义上的安全电梯，50 年后，"奥的斯"为上海和平饭店南楼安装了其在中国大陆的首部电梯。

20 世纪 80 年代开始，在乡镇企业兴起和城市改革的双重推动下，中国沿海地区出现了大量新兴的小城镇。随着一幢幢高楼拔地而起，中国又逐步放开对外资的限制。瑞士讯达、日本日立、美国奥的斯等国际著名电梯品牌外资企业察觉商机，陆续进驻中国市场。

如今担任奥的斯机电党委书记的应庆园还清楚记得，"那时候电梯行业还是一个新兴市场，相比 1980 年就扎根中国的'瑞士讯达'、1995 年进驻中国的'日本日立'，'奥的斯'进入中国的时间较晚。当时其他品牌市场占有率快速提升，而奥的斯的中国市场几乎为零，起步相当艰难"。

1997 年 3 月，"奥的斯"为了快速打开市场，选择与中国民企"杭州西子电梯厂"合资，建立在华重要子公司——奥的斯机电。外企与民企强强联合，实则是当时的必然选择。

据应庆园介绍，彼时的西子电梯生产制造工艺成熟，在国内已有一定知名度，但西子电梯为了获得更长远的发展，期冀联手外企做大国际市场。而当时的"奥的斯"，虽拥有强人的国际竞争力，但中国市场还是一片空白，因此"奥的斯"希望发挥民企的制造业成本、生产要素优势，同时也能快速把握中国市场动态。

中外合资，可谓优势互补、共赢发展。

蛋糕虽大，竞争也十分激烈。就在 21 世纪初期，为了迅速扩大市场，奥的斯机电 20 多个员工分赴广州、深圳、厦门、上海、青岛、西安等相对发达的城市抢订单，开启了从无到有的创业期。应庆园也跟着前辈闯市场，"当时看到哪个工地圈起来了，就跑去问看门大爷，要不要订购电梯"。

"还好选择在浙江！"应庆园回忆，那时候热火朝天的抢单潮，让奥的斯机电的订单量猛增，但是产能跟不上的问题随之而来。关键时刻，浙江大力支持外资发展的政策环境，给企业增加投资扩大生产带来了十足的底气。

就在 2006 年前后，原杭州市江干区政府及时解忧，帮助企业顺利拿到新的厂房用地。企业从原来的机场路 62 号，搬迁到距离市区更近的位置，工厂面积一下子扩大到 100 亩。

"由于企业着急投入生产，属地政府还派专员对接工厂扩建事宜，帮员工解决生活、交通以及设备搬迁等各方面问题。"应庆园表示，产能大增给奥的斯提供了新的发展机遇，奥的斯机电在外分支机构逐步增多，杭州总部订单数量每年成倍增长，企业发展迎来黄金增长期。

电梯行业加速转型　政策点燃创新引擎

从零起步到数以万计的订单数量，奥的斯机电从"浙"里启航，在全球开枝散叶。这恰是浙江省委提出的"地瓜理论"的生动实践。

走进奥的斯机电生产车间，智能化生产设备高效运作，工人只需动动手指，就能快速生产出一台高性能电梯。其背后，是浙江鼓励支持外资的一系列政策举措，为电梯技术迭代、走向全球增添了动能。

如 2021 年起，杭州市政府着眼智能化制造新方向，为辖区企业设立了专项资金。奥的斯机电凭借过硬的技术成功获得资助。此后，奥的斯机电将物联网、大数据、人工智能等新技术融入电梯生产和运营管理，并采取光伏发电等节能减排方式，同时又将资金反哺到产品研发和生产中去，形成良性循环。

为助力电梯通往世界，浙江亦搭建多种交流合作平台，积极优化营商环境。奥的斯机电政府关系经理杨雪娇记得，2022 年底，在首届全球数字贸易博览会上，浙江的商务部门为企业积极争取展位，"让我们有更多机会向全球展示中国制造电梯的优势，为进一步打开国际市场奠定

■ 奥的斯机电电梯有限公司车间（奥的斯机电　供图）

基础"。

借梯登高，方能极目望远。

经过数十年发展，奥的斯机电在壮大自身实力的过程中，也见证了中国市场的快速变化——各领域市场需求，都逐渐从"有没有"转变为"好不好"。新兴市场渐成存量市场，企业发展亟须转型升级，路在何方？

"中国城市化进程步入新阶段，新梯需求逐步减少。同时原材料上涨、利润空间压缩，都使企业转型面临重重挑战。"应庆园直言，面对庞大的存量市场，电梯企业更加重视既有电梯的维保和更新改造。而此时，接连落地的政策，为整个行业发展再添"一把火"。

2018年，鼓励有条件的老旧小区"加装电梯"首次被写入中国政府工作报告。此后两年，政府工作报告也都提及"加装电梯"，并在全国范围内掀起旧楼加装电梯的热潮。2024年7月，国家又统筹安排3000亿元左右超长期特别国债资金，加大支持大规模设备更新和消费品以旧换新。

在浙江，政策红利让市场主体直接获益。如浙江多部门印发《关于浙江省进一步推动消费品以旧换新行动方案》，其中就包括住宅老旧电梯更新改造。作为受政策扶持的一员，奥的斯机电接单量逐月攀升，其还面向受众推出多款实体改造方案，人们可以在 AI 视觉技术中预先感知"以旧换新"的成效。

把握中国开放机遇　角逐国际市场

随着中国持续推进高水平对外开放，一大批中外合资企业嗅到机遇、借船出海，角逐国际市场，奥的斯自然没有错过这股浪潮。

2013 年，中国提出共建"一带一路"倡议。而在参与"一带一路"共建国家和地区的项目建设中，浙江高效、灵活、开放的政策环境，减轻了诸多市场主体的后顾之忧。

时间拨回 2022 年 7 月，全长约 67.85 公里的埃及斋月十日城铁路项目正式开通，这是中国和埃及共建"一带一路"的务实合作成果，也是埃及第一条电气化铁路。

然而，建设之初恰逢全球抗击新冠肺炎疫情，项目建设所需的物资运输困难，其中就包括由奥的斯机电负责生产的 200 多台电扶梯设备。

"那时候为了高效履约，政府、企业齐心协力，攻克难关。"据奥的斯机电自装团队负责人回忆，在安装阶段，该公司派出 120 位精干力量远赴埃及，政府有关部门上门服务，协助团队高效办理出境所需的护照、签证事宜，不但如期完成项目，产品品质和服务也获得了埃及政府、项目运营方的高度认可。

当然，"出海"的过程并非一帆风顺。由于不同国家验收标准不一，技术服务"出海"也面临诸多挑战。

将目光转移至"东非第一高楼"——埃塞俄比亚商业银行新总部大楼，奥的斯机电承担了其电梯建设。就在验收环节，因非洲无高速梯验收标准，项目验收一度受阻。

"好在中国政府及时协调国内技术专家前往埃塞俄比亚，与外方政府积极沟通和论证，新建一套技术标准。"奥的斯机电相关负责人说，最终该项目成功验收，获得各方点赞。

从产品卖出去到服务走进去，从单打独斗到协同作战……偌大的国际市场中，"危"与"机"总是并存。

相隔万里，一部电梯可以穿越空间界线，将世界紧密相连；面对千山万水，一部电梯能跨越重重难关，将人们送达理想之地；风雪交加时，一部电梯也能依靠技术突破障碍，实现行稳致远。

透过一扇扇"电梯之窗"，我们目睹了一个个奇迹的诞生——随着中国高水平对外开放的新格局加速构建，距离、气候、环境，这些外部挑战已不再是电梯行业的绊脚石，反而成为一家家外资企业发展的绝佳机遇。

■2021年7月31日，奥的斯机电埃及斋月十日城铁路项目新梯发运

眼下，浙江正加速推进高水平对外开放，建设高能级开放强省。越来越开放的浙江，正着力打造高质量外资集聚地，吸引越来越多外资圆梦浙江。从世界选择中国，再从浙江拥抱全球机遇，浙江期冀与外资同频共振、相互成就，共同推开一扇扇机遇之门。

（张　斌　项　菁）

药企赛诺菲：从法国走向杭州，从杭州走向未来

在改革开放的洪流中，无数国际企业涌入中国，寻找着属于它们的机遇。尤其是中国巨大的人口基数和日益增长的高质量进口药需求，为国际药企提供了前所未有的发展空间。

杭州，这座拥有着深厚文化底蕴和丰富历史遗产的城市，不仅以其得天独厚的人文色彩吸引着世界的目光，更以良好的营商环境和完善的制药产业网络，为跨国企业的发展提供了肥沃的土壤。

作为有着悠久历史的法国最大医疗健康企业，赛诺菲于1982年便进入中国市场，1995年选择落户浙江，在杭州市滨江区设立赛诺菲（杭州）制药有限公司（下称"赛诺菲杭州工厂"），成为首批中法合资的跨国制药企业之一。如今，不断发展壮大的赛诺菲杭州工厂，正带着创新产品和健康理念加速融入中国及世界市场。

"进入中国市场，可以说是赛诺菲发展历程中十分正确的战略选择，落户浙江杭州，更是一段格外精彩的故事。"赛诺菲杭州工厂总经理黄莉君深有感触。

■ 赛诺菲杭州工厂

紧抓机遇，生根杭州

20 世纪 90 年代初，改革开放的春风不仅吹遍了中国的每一个角落，也唤醒着跨国企业对中国市场的渴望。随着改革开放的深入推进，社会主义市场经济体制逐步确立，巨大的市场潜力和人口红利为外资企业提供了广阔的发展空间。

作为全球知名制药企业，赛诺菲敏锐地捕捉到这一历史机遇，决定将目光投向中国。

"在众多中国城市中，杭州以独特的历史文化、优越的地理位置和强大的民营经济活力吸引了赛诺菲，是赛诺菲深入拓展中国市场的'桥头堡'。"黄莉君表示当时他们做了充分的调研，最后选择了杭州。

1995 年，赛诺菲杭州工厂正式落成。这座现代化的工厂开启了双方在全球化浪潮中共同成长的序幕。

提及赛诺菲杭州工厂的落地生根、开花结果，黄莉君无限感慨。"从最初的选址、建设，到最后的投产，杭州市各级政府都给予了赛诺菲大力支持。各级领导与企业保持密切沟通，提供政策支持、简化流程，帮助企业克服各种困难。"

有一个故事在赛诺菲口口相传，令她记忆犹新。"赛诺菲杭州工厂建厂之初曾遇到一些困难。当时一位市领导亲自上阵，就像项目经理一样陪同企业积极协调各个政府部门，现场办公解决企业遇到的实际问题。"黄莉君不禁感叹，这种高效的政府服务意识和行动力，让赛诺菲的员工深感震撼，"这也让我们更加坚定了在杭州发展的信心。"

从最初的注射剂生产，到如今的固体制剂、疫苗等多个领域的全面覆盖，赛诺菲杭州工厂不断壮大基业，不仅满足了中国市场的多样化需求，也为赛诺菲在全球市场的拓展提供了有力支持。

直面挑战，创新为先

进入 21 世纪，随着全球人口老龄化趋势加剧，对医疗健康的需求日益增长，生物医药产业不仅要应对疾病谱的变化，还需不断创新以满足个性化医疗的需求。

面向 21 世纪，杭州市委、市政府作出全面推进"天堂硅谷"建设的重大战略决策，其中提道，要努力把杭州建设成为全省乃至全国重要的生物医药产业密集区。"进一步加强与国际跨国公司的合作"，成为杭州发力生物医药产业的重点举措。

杭州市的前瞻性战略规划，为生物医药企业提供了丰富的资源和政策优势，也为企业的可持续发展之路指明了方向。

"作为一家跨国生物制药公司,如何帮助人类应对更多健康挑战,是企业在可持续发展道路上始终思考的问题。"黄莉君提出,要想将科学创新转化为医疗健康解决方案,须在医药生态价值链实现全链布局创新。

心血管慢性疾病高发是人类健康面临的一大挑战。2013年,赛诺菲增资扩产4.3亿元,在杭州建设新生产基地,主打研发和生产针对心血管高发疾病的医疗产品。

这条医药生态价值链上,赛诺菲的目光不止于研发。黄莉君坦言,在产品的研发和生产之外,赛诺菲的一大特色就是格外注重质量管理体系的完善和提升。早在2018年,赛诺菲杭州工厂就获得了欧盟GMP的认证,并在2023年成功通过再认证。

如今,赛诺菲杭州工厂已经成为该公司在中国的重要生产基地。据统计,2023年其年产值占赛诺菲整个中国市场的50%至60%,为杭州当地医药行业创新发展注入了强劲动力。

赛诺菲杭州工厂不仅注重自身的创新发展,还积极与杭州当地的医药企业和科研机构开展合作,共同推动行业的技术进步和产业升级。通过技术共享、人才交流和项目合作等方式,赛诺菲与杭州当地企业形成紧密的合作关系,共同打造了一个创新、协同、共赢的医药产业生态。

随着产业生态的逐步完善,杭州本土生物医药企业与全球资源的对接愈发紧密,加速了当地生物医药产业的国际化进程,也进一步增

■ 赛诺菲杭州工厂安全、高效的 GMP 仓库

强了跨国企业投资浙江、投资杭州的信心。

2023 年 5 月，第二十四届中国浙江投资贸易洽谈会"投资浙里"高峰论坛上现场签约重点外资项目 21 个，总投资 98.5 亿美元，其中便有赛诺菲新药生产线项目。

亲清政商，共赢未来

随着中国医疗健康体系的不断完善和国人医药消费能力的提升，中国市场已成为全球医药企业竞争的新高地。在这一"非常重要"的市场里，无数像赛诺菲一样的国际知名药企在此筑梦、圆梦。

如何让更多企业在这片土地上茁壮成长？在黄莉君看来，当地政府给出了最有诚意的回答。

"我 9 岁离开中国，去年才回到中国工作。来到杭州以后我发现，政府与企业交往过程中所体现出来的服务意识，是我在欧洲工作时从没有看到过的，这是非常不一样的。"谈起政府对于企业发展的实打实支持，这位拥有丰富国际市场经验的华人管理者如是感慨道。

黄莉君用了一个词来形容这份支持——就像"娘家"一样。

2024 年 8 月，杭州市委副书记、市长姚高员来到赛诺菲杭州工厂进行专题调研。

在研发生产车间，姚高员边看边向黄莉君了解新药研制、产品市场占有率等情况，并对企业良好发展态势予以肯定。令她没想到的是，姚高员同时抛出问题——公司在经营中遇到的最大挑战是什么？还需要政府做些什么？

"当时我告诉姚市长，主要有三点，一个是数字化，我们非常希望能够快速推进企业数字化的实践；第二，赛诺菲有很多好的产品，希望将来能够从 API（原料药）或颗粒开始就放在赛诺菲杭州工厂生产，这是我们的本地化策略；第三，希望政府能支持我们把总部和海外更多的好产品、新产品及时引进中国。"黄莉君说。

这三点挑战，既是赛诺菲杭州工厂拥抱数字浪潮的需要，更是其真正扎根杭州、走向世界、奔赴未来的重要一环。

"姚市长认真倾听后，表示会帮助企业一同解决这些问题。"黄莉君还记得，姚高员最后叮嘱企业要放眼国际国内两个市场，开展关键核心技术攻关，不断提升综合竞争力，研发生产更多惠及民生的创新药。

令黄莉君没想到的是，专题调研结束之后仅一个星期，杭州市经信局和滨江区的相关领导便来到赛诺菲杭州工厂，与企业进行面对面的深入沟通，并针对上述问题当场成立了工作小组，以帮助赛诺菲杭州工厂更好地在杭州推进数字化与本土化实践。

"在杭州，政府和企业的友好互动超乎了我的想象，政府主动了解企业的发展难题，并第一时间给出反馈以及解决的方案。"政府的高效令黄莉君非常感动，"我们之所以在浙江继续扩大投资，在杭州继续扎根，就是因为我们相信'浙'里会有美好的未来。"

2024 年是中法建交 60 周年。六十载春秋交替，两国在诸多领域都展开了广泛而深入的合作。赛诺菲与杭州的结缘，便是中法合作的一段佳话。回顾这样的一个历史时刻，对于赛诺菲和杭州而言，都有独特意义。

作为法国最大的医疗健康企业，赛诺菲在杭州的成功发展，不仅彰显了中法两国在经贸领域的深厚合作基础，还成为国家层面双边合作交流背景下，杭州抓紧机遇主动作为、推动国家合作落实、地方合作创新的典范。

通过赛诺菲这一窗口，杭州得以更好地借鉴和吸收全球生物医药领域的先进技术和管理经验，从而推动本土产业的转型升级和高质量发展。

杭州与赛诺菲之间的合作宛如一座坚固的桥梁，它不仅密切了两国之间经济文化的交流与融合，而且为未来的合作开辟了更加广阔的空间和无限的可能性。这种合作模式不仅促进了双方在商业领域的互利共赢，还加深了两国人民之间的相互理解和友谊，为两国关系的深入发展奠定了坚实的基础。

"赛诺菲十分自豪能在法中两国长期的合作伙伴关系中发挥重要作用。"黄莉君期待，未来法中两国可以在医药产业领域深入合作，特别是推动技术、管理、市场等方面的交流与互鉴。

赛诺菲是合资企业在浙江成功发展的一个缩影。2024年，浙江实际利用外资规模达152.7亿美元，规模跃居全国第三。

这组数据的背后，是浙江各级政府部门通过一系列深化改革、优化服务的举措，构建了一个与国际接轨的营商环境，确保外资企业能够安心经营、放心发展。浙江深厚的产业基础和丰富的人才资源，亦为外资企业提供了强大的支撑。

从法国走向杭州，从杭州走向未来。三十年来，在这片包容、开放、创新的热土上，赛诺菲与杭州成为政企携手的典范，谱写下发展共赢的篇章。

我们相信，在未来，会有更多合资企业在浙江实现高质量的本土化发展。浙江开放的大门，将会越开越大。

（张煜欢 郭天奇）

一张银行卡"连通"中国与世界

改革开放 40 余年，中国与国际金融市场不断加速互联互通。小小一张银行卡的普及，不仅促进了国内消费，也提升了跨境支付的便捷性。

一张银行卡，何以"连通"中国与世界？

"跨境是我们天然的优势。"在连通（杭州）技术服务有限公司（下称"连通公司"）首席执行官兼总经理朱亚明看来，连通公司不仅引入了国际先进的支付技术，也促进了国内支付市场的多元化发展，为消费者提供更多选择。

"连通公司落户浙江，非常大的意义在于我们希望为浙江的国际化发展作出贡献。希望通过连通这扇小窗口，海外能看见浙江优质的营商环境，从而了解一个真实的中国。"朱亚明感慨万千，"我们不仅仅是技术层面的合作，更是一种文化和理念的深度融合。连通公司的愿景不仅仅是成为一个支付技术的提供商，更是希望通过自身的努力，成为连接中国与世界的重要桥梁——通过不断的技术创新和服务优化，推动全球经济的互联互通。"

合资诞生，连通世界桥梁

1982 年，与中国有着百年情缘的美国运通重返中国内地市场。作为中国金融对外开放大潮下的第一批"弄潮者"，在杭州这片充满生机与活力的土地上，连通公司的诞生宛如一颗种子破土而出，不仅承载着中美两国金融巨头的共同梦想，更肩负着连接中国与世界金融市场的使命。

2017 年 10 月，在知名全球综合支付公司美国运通和国内领先的数字支付公司连连数字的强强联合下，连通公司在杭州应运而生。

"在筹备期间，连通公司就得到了浙江省、杭州市及滨江区各级政府领导及相关部门的大力支持和悉心指导。"朱亚明告诉记者，一开始公司就感受到了政府的诚意和高效的服务。

2018 年，连通公司获得中国人民银行筹建银行卡清算机构的许可，开始着手在中国境内筹备建设能够处理人民币交易的银行卡清算网络。

经过两年多的努力，2020 年 6 月，连通公司终于迎来历史性的一刻——央行公布，央行会同银保监会审查通过了连通公司提交的银行卡清算机构开业申请，并向其核发银行卡清算业务许可证。连通公司也成为中国首家中外合资银行卡清算机构。

"正式持牌"对于连通公司有着里程碑意义。在朱亚明看来，这标志着中国支付行业在深化发展的道路上迈出了坚实的一步，更使得浙江成为继北京、上海之后又一个拥有全国性金融清算机构的省份（直辖市），有力助推了浙江数字经济"一号工程"建设，并为浙江建设移动支付之省提供重大项目支撑。

"2022 年，我们还开始推出人民币版本的美国运通百夫长黑金卡和百夫长白金卡，并有幸成为中国支付清算协会的副会长单位以及浙商联副会长单位。"对于未来发展，朱亚明满是憧憬，"从此我们肩上的责任越来越重，开始承担起更多的社会责任，希望能在打造良好市场环境等方面贡献一点力量。"

技术创新，引领支付升级

数字经济是新时代的一场新经济革命，更是经济增长的快变量、未来经济的增长极。作为全国经济大省，改革开放以来，浙江勇立潮头，近年来更是坚持以数字化改革为引领，启动实施数字经济"一号工程"，奋力打造数字变革高地。

围绕数字经济"一号工程"升级版和国家数字经济创新发展试验区建设，连通公司通过全球化支付及服务、银行卡清算等有机融合的数字科技生态体系，打造起数字服务新生态，为数字经济发展提供"连通"世界的力量。

"从磁条卡、芯片卡、手机钱包到刷卡、插卡、挥卡和扫码等不同支付路径，我们紧随银行卡技术变革，为持卡会员提供不断更新的服务。"提及企业的发展路径和差异化战略，朱亚明侃侃而谈，"我们主要聚焦高端、跨境和收单三大领域。"

提及跨境优势，朱亚明分析道，当前中国对外开放程度持续提升，全球贸易深度融合，跨境电商"买卖全球"已成现实。

■ 美国运通经典系列卡面

在此背景下，连连支付与连通公司正式上线美国运通境外卡收单业务，进一步拓宽了美国运通境外卡在中国线上消费领域的应用，也帮助更多中国跨境电商企业扩展产品销路、触达更多海外消费者，使"中国品牌"植根更多优质市场。公司希望为跨境电商企业带来更好的支付体验，助力中国制造走向世界的同时，也让世界更了解中国。

值得一提的是，在收单领域，连通公司亦不断创新走在行业前列。朱亚明细数道：自 2020 年正式持牌后，连通公司在业内率先推出的"一芯双应用"解决方案，实现了一卡境内境外、线上线下、绑卡支付通用；同时通过与国内 30 多家银行、非银行支付机构和移动支付头部平台的合作，完成了国内上千万商户 POS 机的入网。

如今，国内绝大多数高端品牌酒店、连锁奢侈品店、免税店、高端商圈和高端餐饮商户都已能够受理美国运通内卡和外卡。

"杭州亚运会、广交会、上海进博会、成都大运会……随着在中国举办的国际赛事、国际会议越来越多，外卡受理业务也愈发繁忙。我们在杭州亚运会举办期间就做了非常多的工作，以保障亚运会进行过程中，外宾的外卡在杭州顺利受理。"朱亚明回忆道。

据了解，在杭州亚运会筹备和召开期间，作为杭州亚运会外卡受理

建设的核心参与机构之一，连通公司通过系统集中建设，提升了浙江省可受理美国运通外卡的商户数量和 ATM 数量，获得了中国人民银行颁发的"杭州亚运金融保障突出集体"称号。

2022 年，连通公司被浙江省数字经济发展领导办公室评定为"浙江省数字经济创新发展重大事件成果"，进一步肯定其在数字经济领域的卓越贡献。

"入选数字经济创新发展重大事件成果，是浙江对我们在数字化服务领域的产品创新、稳健发展及综合实力的肯定与认可。"展望未来，朱亚明坚定认为，连通公司将继续依托海内外优势资源，丰富网络收单应用场景，助力浙江抢占数字竞争新的制高点。

迎接挑战，开拓本土化之路

近年来，全球新冠肺炎疫情、国内支付市场竞争、经济换挡等挑战接踵而至。数字经济、技术迭代、信用卡市场转型、外卡便利化等机遇亦层出不穷。

应对中国市场的变局，这家背靠百年全球名企的"新公司"，如何找到一条符合当下中国市场需要的本土化之路？

"清算机构之于支付业，就好比高速公路之于运输业。清算网络基础设施的前期投入是巨大的，我们这几年仍处于投入阶段，包括清算网络系统的建设和运维、合作伙伴生态圈的创建及业务经营和推广等。"朱亚明形象地做了比喻。

在她看来，对于一家银行卡清算机构而言，相比于盈利，支付安全和风险管理更为重要。

譬如每逢"双十一"等线上购物季，连通公司都会面临巨大的支付安全压力。

"现在购物季的预售期越来越早了，像在'双十一'正式开始前，我们会有多部门一起参与到前期沟通中，预估今年的支付高峰场景，比如最高会升到什么程度，后期风控部门也会及时跟上。我们常常要开好几次会，确保购物季的支付畅通与安全。"那些通宵达旦的工作场景，朱亚明仍历历在目。

除了移动支付的蓬勃发展之外，在当前人口结构与消费习惯改变等因素下，银行卡市场正迎来关键拐点。随着全球化的不断深入和金融科技的不断发展，全球支付产业也迎来更加广阔的发展空间。

为响应优化外国人入境支付便利性的要求，连通公司与浙江省内入网机构及商户合作推出各类促销活动，降低外卡受理手续费至与国内标准一致，主动减费让利，吸引更多境外消费者……这些举措不仅提升了入境游客的支付便利性，也为浙江入境游和国际化发展助上一臂之力。

互利共赢——在朱亚明看来，这诠释了合资企业和地方之间最好的"关系"。

作为中国经济最活跃的省份之一，浙江在金融科技领域的创新和开放，为企业提供了良好的营商环境和技术支持。更为国际企业所看重的是，浙江深厚的商业文化和完善的产业链，为其提供了丰富的合作机会和资源共享平台。

在这些综合因素共同作用下，浙江成为国际知名企业投资和发展的理想选择。

在之江大地，连通公司的故事只是"开放"的一个缩影。连通公司的成功经验，为其他外资企业注入了发展信心。通过深入了解本地市场，结合自身的技术和管理优势，外资企业不仅能够在激烈的竞争中站稳脚跟，还能为地方经济带来新的增长点。

　　未来，在这片中国改革开放的前沿阵地，外资企业也将继续通过不断的技术创新和本土化策略，进一步融入浙江的开放经济体系，共同推动区域经济的高质量发展，助力浙江发挥经济大省挑大梁作用，成为中国乃至全球经济发展的一个重要引擎。

（汪恩民　张煜欢　郭天奇）

　　市场和资源"两头在外"，紧紧扎根浙江大地，将藤蔓延长至世界各地。这是"七山一水两分田"的浙江地貌"逼"出来的发展模式，也是浙商战胜客观条件束缚，发挥主观能动性的生动写照。

　　从改革开放至今，无数浙商在他们筚路蓝缕的征程中，以他们出海的亲历实践，演绎了"地瓜经济"的路径与内涵，展现了浙商的国际视野和全球竞争力。

　　浙商，是"地瓜理论"的生动实践者。

　　作为中国民企出海的先锋，浙企全球化布局如同地瓜藤蔓的延伸，汲取全球资源，反哺本土发展。从印度尼西亚镍矿到埃及玻纤，从刚果金的钴铜资源到津巴布韦的锂矿，从阿尔及利亚的住房项目到中国香港市场的国际工程，浙商以"投资在外、资源在外、回报在内、发展在内"的国际化模式，展现了浙商出海的勇气与智慧，也验证了地瓜理论的生命力。

　　走出国门，开拓海外，当前新的宏观形势下，浙企正在以新时代开放合作的心态，汲取全球资源，推动自身发展。浙企出海的每一步，都书写着属于自己的辉煌篇章，既寻找到了自身第二曲线的成长机会，也向世界证明了地瓜理论的智慧与魅力，推动着"中国制造，卖向世界"走向"中国创造，全球制造"。

坚定"落子"，振石控股集团布局全球产业链

一根轻盈的玻璃纤维（下称"玻纤"），经由精密的编织与复合工艺处理，便可成为复合新材料，应用于风力发电的叶片、机舱罩、塔筒等关键部位，发挥不可替代的作用；一块未经雕琢的镍块，经过"千锤百炼"，便能转化为不锈钢、新能源电池的关键材料，为高端制造业发展提供原动力。

在浙江嘉兴桐乡，凭借玻纤、镍矿两大支柱，振石控股集团有限公司（下称"振石控股集团""振石"）走出一条"出海"新路。20年来，其在印度尼西亚、埃及、土耳其等国相继"落子"，形成"投资在外、资源用外、支持他国、发展自我"和"先建市场、后建工厂、以外供外、产销全球"两大国际化战略，打造了新材料产业链和镍资源产业链。

振石的故事，是浙商群体勇于开拓、不懈奋斗的生动写照。改革开放以来，一批批浙江企业摸着石头过河，坐着大船跨海，主动开拓全球市场。

顺势而为　市场导向推动产品"出海"

对振石控股集团高级副总裁王源来说，"出海"是一个具象的词汇，映射了这家大型民营企业的战略抉择。

"总结大多数企业'走出去'的动机，或是当地有市场，或是当地有资源，这也是振石的发展战略。回溯振石的'出海'历程，还要从一根玻纤谈起。"伴随王源的讲述，振石控股集团从玻纤起步，将枝蔓延伸到全球各地的故事缓缓展开。

20世纪80年代初，浙江试点股份制改革，一些小型国有和集体企业开始进行多种多样的股份制尝试。此时，愁于发展受限的桐乡玻纤厂看到了机遇。1989年，在桐乡玻纤厂基础上，桐乡振石股份有限公司成立，率先吃上"螃蟹"，成为浙江省最早的一批股份制改造企业。

在改革浪潮中找准方向，为这个小公司开创了更广阔的未来。2003年，浙江省"八八战略"提出"不断完善社会主义市场经济体制""主动接轨上海、积极参与长江三角洲地区合作与交流，不断提高对内对外开放水平"等发展良方，激发了浙江改革创新活力。在其引领下，一批中小企业将发展目光投向外部，瞄准了全球市场，振石正是其中之一。

对于玻纤产业而言，风电基材是其重要应用市场。21世纪初，风电市场、技术和发展的重心集中在欧洲、北美等地区，振石便随市场而动，制订了"先做海外，再做国内"的销售战略。2004年，振石正式涉足风电基材板块，同年将第一个织物产品出口海外，成为中国生产最早、出口最早的风电基材企业。

"产品'出海'后，问题逐步显现，在欧美国家和地区，中国企业面临频繁的反倾销调查。"王源介绍道，为有效规避贸

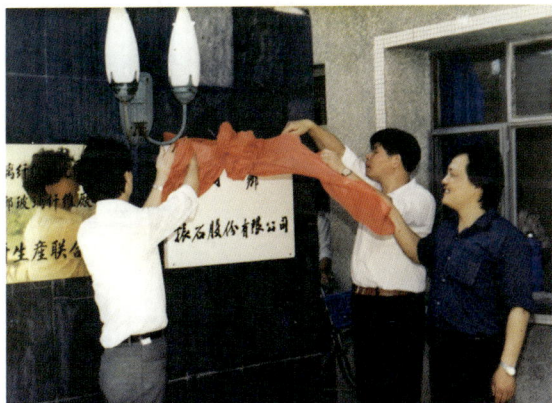

■ 1989年6月，桐乡玻纤厂改制为桐乡振石股份有限公司。图为张毓强等为改制后的公司揭匾

易壁垒，进一步稳固并开拓海外市场，振石决定，在海外设立生产工厂，实现"以外供外"。

因此，2014年起，振石先后在埃及、土耳其等地投建玻纤织物和复合材料生产基地，逐步形成"全球协同、以内供内、以外供外"的产能布局，成功与全球风电头部企业达成长期合作。

踩在时代的鼓点上，振石以玻纤为起点，紧跟市场导向，勇敢地踏上"出海"征程。经过多年深耕，其在海外树立了良好的品牌形象，打下高质量客户基础，产品出口至欧洲、美洲、中东及东南亚等30多个国家和地区。

全球"寻镍" 资源导向优化战略布局

作为一家业务范围辐射全球的大型跨国企业，振石20余年来的"出海"之路，除了依靠一根玻纤，还离不开镍。

时针拨回至21世纪初，尝到产品"出海"甜头后，振石开始思考如何以更稳固的方式在海外扎根，实现国内国外"两条腿走路"。

2007年，振石收购嘉兴市东方钢铁有限责任公司，并更名为东方特钢股份有限公司，重构产品线，将原本生产的普碳钢改造为高附加值不锈钢，翻开了这个建于20世纪70年代的国有钢铁厂的全新一页，也为振石进一步走向全球埋下伏笔。

作为不锈钢中重要的合金元素之一，镍是振石不锈钢产业链中不可或缺的一环，也是其开拓新材料市场的必备资源。但中国是"贫镍国"，长期依赖国外进口。全球镍价飙升以及巨大的供给缺口给不锈钢企业带来了沉重的成本负担。

"为了从源头上解决束缚不锈钢业务的镍资源问题，振石于2010年前往镍储量全球第一的印度尼西亚，投资储备镍矿。"回忆起这场海外"追镍"之旅，王源印象深刻，振石曾遭遇不少困难，常受当地政策变化、市场价格影响。

在浙江省商务厅对外经贸合作局一级主任科员汤浩锋看来，彼时，振石等企业"出海"探寻镍矿的举措，正是浙江省能源金属相关产业链转型的一个缩影。

"2010 年后，中国迎来新能源、新材料快速发展期，以镍、钴、锂为代表的金属资源正是相关产业核心原材料，类似项目得到了商务部门大力支持。浙企积极在海外进行资源储备，一定程度上增强了中国企业的话语权，也为后来上述产业在浙江的发展奠定了基础。"汤浩锋回忆道。

为了帮助企业应对困难，在振石海外"追镍"初期，商务部门发挥着"润滑剂"的作用——向上级部门报送企业项目情况，迅速盘点企业所需材料及注意事项，在海内外各个环节打通沟通渠道，最终以最快的速度推进项目落地。

此后，振石开始在海外建设原材料生产线。2010 年，振石收购印度尼西亚 FBLN 矿区，正式布局印度尼西亚镍资源，共取得格贝岛上超 1 亿吨高品位红土镍矿的开采权。2014 年，印度尼西亚 FBLN 镍铁冶炼厂开工建设。

经过一系列结构调整，东方特钢股份有限公司打了一个漂亮的翻身仗，镍矿也逐步成为引领振石多元化发展主力军之一——2021 年，振石在印度尼西亚启动集高品质红土镍矿开发、国家级印度尼西亚华宝工业园、105 万吨镍铁冶炼项目于一体的大型镍资源综合利用项目，打造镍全产业链加工制造基地，规划总面积约 2 万公顷……

历史证明，当新一轮全球能源革命呼啸而来，以镍为代表的新能源产业正在蓬勃发展，镍矿作为战略资源的重要性不断提升。振石海外"寻镍"抓住了产业新机遇，踏着政府、企业、服务人员等共同架起的"出海"桥梁，积极融入全球产业发展大格局。

根壮藤广　内外联动构筑发展生态

从追着市场"跑"到追着资源"跑"，对于振石而言，"出海"并非简单的地理跨越。构建上下游产业链、打通国内外投资格局，在全球市场中营造有竞争力的成长环境，才是其目标。

2013年1月，黄海岸边一声长鸣，装载着振石54760吨红土镍矿的"幸运"号，自印度尼西亚格贝岛启程抵达山东岚山港。这些红土镍矿随即被运往东方特钢股份有限公司。

以首船镍矿回运为起点，振石实现了市场和资源"两头在外"高速度增长。

"首船镍矿回运，意味着通过布局海外，振石打造了一个供应链闭环，从源头确保了产业链安全。"提及那一刻，王源仍然十分自豪。

如其所言，翻开近年来振石的成长史，境内境外联动的例子比比皆是。

比如，2020年10月，振石建成雅石印度尼西亚年产30万吨镍铁冶炼项目，打通"从境外红土矿资源开发到境外中间品镍铁制造，再到境内不锈钢生产"的全产业链布局；再如，2021年，振石通过将部分境外产业所获利润返回国内，投资设立振石华风（浙江）碳纤维材料有限公司，成功实现境内境外双向投资……

这一进阶历程，彰显出"地瓜理论"的智慧。"出海"与"回归"互为引擎，做强总部企业与扎根海外并肩而行，多向循环之间，地瓜的"根茎"日渐强大、"藤蔓"蔓延至世界各地，构建起了更广阔的发展生态。

在此背景下，浙江的商务部门对企业服务的触角也在向外延伸，旨

■ 2024 年 6 月 3 日，硕石项目首船镍铁顺利回运

在在更大的范围内助力跨国公司良性发展。

"这两年，'出海'浙企发展速度很快，我们的工作重点在于引导其建立危机应对及公共服务体系，形成可持续发展模式。"汤浩锋说，目前，浙江省商务厅已将振石印度尼西亚华宝工业园纳入海外综合服务体系，以境外经贸合作区的形式，支持园区加强基础设施建设及配套服务，引导上下游产业链企业尤其是中小企业"拎包入住"，带动更多企业拓展全球市场。

与此同时，2024 年 1 月，浙江省商务厅印发《加快培育民营跨国公司"丝路领航"行动计划》，发布 2023 年度浙江本土民营跨国公司"领航企业"名单，振石成功入选。

依托此计划，浙江不断为跨国企业输送"养料"：发挥对外开放工作领导小组统筹协调作用，形成浙江省商务厅牵头、各成员单位协同推进的民营跨国公司培育机制；统筹资金、优化政策，加大对民营跨国公司培育工作的支持力度；统筹发展和安全，加强知识产权、合规经营、技术出口管制等国际规则培训，提升企业海外投资合规意识……

根据《加快培育浙江民营跨国公司“丝路领航”行动计划》，到2025年，浙江民营跨国公司数量将持续增长，纳入培育库的民营跨国公司累计将达300家以上，对外投资备案额占比将超过70%。前赴后继之中，“出海”的精彩故事，仍在进行时。

（胡丰盛　黄彦君）

华友钴业：浙江"链接"全球能源金属的"地瓜藤"

"2006 年，一家县域企业申报海外置矿，获得了各级部门的高度重视。"时隔近 20 年，浙江省商务厅对外经贸合作局一级主任科员汤浩锋仍对这件事印象深刻，因为从县到市，到省厅，再到国家部委，同意该申请，全部时间不超过一周，堪称绝无仅有。

■ 2007 年 10 月 1 日，非洲第一个冶炼项目投产

这家企业位于嘉兴桐乡，时称华友钴镍材料有限公司（现浙江华友钴业股份有限公司）（下称"华友钴业"），当时报批购置的海外矿产是位于非洲刚果（金）的钴矿。后来，这家企业一跃成为 A 股钴资源第一股，上到航空航天材料，下至新能源汽车制造，其生产的钴、镍、锂被广泛用于这些领域。

一路走来，华友钴业成为浙江链接全球的一根瓜藤，其在 2008 年国际金融危机中找到新机，参与共建"一带一路"……围绕能源金属产区这一必争之地，华友钴业的故事折射出浙江能源金属的海外战略布局。这一布局不仅关乎企业的兴衰，也牵动着浙江乃至中国的全球资源战略。

从出洋相开始　弥合出海信息差

"2003 年，我带队出海考察钴矿，才下飞机就出了洋相。"华友钴业董事长陈雪华笑称，当时他带着英语翻译风风火火赶到刚果（金），才发现当地人说的是法语。所幸，通过联系当地领事馆，陈雪华找到了会英语的当地人，实现了"中—英—法"三语同传，才解了燃眉之急。

彼时的陈雪华不曾想到，这个看似乌龙的事件，后来却被传为一段佳话，更成为浙商勇于"走出去"的缩影，以及浙江政企联动、积极弥合出海信息差的生动写照。

这段佳话的写就，与企业成立之初立下的"远大志向"密不可分。

"2002 年企业成立之初，我们就想要在海外置矿，把稀有金属生产全链条抓在自己手中。"陈雪华解释称，一直以来，可开发利用的稀有金属原矿盛产于赤道附近的地区，因此该区域成为全球战略资源储备的必争之地。

以钴为例，直至今日，中国 90% 以上的钴矿石仍依赖海外进口，而全球稀有金属期货市场价格的剧烈波动，不论对企业风险管控，还是对国内稀有金属市场稳定而言，都是致命伤。

"但是当时出海的条件还不成熟。"华友钴业主管海外投资的副总裁张炳海回忆称，自改革开放以来，浙商浙企"异地发展，税收在外"的现象逐渐显现，全社会对于政府是否应该支持企业"走出去"争论不休。

考虑到浙江当时的情况，如果华友钴业完成海外置矿，也就意味着发展方向从"国内投资"转向"海外投资"，所以张炳海对这种"融资在内，投资在外"的发展模式抱有审慎态度。

上述的讨论旷日持久，直至 2003 年，浙江省委、省政府提出"八八战略"，引导全省不断扩大对内对外开放水平，为浙江进一步对外发展指明了方向，也为浙江企业出海铺平了道路。

放下思想包袱的浙江"弄潮儿"涌入了海外市场，并在一次次探索中逐步意识到——在海外市场，信息就是生命。

对于这点，张炳海也感触颇深，因为第二个洋相出在他身上。"2006年，我们在刚果（金）设立了子公司。当地人常吃木薯，由于不知情，我刚到那里就中了招，吃完浑身发痒还拉肚子。"照张炳海的话说，"企业出海就是这样，要勇于尝试，不怕出洋相。"

话虽如此，但为了打消企业出海的后顾之忧，浙江省商务厅通过构建"企业—省域—海外领事馆"三方信息协同机制，有效弥合浙商在海外的信息差，进一步赋能更多企业"走出去"。

自此，浙江不仅开启了政企联动的信息化服务建设，还为十余年后新能源市场兴起，落下了海外布局的先手棋。这一布局，让浙江企业在全球能源金属市场的竞争中占据了有利地位。

政企信息"双向奔赴" 在危机中找到新机

随着全球新能源产业的快速崛起，钴作为关键原材料之一，其战略地位日益凸显。2006 年，当勇敢地迈出钴矿出海的第一步时，华友钴业所面临的挑战与风险也随之升级。国际市场环境的复杂性、钴矿资源的波动性、国际竞争的白热化，都让这家企业的海外征程充满了不确定性。

"2008 年，就在公司即将上市的前几个月，遭遇了国际金融危机，公司业绩出现巨大波动，上市时间只能往后延。"张炳海回忆称，随着金融危机一同到来的，还有如狂风暴雨般此起彼伏的电话铃声。

这些电话铃声背后，是来自供应商、客户以及合作伙伴的焦急询问与担忧。他们都在密切关注着华友钴业的动向，因为在这场全球性的金融风暴中，任何风吹草动都可能引发连锁反应。

"屋漏偏逢连夜雨"。在全球化背景下，金融危机带来的影响还在持续加剧——稀有金属期货价格大跳水，以至于跌破成本价。首当其冲的就是刚果（金），多国在此投资的矿区遭到了大规模废弃，而产业荒废则直接导致当地混乱、发展停滞。

面对困局，华友钴业在多国资本出逃的情况下，保留了海外公司建制，以强劲的定力开启了扎根当地的反向操作：第一步，逆势收购废弃矿区及廉价矿石；第二步，以自家矿区为中心，转向投资刚果（金）当地的学校、医院、基础设施，建设乱局下的"防火林"；第三步，通过恢复矿区生产，扩大在地就业面，促进当地民众恢复正常生活，并逐步建立起局部稳定的发展局面。

"2008 年国际金融危机多年以后，我又再次来到刚果（金）的钴矿区，看到了那边留下的一座座木制堡垒。"张炳海回忆此情此景不禁感慨万千——堡垒上有着深深浅浅的弹孔，这更像是时代的伤疤。

这些弹孔无声地诉说着那段动荡的岁月，也见证了华友钴业在逆境中的坚韧与智慧。面对危机，华友钴业没有选择逃避，而是勇敢地承担起了更多的责任。他们深知，只有与当地社会和谐共生，才能实现企业的长远发展。

在经历了一场巨大的危机之后，华友钴业终于在海外市场稳固了自己的地位。与此同时，更多的浙江企业，经历了全球化的洗礼，成了海外市场需求和政策信息回流的"毛细血管"，有效地促进了浙江省商务厅信息化服务建设的发展。它们开启了浙江与海外政企信息"双向奔赴"的新路径。

一方面，通过行业、商会、年会等组织、形式，浙江商务系统建立起长期可持续的信息沟通平台；另一方面，《浙江省跨境服务机构及境外经贸合作区手册》《浙江民营跨国公司"领航企业"案例集》等相关信息手册，给企业提供更全面的信息服务，并构建"信息＋平台"的模式，更高效整合海内外可协同资源。

在信息化服务赋能下，更多浙企扬帆出海，涌现出了青山控股集团、振石控股集团等众多稀有金属链主式企业，并实际推动浙江稀有金属的海外布局。

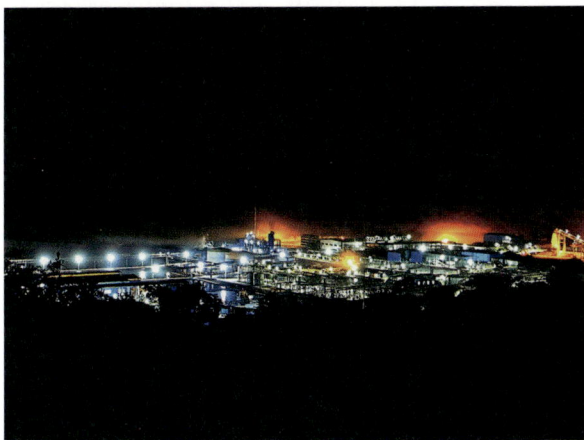

■ 华友钴业 CDM 厂区夜景

直面挑战"危"中求"机" 浙企"抱团出海"

面对全球市场的风云变幻，浙江企业在海外布局中并非一帆风顺。这些危机考验着企业的应变能力，也凸显了在全球化浪潮中，浙江企业亟须构建更为稳健和协同的海外发展体系。

2011年，由于智能手机横空出世，锂电池生产制造需要大量钴，华友钴业位于刚果（金）的钴矿在沉寂多年后一跃而起。华友钴业因此在2015年成功挂牌上交所，圆了2008年的上市梦。

机会总会眷顾有所准备的人。2017年，由于新能源市场兴起，锂离子电池需求持续增长，钴产品价格不断上涨，华友钴业全年钴生产营收较上年同期增长97.43%，净利润较上年同期增长2637.70%，成为该企业发展的一座里程碑。

在新能源产业的浪潮中，华友钴业不仅抓住机遇，更在危机中展现出了强大的韧性和智慧。随着全球能源转型的加速推进，浙江企业走上了"抱团出海"、海外协同发展的道路。

2018年开始，浙江积极推动对外承包工程企业开拓多元化国际市场，浙江省商务厅"联盟拓市"战略成为推动浙江省新能源相关企业抱团出海的重要平台。在此背景下，青山控股集团、振石控股集团、华友钴业三家企业积极接轨共建"一带一路"，并携手在印度尼西亚开展深度合作，合资建设年产30万吨的镍项目，以及合资建设纬达贝工业园等。

"浙江企业间的海外合作，是基于政企联动下的良好接触。"华友钴业主管战略发展的副总裁陈颖说，浙江省委、省政府搭台，企业的"朋友圈"越来越大，不仅实现政企信息互通有无，还有效促进企业间多层次、全方位的战略合作。

这类合作直至 2024 年仍在延续，仅华友钴业在共建"一带一路"国家投资项目就达 15 个，项目合作涉及浙江省内外多个企业，主要集中在印度尼西亚的镍矿与新能源产业，总投资额近 50 亿美元。

面对全球能源金属市场的激烈竞争与不断变化的局势，浙江企业展现出了极强的适应能力和创新精神。例如在钴价格"狂飙"的高光时刻，作为国内钴资源龙头的华友钴业，转而把目光投向了镍。

这背后其实有着深远的战略考量。华友钴业虽以钴资源起家，但深知在新能源产业的快速发展下，镍作为三元电池的重要原料，其战略地位日益凸显。因此，公司决定布局镍资源，以多元金属的发展策略来应对未来市场的不确定性。

镍湿法合资项目为华友钴业打开了镍资源的大门，更通过与青山控股集团、振石控股集团的深度合作，实现了产业链上下游的紧密衔接。这种协同发展的模式降低了原材料采购成本，也增强了企业的抗风险能力。

浙江企业"抱团出海"的同时，世界各国企业也在不断聚合，并围绕锂、新能源产业发展局势，试图狙击全球能源金属生产全链路，全面开启更大纵深、新一轮的全球竞争。

2021 年，阿根廷、玻利维亚和智利三国旧事重提"锂佩克"联盟，企图强势掌握全球锂价格定价权，此时一旦锂价格被制约，钴、镍价格很可能会陷入"无锂不理"的窘境。

"当时浙江的反应很快，除了关于'锂佩克'的预警信息提示，商务厅还将可能会用到的政策信息第一时间给到我们。"接到政策信息时，陈颖正在开会制订应对"锂佩克"的相应策略，他实实在在地体会到了政府从"管理者"到"服务者"的系统性转变。

得益于政企联动，华友钴业快速响应，在 2021 年底与多个企业联合投资了津巴布韦的锂矿资产，并获得了绝对主导权。至此，华友钴业形成了"钴、镍、锂"全谱系的能源金属产业链。现今，在广阔的国际市场，以浙江企业"抱团出海"为典型代表，中国企业联合出海正影响着全球的格局。

随着全球能源转型的加速推进和新能源产业的蓬勃发展，浙江企业在海外布局中面临的挑战与机遇并存。

进入2024年，全球多个国家的知名车企宣布，全面放弃此前精心制定的新能源汽车发展战略，其背后有能源金属国际竞争失利的影子。中国的新能源汽车却趁势而起，2024年第三季度，中国新能源汽车出口市场表现强劲，累计出口量约为29.6万辆，同比增长14.3%。

这一系列成就的背后，离不开浙江企业对海外市场深刻的理解与精准的布局。

华友钴业的发展历程，就是浙江企业海外布局的一个缩影。从最初的钴矿出海，到后来的镍湿法项目合作，再到全谱系的能源金属产业链构建，每一步都充满了挑战与机遇。正是这些挑战，促使浙江企业不断蜕变，成了全球能源金属市场中的重要力量。

未来，随着全球能源转型的进一步推进和新能源产业的持续发展，浙江企业在海外布局中还将面临更多未知和挑战。能够预见的是，浙江企业将继续秉承创新精神与合作理念，不断适应市场变化和技术革新，努力构建更为稳健的海外协同发展体系，为推动全球能源金属市场的健康发展贡献自己的力量。

（汪恩民　张益聪）

从对外援建到造船出海——"建证" 浙江海外足迹

对外工程承包是中国企业"走出去"的重要方式之一。改革开放以来，随着全球化的加速和国际贸易的不断发展，海外市场为企业提供了更广阔的商机和发展空间。作为浙江省第一家拥有外经权的建筑企业，浙江省建设投资集团股份有限公司（下称"浙建集团"）在开放的大潮中勇立潮头，创造了浙江省海外事业发展的"数个第一"。

半个世纪以来，浙建集团秉承着"做一个项目、带一支队伍、树一面旗帜、建一座丰碑"的理念，在非洲、中东、东南亚留下了数十座经典建筑，历经数十载春秋仍在造福当地人民，成为两国人民友谊的象征。

从更广视野来看，改革开放以来，以浙建集团为代表的浙江"建造"力量深度参与海外建设，打造出一个个享誉全球的"超级工程"；一批又一批浙江建设者在世界各地挥洒汗水，为增进世界人民福祉贡献浙江力量，成为中国建筑业走向世界的重要"建证"。

借船出海　迈出海外征途第一步

在中国建筑企业"走出去"参与国际建筑市场竞争的大趋势中，有着"百工之乡"之称的浙江是一扇重要"窗口"。

改革开放以来，众多浙江建筑企业大胆"走出去"，足迹遍及全国 31 个省市区、全球 120 多个国家和地区，带动着浙江建筑行业的蓬勃发展，而浙建集团正是其中的佼佼者。

浙建集团成立于 1949 年 7 月，历经浙江建筑公司、浙江省建筑工业厅、浙江省建筑工程总公司等 15 次变革。1962 年，浙江省建筑工业厅（浙建前身）成立援外办公室，开启了一段波澜壮阔的国际化发展征程。

在浙建集团，至今仍珍藏着一份 1973 年 3 月 26 日的《人民日报》，上面记录了一位名叫金尔银的浙建技术工人的英勇壮举。

那是中国重返联合国的第二年，浙建集团承担了援建几内亚纪念碑工程的任务。浙江安装起重工金尔银作为队伍中的一员参与援建，在高压线突然断裂、伴随着闪烁的电光直挺挺地打向一名几内亚工人时，他毫不犹豫地箭步上前、用肩膀顶开了这名工人——非洲兄弟获救了，他却以英雄之名，永远留在了异国他乡。

事发后，时任几内亚总统杜尔专门给周恩来总理发来远洋电报，深切感怀金尔银，盛赞两国人民牢不可破的团结情谊。这个沉甸甸的故事所记载的，是中非人民情比金坚的友谊，也是在中国特定时期外交背景下，浙建集团迈出国际化征程的第一步。

在那段特殊时期，浙建集团先后援建几内亚、塞拉利昂、阿尔巴尼亚、朝鲜、巴基斯坦等国家经援项目 31 个。也是在这个过程中，浙建集团感受到了海外市场的广阔。

时光荏苒。20 世纪 80 年代，改革开放进入新的阶段，国家对外工程建设也从经援转向鼓励企业参与国际建筑市场竞争。然而由于彼时没有对外经营权，浙建集团海外业务一时陷入了瓶颈。

"不能再等靠要，必须要自己找出路！"时任浙建集团援外办公室主任的刘大伟还记得，1986 年刚到岗时，为争取中国建筑集团有限公司的项目分包，他多次跑北京，并请原浙江省外经贸厅的领导帮忙，促成与中国建筑集团有限公司的合作。此后，浙建集团主要就通过与央企合作，以分包的形式承建央企海外中标项目，依托央企"借船出海"。

■ 2017 年，浙建集团承建的中国联通（环球）数据中心获浙江省首个境外"鲁班奖"

1983 年，浙建集团承建的中国驻伊拉克大使馆（下称"中伊大使馆"）为中东地区树立了国家样板工程。这也是浙建集团首次承揽国外的总承包工程，公司管理人员的观念转变、技术人员的思路转变、施工人员的工艺转变都面临着严峻的考验。

项目参与者叶幸先回忆，当时中东的很多工程都是欧洲国家和日本建造的，很多东西没有先例可循，不少工法和施工设备都还是第一次接触，"那时候大家就憋着一股劲：外国人能搞的，我们也一定行，而且只会更好！"

为了打好这场硬仗，浙建集团提前派出 20 余名成员，先赶赴伊拉克参与建设日本、德国建筑企业在当地的总承包项目，学习其施工技术和装修工艺，再结合中国传统工匠技艺，不断摸索、不断改进，最终成功建设出一座独具中国韵味的中伊大使馆。

一砖一瓦尽雕琢，一尺一寸显匠心，高效的施工、卓越的工艺收获了中国外交部和国际同行的一致好评，也让海外市场看到了中华民族的建筑工艺。

造船出海　擦亮"浙江建造"金名片

在浙建集团海外征途上，1993年是一个关键节点。

这一年，浙建集团取得对外经营资格，成为浙江省建筑行业中第一家拥有外经权的单位，正式翻开了从"借船出海"转向"造船出海"的新篇章。

这张"入场券"得来不易。刘大伟回忆，做工程分包做了一段时间以后，大家越来越意识到，要真正走出去还是要打自己的品牌。然而当时国家对涉外经营资质管理非常严苛，央企、地方国企、民企竞争十分激烈。

为了拿下对外经营资格，浙建集团迎难而上，反复到相关部门汇报工作，详细了解国家政策、申报条件和流程，经过不懈的努力最终成功获批，有了独立承包业务的资质！

从劳务分包到工程分包，再到工程总包与自主经营，这不仅是身份角色的跃升，更是责任的全面升级——这意味着，浙建集团今后不仅将承担合同条款上的法律风险，还要独自直面每一个工程可能遇到的未知挑战。

建筑工程投资大、周期长，企业走出去"最盼的是信息，最难的是融资，最怕的是风险，最缺的是人才"，其中的风险挑战最为难测。

1994年，也门内战爆发，浙建集团驻也门分公司总部瞬间身陷萨那的战火之中。如今已是浙建集团副总经理的刘建伟回忆，当时他和同事被困十多天。最终，在中国使馆的帮助下，他才得以组织车队穿越封锁线和交战区，乘上渔船在红海漂泊了三天三夜，再辗转非洲吉布提，才回到祖国。

"我们在塞拉利昂、在也门的同志，都经历过当地的政变，枪炮声就响在他们耳边，子弹、炮弹就落在他们周边，海外事业就是这样在大家的拼搏奉献之中发展壮大起来的。"刘建伟感叹道。

出海之路机遇与挑战并存，但凭借永不服输的精神，浙建集团不断拓展海外足迹。尤其是 1997 年取得外贸权以后，浙建集团通过建筑产品、材料、技术的进出口贸易优化全球资源配置，境外自主经营的步伐也越迈越大。

2003 年，在"八八战略"指引下，浙建集团在阿尔及利亚承建了第一个分包项目。当时的项目负责人陈伟远仍记得第一次到项目上的场景：道路不通、荒无人烟。由于装有工作、生活必需品的集装箱船迟迟未到，所有人挤在一个房间里打地铺，就连吃饭的筷子都是用木头削出来的。为了改善条件，他们在帐篷周围开垦了一片土地，撒上了从国内带来的丝瓜种子，然而由于"水土不服"，最终只"收获"了一根拇指粗的丝瓜。

这根丝瓜的故事饱含浙江建造人海外开拓的艰难险阻与崎岖坎坷。而今，经过 20 年的深耕，浙建集团在阿尔及利亚拓展业务的"丝瓜藤"已经枝繁叶茂，累计承接超 6 万套住房项目，项目领域扩展至星级酒店、大学城、体育场等，高峰期在阿尔及利亚项目的中国工人达 10000 人、管理人员达 1000 多人。

如果最初的"走出去"，需要的是闯劲和勇气，那么之后的"守下来"，则需要更多的坚持与毅力。20 年时间里，阿尔及利亚市场起伏波折，许多企业折戟沉沙，而浙建集团则坚持深耕，最终拓展出了一个百亿元级市场。"浙江建造"品牌，也正是在这样一个个市场开拓中逐渐塑造成形的。一系列超级工程的接踵落地和建成，成为彰显浙江建筑业设计技术和施工实力的醒目标志。

乘风破浪　携手筑梦丝路"新蓝图"

党的十八大以来，我国综合国力不断增强，尤其是共建"一带一路"倡议的践行，让中国工程企业的生命力进一步焕发，国际工程承包和经济合作事业更是蓬勃发展。

浙江是建筑业强省和对外承包工程大省，随着走出国门的建筑企业越来越多，"抱团发展"的意愿越来越强烈。

2012 年，由浙建集团联合多家省内知名企业共同倡议提出的浙江省对外承包工程商会（下称"商会"）正式成立，全省对外经济、劳务合作迎来了崭新的局面。

在商会推动下，浙江建筑企业开启"联盟拓市"，立足各自优势，以联盟的方式承揽投资、建设、运营工程项目，并带动省内优质装备、技术、服务共同"走出去"。越来越多产业链上下游的企业通过这一平台找到了出海的伙伴。

阿联酋最大的余热发电站、哥伦比亚最大的燃煤电站、伊朗最大的空气分离项目、白俄罗斯最大的全循环农工综合体……10 年来，在浙建集团引领下，浙江建筑企业在共建"一带一路"沿线国家建成了一大批标志性工程项目，跨越山海传递"中国温度"。

白俄罗斯总统卢卡申科参观白俄罗斯全循环高科技农工综合体项目并出席投产仪式时，高度评价项目建设成果并盛赞："这是中国人民给我们最好的礼物。"

好风凭借力。10 年来，浙江建筑业紧抓共建"一带一路"机遇，积极参与国际产能合作，不断扩大浙江国际工程的规模、效益和影响力，推动浙江国际工程由高速增长迈向高质量增长新阶段。如今，浙江省对外承包工程业务规模在全国占比达 7.84%，居各省（区、市）第 4 位，是全国排名前五省份中增速最快的省份。

穿越历史的烟云，伴随改革开放的时代节拍，从曾经的寂寂无闻，到如今的海外建设排头兵，一代又一代浙江建筑人传承发扬"四千精神"，逐梦海外，凭借卓越的技术、科学的管理和出色的创新能力在全球市场上崭露锋芒，彰显出日益强大的国际竞争力，也让"浙江建造"成为全球合作与发展的亮丽名片。

（柴燕菲　奚金燕　蓝伊旎）

中国古丝绸之路，驼铃声声、船帆猎猎，横亘数万里，跨越两千年，不仅是一条通商易货之路，也是一条文明交流之路。

21 世纪，中国成功加入 WTO，浙江持续扩大对外开放窗口，从人员、商品的"输出"，到投资的全面"走出去"，浙江持续向内改革体制机制，向外迭代方式模式，走出了丝绸之路的浙江新路。

千帆竞发，浙江落地中国首批境外经贸合作区，一个个境外合作区连点成线，串起了浙江企业开拓国际市场的"明珠"；万疆同轨，浙江首发义新欧班列，联通了中国货物贯穿欧亚大陆的动脉；殊途同归，浙江工程建设与先进制造，持续在"一带一路"沿线探索国际合作新范式……在"全球化"进程中，浙江不断加快对外投资的脚步，携手世界各地打造共同繁荣的璀璨明珠。

随着共建"一带一路"走过第一个十年，更多中国跨国企业发轫浙江、惠及世界，扎根海外将丝绸之路串珠成链的同时，还融入当地促进各国文明互鉴，一幅合作畅通、民心相通的丝路新图景徐徐展开。

十年间，浙江"一带一路"进出口额从 6271.7 亿元增至 17259.3 亿元。

当前，世界面临百年未有之大变局，浙江何以破局解题，延续高质量发展？浙江高水平开放指向何处？本章节将带领我们回溯浙江融入"一带一路"的故事，从中或许能洞见未来的拼图。

境外经贸合作区：墙外开花的"地瓜田"

向外谋发展是浙江经济的重要基因之一。改革开放 40 多年来，在"自强不息、坚韧不拔、勇于创新、讲求实效"的"浙江精神"激励下，浙江企业"干在实处、走在前列、勇立潮头"，积极面向全国乃至全球，拓宽资源与市场。

尤其是在中国历史性地加入 WTO，浙江创新性地提出"地瓜理论"后，深入参与国际分工体系的浪潮在浙江民营企业中掀起。"走出去"过程中，以华立集团股份有限公司为代表，设立境外经贸合作区助中国企业"抱团出海"，成为浙江民营企业在 21 世纪的重要探索。

产品出海、产业出海、平台出海

一排华立在海外布局所涉国家国旗组成的旗阵，立于楼层入口处；世界五大洲的代表性河流绘在办公空间墙上，代表华立的业务所及之处……在华立集团总部，随处可见的"国际化"元素告诉着众人，更提醒着华立人，这是一家怎样的企业。

华立集团董事会主席汪力成常说自己是一个大胆的人。勇敢"走出去"正是其胆识的重要体现。千禧之年，随着主营产品电能表在国内市场触达"天花板"，加之做强自身国际品牌的考量，华立开始实施国际化的"销

■ 泰中罗勇工业园（华立集团　供图）

地产（销售所在地生产）"战略。在泰国设立电能表工厂，拉开了其从产品出海向产业出海转变的序幕。

许多中国企业"走出去"的艰辛并不被外人所知。华立进入泰国之初，当地一些企业频繁采取竞标"打小报告"、组成价格联盟等"小动作"试图"逼退"华立。汪力成在几番谈判不欢而散后，在他们面前留下一句话——"泰国只是华立全球布局中的一个点。如果你们坚持打价格战，华立不惧怕与你们打到底。"

此后，多轮价格战在双方之间打响，当地企业屡屡"碰壁"后最终还是选择合作。华立泰国工厂历经多年曲折，最终以品质、技术、服务等站稳脚跟，这也为中国首批境外经贸合作区之一泰中罗勇工业园的萌芽，埋下伏笔。

"泰国当时出台法律，外国企业可以买地而且是永久产权。2004 年，我们在安美德春武里工业区买了块地自建厂房。"汪力成印象很深，厂房奠基仪式结束后，工业园开发商安美德公司董事长邱威功向他发出邀请，"未来一定有很多像华立这样的中国企业来泰国建厂。华立作为中国企业，熟悉中国企业，也懂得中国企业的需求，有没有兴趣合作在泰国开发一个中国工业园？"

虽然汪力成没有详细了解境外经贸合作区是如何运行的，但直觉告诉他这是值得做的事情。他回忆："从全国看，加入 WTO 后，中国企业开始大规模参与全球分工合作，做好'出海平台'可增强抵御风险能力，尤其是结合华立自身出海设厂的经验教训，可以给'后走出去'企业很多借鉴。"

2004年底，时任泰国总理他信访华，并带来十个中泰合作项目，其中一个就是涉及华立的泰中罗勇工业园。"商务部通知我去人民大会堂签字前，我没想过这件事这么受关注，但我的出发点就是简单的'利他'，希望项目可以帮助中国企业出海，也相信华立能做好。"

几个月后，华立和安美德合作的泰中罗勇工业园项目正式启动。这也是浙江民营企业建设境外经贸合作区的肇始。

从无人问津到"三大三小"之变

万事总是开头难，打造境外经贸合作区，没有人知道应该如何做。但重要的是，华立迈出了脚步。同时幸运的是，境外经贸合作区的打造得到了浙江相关政府部门的大力支持。

泰中罗勇工业园建设之初，国内企业大多对去泰国投资兴趣不大，引进企业成为工业园最大的难题。汪力成心里难说有底气，但还是告诉团队，"不要急，先了解情况，总有机会的"。

俗话说"机会总是留给有准备的人"。自2005年底起，随着国家进一步明确鼓励企业"走出去"参与全球合作政策和制度的出台，以及中国企业自身国际化发展的内在动力不断上升，泰中罗勇工业园迎来了发展的曙光，从无人问津到十多家企业先后入驻。

真正让泰中罗勇工业园热闹起来的，是共建"一带一路"倡议的提出。泰中罗勇工业园开发有限公司总裁赵斌介绍，园区70%—75%的企业是在共建"一带一路"倡议提出之后入园的，并且大型企业越来越多。

■ 北美华富山工业园（华立集团　供图）

例如 2015 年，中国最大轮胎生产企业中策橡胶在泰中罗勇工业园开启海外生产轮胎的序幕。中策橡胶（泰国）有限公司总经理陈华表示，行业龙头企业进入工业园后，其产业链上下游企业也随之出海，在工业园形成产业集群。

"民营企业做任何事情，首先是市场化逻辑，如果有政府支持，那是如虎添翼，可以干得更快、更好。"汪力成说，共建"一带一路"倡议提出后，泰中罗勇工业园的变化让华立有了将其复制出去的信心。2015 年，华立在墨西哥启动建设北美首个大型中国境外经贸合作区——北美华富山工业园，并于 2017 年开园。

"墨西哥与北美自贸区和欧盟自贸区均签署自由贸易协定，是北美制造业中心地带。从营商环境看，墨西哥对外商投资包容性高、金融业发达、供应链相对完备。同时其政局稳定，与中国关系友好，投资安全性高。"在泰国十年的经验，让汪力成对境外经贸合作区选址有了"一本账"。在中美经贸摩擦中，园区的平稳运行也为中国企业稳定北美市场提供了一种新的选择。

2017 年开始，建设境外经贸合作区成为华立的一项战略投资。其提出"三大三小"境外经贸合作区布局计划，即在泰国、墨西哥、摩洛哥分别开发规模达到 10 平方公里以上的中国工业园；在乌兹别克斯坦、中越边境、东欧各开发 3 至 5 平方公里的小型特色工业园，"三大三小"总体上预计助力 1000 家中小制造业进行国际产能合作。

这一时期，浙江商务部门围绕境外经贸合作区建设推出的一系列支持举措，也为华立"三大三小"计划的落地提供了重要推力。

2019 年，在浙江省商务厅推动下，泰中罗勇工业园、越南龙江工业园和杭州硅谷协同创新中心，共同发起成立浙江省境外经贸合作区发展联盟。

"除了各种政策的支持保障，我们尤为感谢各级商务部门的'推介'，他们经常向有出海计划的企业介绍华立的园区，让不了解我们的外地企业多了一份信赖。"汪力成说。

目前，华立的泰中罗勇工业园已吸引 260 多家中国企业入驻，许多企业负责人甚至打电话给汪力成，想插队入驻园区。北美华富山工业园有 40 家中国企业入驻。2024 年 6 月，乌兹别克·中亚华塔工业园启动建设，成为华立落下的第三子。

在汪力成看来，没有商务厅等部门的支持，华立达不到今天的成就。

海外"地瓜田"迎全球化新机遇

风云变幻总在一瞬间。回望浙江乃至中国的对外开放进程，没有谁能给出"如何应对时代转折点"的答案。即便是善于应变、敢于弄潮的浙商，也不可避免地要为各种探索缴上高额"学费"。

"全球化是必然趋势。在'走出去'方面，我们因踩坑造成的损失至少超 7000 万美元。"采访中，汪力成毫不避讳谈及华立走过的弯路、付出的代价。他又一次强调了自己坚持的"利他"原则，"我不希望每家中国企业都重复踩坑。"

正是这样的想法，让汪力成和华立将境外经贸合作区建设作为了企业发展战略之一，也敞开怀抱，与业界同人分享境外经贸合作区的建设经验。

同时，浙江商务部门也谋划如何帮助企业"排雷"。例如，浙江省商务厅每年对浙江境外经贸合作区进行评价定级，以便动态、及时地关注、帮助合作区的转型升级。

2023 年以来，浙江还借常态化举办"丝路护航"活动契机，组织浙江企业参加埃及、菲律宾、墨西哥等国家的专场对接会，了解意向国家相关境外经贸合作区的发展情况，让"走出去"的判断更为精准。

新的机遇也在加速形成中。如今，受新冠肺炎疫情、地缘冲突、贸易战等因素影响，全球逐渐形成一个共识：远距离的全球分工存在安全风险，必须缩短供应链半径。即让上游供应商尽量靠近主机厂，让主机厂尽量靠近目标消费市场，尽量避免跨洲运输。

汪力成认为，这将促使中国从"中国制造全球卖"向"中国创造全球制造"转变。"中国企业具有强大的产品力，虽然成本与以前相比已经大幅度上升，但是放眼全球仍然是具有竞争力的。海外消费者未必对关税提升带来的商品价格变动敏感，全球跨境电商和制造业企业全球化可以找到交汇点，而这个交汇点就是境外经贸合作区。"

华立也在思考，能否将境外经贸合作区作为主控物流仓储网络的一个节点和平台，为中国企业面向国际市场提供支撑。例如中国企业以北美华富山工业园为节点，打通从中国到墨西哥太平洋港口的最便捷、成本最低的物流线路，继而从墨西哥太平洋港通过铁路、公路联运，直抵墨美边境进入美国消费市场，并在美国目标市场解决"最后一公里"的配送难题。

这种想法体现着浙江民企的敏锐嗅觉。浙江于 2024 年 9 月印发《浙江省加力推动跨境电商高质量发展行动计划（2024—2027 年）》，提出打造跨境电商综合试验区升级版，优化现有省级境外经贸合作园区和浙江自贸试验区的激励政策，推动跨境电商综合试验区与自由贸易试验区、境外经贸合作区等开放平台的合作协同发展。

目前，浙江已在全球建设了 20 个境外经贸合作区，分布于亚洲、欧洲、非洲、美洲。这些海外"地瓜田"不仅记录了过往浙江企业、浙江经济融入全球的脉动，在"地瓜经济"提能升级"一号开放工程"持续实施的背景下，其也在助力着浙江、中国与世界产生更具深度的链接，见证着更具韧性、活力、竞争力的"地瓜经济"的壮大。

（童静宜　王逸飞　鲍梦妮）

从"异想天开"到每日开行，浙江中欧班列如何跨洲"旅行"

一辆满载货物的浙江中欧班列（义新欧）从义乌出发，在铁轨上飞驰——穿越新疆、"眺望"莫斯科的郊外，再经过波兰、德国、法国等国，最终抵达 1.3 万公里外的西班牙马德里。

虽然张骞出使西域已过千年，但在十多年前，"把浙江的火车开到马德里"还是令人难以想象的事。现在，这样的画面每天都能见到。

十多年间，浙江中欧班列参与并见证了中国与欧洲之间经贸往来的日益紧密，成为共建"一带一路"倡议下国际合作的典范。不仅加强了国际间的合作，还为沿线国家和地区带来了发展的机遇，深刻体现了中国致力于推动全球经济共同发展的积极态度，以及坚定不移对外开放的决心与实力。

从无到有："把火车开到马德里"

浙江中欧班列（义新欧）系全国唯一一家由民营企业市场化运营的中欧班列，它的"掌舵者"是民建会员冯旭斌。

"我摆过地摊、开过书店，在很多城市'复制'过小商品市场的模式，兜兜转转都是在做买卖。"冯旭斌笑着说。

话锋一转，他稍作停顿、清了清嗓子，抛出一个重要的时间节点——2010年。这一年，他决定涉足国际铁路物流领域，计划开通义乌—中亚—欧洲及东盟等地的铁路国际货运班列。

"义乌每天都有很多发往新疆的货物，通过公路或铁路运到乌鲁木齐或阿拉山口再出关，主要运到中亚和俄罗斯。当时，地处内陆的中亚地区没有直接的出口通道和出海口，铁路国际联运还处于空白阶段。"冯旭斌滔滔不绝，为何大家不选择铁路国际联运？"我感觉这里肯定有商机。但是，很多人觉得我异想天开。"

如他所说，开通国际班列绝非易事。铁路义乌西站是义乌重要的铁路货运站点，2012年之前，该站无法处理出口业务，义乌的火车开到境外堪比"天方夜谭"。

"那个时候，铁路义乌西站的情况确实很困难，没有海关监管区，没有专业的集装箱吊装设备，甚至连堆放货物的地方都没有，那条通往场站的道路，到处都是坑坑洼洼。"冯旭斌回忆起上述场景，不免皱起眉头。

但是，没人退缩。面对这样的局面大家选择迎难而上，一边改善铁路义乌西站的基础设施，一边寻找突破的机会。

终于，在2012年10月26日，杭州海关的一份文件为义乌带来了希望——同意铁路义乌西站海关监管场所的建设，并批准试行铁路转关集装箱运输业务，这标志着义乌向打造国际物流枢纽迈出了坚实的一步。

紧接着，2013年义乌市政府与上海铁路局签署战略合作协议，进一步加速了铁路货运物流建设的步伐。2013年4月23日，随着一声汽笛长鸣，首列从义乌出发前往中亚五国的铁路国际集装箱专列正式启程——这趟列车是后来广为人知的浙江中欧班列（义新欧）的最初模样，它开启了义乌通过铁路直接连接中亚市场的新篇章。

但是真正直通欧洲的班列还在"襁褓之中"。为此，义乌市委、市政

■ 2014 年 11 月 18 日，中欧班列（义乌—马德里）首发（王建明　摄）

府成立了专门的工作小组，一边积极向上级部门申请支持，一边向海外"看去"。

经过深思熟虑，他们决定将"义乌—马德里"作为目标——西班牙不仅是义乌商品进入欧洲市场的关键门户，而且那里活跃着大量侨商，他们已经建立了成熟的销售渠道，能够有效地将"中国制造"推向整个欧洲。

2014 年 11 月 18 日，首趟浙江中欧班列（义乌—马德里）从义乌驶出，21 天后抵达马德里车站时，整个城市仿佛都被这份喜悦所感染。一条铁路连接了两大洲，这意味着，连接东西方的新丝绸之路已正式开启。

义乌与西班牙马德里两地的距离，从未像这一刻这么接近。

展翅腾飞："两个大洲从未如此近距离"

在马德里的车站，时任马德里市市长波特亚亲自迎接首趟从义乌开来的中欧班列，她的笑容中充满了期待："今天，我们见证了一个历史性的时刻。这趟中欧班列不仅为我们提供了直达世界最大商品市场之一的便捷通道，更开启了西中两国贸易合作的新篇章，这不仅仅是一条铁路线，它更是友谊与合作的象征。"

这次接车仪式还吸引了众多国际关注，专程前来参加仪式的除了西班牙政府官员外，还有中欧班列途经 7 个国家的驻西班牙大使。他们的到来不仅体现了对这条中欧班列的重视和支持，也彰显了这条经济走廊对于促进全球贸易自由化和便利化的重要意义。

慢慢地，浙江中欧班列（义新欧）开始进入常态化运营阶段。在此过程中，义乌铁路西站成为浙江省唯一的铁路临时对外开放口岸，浙江中欧班列（义新欧）也首次被写入了浙江省政府工作报告中。

贸易有来有往。2015年2月22日，从马德里发出的第一趟回程测试班列满载着货物，经过穿越7个国家的长途跋涉后，顺利抵达义乌。

"回程班列经过俄罗斯、哈萨克斯坦等气温低于零下三四十摄氏度的地区，如果保温措施不到位，班列搭载的玻璃瓶装的红酒、橄榄油、气泡水等回头货便会爆裂。"冯旭斌说，货损可以赔偿，但会损失自身信用，班列生意难长久。

在有关部门和专家的指导下，回程测试班列专门调来了特殊保温集装箱。抵达后，1.5万瓶葡萄酒完好无损。

2014年，首趟浙江中欧班列（义新欧）抵达西班牙时间刚好临近圣诞节，中方随车带上了很多圣诞用品送给西班牙的商户们；回程又恰逢中国春节，货物中也不乏西方备好送给中国商户的"洋年货"。礼多人不怪，两地友谊因班列持续升温。

一来一回的班列不仅证明了双向物流通道的可能性，也为进一步加强中欧之间的经贸联系奠定了基础。

2017年8月31日，中欧班列（金华—哈萨克斯坦阿拉木图）首发。中欧班列致力于打造"陆海内外联动、东西双向互济"的国际物流贸易通道。2018年11月，中欧班列（义乌—马德里）被正式写入《中华人民共和国和西班牙王国关于加强新时期全面战略伙伴关系的联合声明》：两国愿进一步发挥中欧班列（义乌—马德里）作用以增加货运量。

政企同向发力，浙江中欧班列的网络继续被织密。浙江多部门就如何加速班列货源聚集、提升运营效率等问题进行了深入探讨和协调推进，力求为中欧班列的持续发展创造更加有利的环境；冯旭斌则继续带领团队，陆续探索开通了多条新的国际线路。

如今，浙江中欧班列（义新欧）已通达欧洲 227 个城市，服务网络基本覆盖亚欧大陆全境。平均每天有约 4 趟中欧班列进出铁路义乌西站，或是载着"中国制造"远赴海外，或是带回沿线亚欧国家（地区）的热销产品。

展望未来：班列畅行折射浙江高水平对外开放

中欧班列的出现，让浙江与世界链接的可能性更多、更广，交流灵活且开放。

"我每年有 40% 的货物通过中欧班列出口。"吉尔吉斯斯坦采购商米卡说，铁路运输能够保证货物运输的时效性和稳定性，中欧班列的开通为商家带来了极大便利，让其在进出口贸易商品的调度上更加自如。

"钢铁驼队"越开越快，也见证着浙江出口货源结构的不断升级。手机、平板电脑、新能源汽车等高端制造业产品频繁出现在中欧班列出口货物的报关单上。班列发展初期，出口产品主要以小商品为主。近年来，通过班列运输的高附加值、高科技产品的数量呈增长趋势。

例如，中国的新能源汽车借此通道售给海外消费者，甚至中国画家陈家泠的系列艺术作品也搭乘浙江中欧班列（义新欧）赴法国巴黎展出。班列回程货物从一开始的西班牙橄榄油、葡萄酒到如今囊括了沿线各国特色产品，回程班列占比也从不足一成提升至目前的六成以上。

目光向内——浙江正加速推进一系列重大基础设施项目，进一步增强中欧班列的服务能力和竞争力，包括铁路枢纽的扩容改造工程，以满足不断增长的货运需求；建设义乌（苏溪）国际枢纽港，同时通过推进集装箱办理站、"第六港区"进口业务区及临港产业区的布局，持续强化内陆开放功能和枢纽城市的建设。

此外，浙江还致力于打造华东国际联运港，全力建设长三角大宗物资集散、交易、交割中心以及中欧班列集结中心，以此促进全省中欧班列的发展及提升城市的枢纽优势。这标志着浙江官方提出的"在陆港方面重点建设中欧班列集结中心"的战略已进入大规模硬件设施建设与高水平软件建设并重的新阶段。

2024年12月2日，第四次"一带一路"建设工作座谈会在北京召开。这次座谈会是党的二十大以来首次举行的"一带一路"建设工作座谈会，会上，冯旭斌作为唯一的民营企业代表发言。

"按照总书记讲话中的九项完善、机制建设的具体要求，我们去积极地推动建设，把中欧班列的品牌擦得更亮。"会后，冯旭斌说。

"丝路"铺铁轨，汽笛换驼铃。面对复杂多变的国际形势，浙江坚持走高水平对外开放的道路，致力于建设具有国际影响力的开放强省。如今，浙江中欧班列正成为推动浙江乃至中国与世界各国交流合作的重要纽带。未来，随着各项措施的逐步落实，这条新时代的丝绸之路将为全球经济发展作出更大贡献。

（童静宜　钱晨菲　董易鑫）

电力新能源"明珠"闪耀"一带一路"

在与中国相隔万里的埃及，一枚面值1埃镑的硬币上，雕刻着太阳和光伏电板的图案，它的原型是位于埃及南部阿斯旺省占地面积约37平方公里、总装机容量超2000兆瓦的本班光伏产业园。

作为本班光伏产业园的承建商之一，浙江民营企业正泰集团股份有限公司（下称"正泰"）旗下新能源企业负责该产业园165.5兆瓦的光伏电站建设工作，与埃及相关部门共同开展绿色新能源项目，持续助力全球碳中和。

不仅如此，正泰已在越南、埃及、新加坡、马来西亚等国家和地区进行产能布局，与80%以上的共建"一带一路"国家建立了不同程度的合作关系。

"源起浙里"：电力新能源"巨头"从小镇出发

20世纪70年代至90年代，全球接连发生三次石油危机，每次危机都导致油价上涨。在能源安全威胁下，发达国家率先拥抱资源更加丰富、均衡的新能源，中国亦跟上脚步，开启相关领域的探索。

1983年，中国第一座太阳能光伏电站在甘肃省榆中县园子乡小岔村建成并投入运行。此后，在世界银行等国际组织支持下，中国启动技术引进和示范应用，把发展新能源列入国家科技研发和产业化计划，风电、光伏和新能源汽车产业化大幕正式拉开。

几乎是同一时期，在浙江省温州市柳市镇不足 20 平方米的小作坊里，正泰的前身"乐清县求精开关厂"创办。乘着改革开放的春风，正泰集团董事长南存辉凭借"以质立厂"的发展思路，带领正泰一路转型升级，驶入成长"快车道"。

21 世纪初，浙江经济发展遭遇"附骨之刺"——电荒。尤其是 2003 年，浙江成为全国拉闸限电范围最大、缺电最严重的省份，经济发展不得不放缓脚步。

"能源之痛"，使浙江政企对产业结构、能源结构的调整有了新的认识。太阳能光伏、地热能、风能、海洋能、生物质能等利用新技术、新材料获得的新能源，成为浙江能源发展的重要方向。

探索陆上和海上风电、集中和分布式光伏的浙江龙源新能源发展有限公司、聚焦新能源电池材料的宁波杉杉股份有限公司……彼时，一批

■ 正泰国际首个海外（乌干达）仪表工厂

浙江企业在新能源领域持续发力。

2006 年，寻求转型的正泰也顺势进入如火如荼的新能源赛道。初期，正泰新能源以光伏产业为主导。然而，2008 年，受国际金融危机影响，全球光伏产业由"火"转"冰"，需求断崖式下滑，价格大跌。和之江大地一样，正泰遇到了"成长的烦恼"。

市场和原材料两头在外、技术受制于人的中国光伏企业，一度面临困局——是紧缩投资，勒紧腰带抵御寒冬？还是继续在新能源领域追加投资？正泰选择了后者。

"我们认为新能源符合全球可持续发展大势，契合国家相关政策导向，符合正泰产业发展理念。"南存辉说，当时正泰一边把相关技术转向高端装备制造，一边发挥集团全产业链优势，率先投建光伏电站，探索新的商业模式。

国家也在千方百计推动产业渡过难关，系列利好政策加持，2009 年以来，全国光伏市场虽经历波折，但向上发展的态势没有改变，正泰也在电站开发、组件制造、智慧运维、户用光伏上实现多点开花。

历经 40 年发展，正泰聚焦能源电力行业与绿色节能领域持续打造核心竞争力，成为全球化经营的工业电气龙头企业和新能源领军企业。截至 2024 年 8 月，浙江新能源装机规模达到 5054 万千瓦，其中超 800 万千瓦由正泰贡献。

丝路明珠：牵手共建"一带一路"国家

浙江的新能源产品如何走向国际市场？在这方面，正泰亦是探路者。

20 世纪 90 年代初，正泰通过广交会获得首笔出口订单，开启出海之旅的"第一道门"；1999 年，正泰在阿联酋设立首个海外办事处——中东办事处，标志着企业实现了真正意义上的"走出去"，也为海外市场的拓展及本土化操作积累了早期经验。

随后，浙江在省域层面的探索实践，为正泰指明了新的方向——2003年7月，中共浙江省委十一届四次全体（扩大）会议提出了"八八战略"，强调"进一步发挥浙江的块状特色产业优势，加快先进制造业基地建设，走新型工业化道路"。

"我们第一时间响应号召，举办'实施国际化战略打造先进电器制造企业'系列活动。"南存辉说。

得益于国际视野，多年来，正泰持续把握全球市场前沿动态，不断通过联合开发、按需定制、个性化技术支持等优势提升高效交付及持续服务能力，强化细分市场领先地位。

例如，正泰电源以"本土化适用"为原则，从产品设计与研发入手，结合各地市场的安装、使用和维护习惯等，推出针对性产品——公司自主研发的三相逆变器连续9年在美国工商业逆变器市场稳居第一。

一路走来，正泰坚持开放合作、互利共赢，尤其重视共建"一带一路"国家伙伴，携手深耕电力能源领域。

2024年8月，正泰仪表肯尼亚工厂开业仪式在肯尼亚马查科斯郡格雷兰兹工业园举行。其作为正泰在海外的第十家工厂、第二家仪表工厂，标志着正泰将在非洲进一步扩大智能电表产能，助力东非能源基础设施建设。

"我们计划以仪表工厂为基地，为周边社区年轻人提供电工职业技能培训，进而提高当地劳动者技能。"正泰肯尼亚工厂相关负责人表示，通过肯尼亚工厂建设，正泰将持续助力肯尼亚、乌干达、卢旺达等东非国家发展，为提升区域能源效率和可持续发展目标作出积极贡献。

发展自身亦帮助他人，正泰牵手共建"一带一路"国家的底气在哪

■ 正泰埃及本班太阳能公园 165MW 光伏 EPC 项目

里？南存辉认为，企业只有持续不断创新，才能在国际上站稳脚跟。

在创新这条"黄金之路"上，"绿色"和"担当"是正泰坚守的关键词。

当沙漠变成重要的清洁能源基地，本班光伏产业园的美好蝶变，成为正泰创新技术输出的最佳见证。

"我们刚到的时候，那里除了沙子什么都没有，极端高温可达 50 摄氏度，施工条件恶劣。"正泰本班光伏产业园项目现场施工经理张垒回忆说，因为高风沙环境对电气产品的要求极为严苛，埃及政府又提出打造智慧城市的概念，这对埃及市场的所有电器设备供应商都是一项新挑战。

为此，正泰采用了大量行业领先技术，包括耐高温及高防护等级元器件方案、中低压成套解决方案、智能可靠控制技术成套柜方案等。

"当我们看到项目图片被印在钱币上，成为埃及的'国家名片'，自豪感油然而生。"秉承"思维全球化，行动当地化"的国际经营理念，正泰紧跟行业发展趋势和业务场景变化，凝聚创新力量，以技术与产品双核驱动打造科技支撑力。

政企合力："组团"出海延伸地瓜藤蔓

众所周知，正泰深耕的智能电气和光伏新能源产业等都是国际竞争激烈、市场化程度高的行业——国际一线品牌起步早、历史积淀深厚，知名度和市场影响力相对较高；与此同时，中国品牌还要面临贸易壁垒、产品兼容性、准入门槛、用户习惯等多方面的挑战。

政府相关部门予以的大力支持和正确引导，能帮助企业走得更远。

2012 年，浙江省对外承包工程商会（下称"商会"）成立。这一联结政企、助推浙江外经企业深入践行"走出去"发展战略的重大举措，对推动浙江对外经济、劳务合作迎来崭新局面具有深远影响。

一直以来，商会提出并实践"联盟拓市"理念——改变出海企业单点分散的发展模式，通过整合不同类别企业优势资源，以联盟的方式承揽投资、建设、运营工程项目。

作为商会成员之一，正泰旗下企业积极参与商会的系列培训交流活动，与行业企业"组团"发展。

在南存辉看来，"众人拾柴火焰高"。当前国际形势复杂多变，世界格局加速调整，不稳定、不确定因素增多，而浙江各级政府始终对民营企业"高看一眼、厚爱三分"，用心用情倾听企业家心声，与企业一起攻坚克难。

2024 年 11 月，由浙江省商务厅主办、浙江省对外承包工程商会承办的浙江（沙特）国际工程展在沙特达曼达兰国际展览馆举行，正泰电器、万马股份、宇杰集团等 10 家企业参展，共接待来自 12 个国家和地区的 920 余名专业客商，洽谈相关工程项目及合作，意向成交金额达 570 万美元。

获得"浙江出口名牌"认可、入选浙江省首批"未来工厂"……在浙江系列政策举措的赋能下，正泰实现从"摸着石头过河"到"大胆扬帆出海"的蝶变，开放的步子越迈越稳。

"我们把总部经济的'根'深深扎在浙江，将藤蔓延伸向海内外，持续做大'地瓜块茎'。"南存辉强调，正泰将凝心聚力、放眼全球，在本土区域全球化向全球区域本土化的过程中，把跳出浙江与发展浙江和内外拓展结合起来，在促进区域协调共赢发展中抢抓商机，在全球产能合作与资源配置中创造新的价值。

如今，浙江大力实施"地瓜经济"提能升级"一号开放工程"，坚持高水平"走出去"与高质量"引进来"有机统一。身处中国与世界"对话"的关键时期，在共建"一带一路"的宏伟蓝图中，广大浙商以非凡的智慧与勇气，开拓出新的天地。政企合力创造新辉煌，浙江必能不断提升民营经济的综合实力、创新活力和市场竞争力，书写中国构建全方位开放新格局、深度融入世界经济体系的璀璨新篇。

（邵燕飞　傅飞扬）

丝路上的中国工程：根在浙江　惠及世界

波斯湾南岸，阿联酋首个风电项目的风机巨翼迎风转动；印度尼西亚的芝拉塔水库，东南亚最大漂浮光伏项目熠熠生辉；柬埔寨东北部的桑河干流上，亚洲第一长坝横跨两岸；埃塞俄比亚首都，格特拉立交桥上川流不息；新加坡西部，一座面向未来的高智慧新概念水厂冉冉升起……

走进上述项目参建企业——中国电建集团华东勘测设计研究院有限公司（下称"中电建华东院"）党委书记、董事长时雷鸣的办公室，一座座项目模型，记录着企业走向海外、惠及当地民生的一个个标志性工程。

这些工程乘着共建"一带一路"的东风，在全球多个国家和地区"蔓延生长"，而它们的根，一直牢牢扎在浙江。

乘势：生动演绎"跳出浙江发展浙江"

在时雷鸣看来，中电建华东院是如此幸运，在浙江遇到了适合自己发展的土壤。

回到 21 世纪初的浙江，"成长的烦恼"渐渐显露，用地、供电都十分紧张，资源约束问题非常突出。一些市场主体加快到外省投资发展的步伐，有人批评这是"去浙江化"。

尽管中电建华东院是一家成立于 1954 年的老牌水电勘测设计院，但

■ 印度尼西亚芝拉塔漂浮光伏（浙江省对外承包工程商会　供图）

当新世纪的曙光拂面，设计院与浙江一样，也遇到了迫在眉睫的转型问题。

时雷鸣解释道，水电工程市场十分特殊，经历近半个世纪发展，在企业扎根的浙江乃至华东地区，可供开发的水电资源所剩无几。面对市场的激烈竞争和严峻考验，走向省外甚至国外实现转型发展，是企业的不二选择。

顺应时代发展的必然，"地瓜理论"此时一锤定音。"跳出浙江发展浙江"的理念，给予了那一时期走向省外乃至海外的浙江市场主体弥足珍贵的信心。

中电建华东院乘势而上，在"走出去"这条"必经之路"上放开手脚、加速奔跑。谈及此，时雷鸣的思绪回到了世纪之交。

当时，抽水蓄能作为一种灵活调节电源的水电项目，在西方已经成熟普及，但在中国仍不多见。中电建华东院攻坚克难，在浙江安吉探索设计建成当时亚洲最大、世界第三的天荒坪抽水蓄能电站，无论是国内规模还是技术难度，都史无前例。

这成为中电建华东院转型突破口之一。以天荒坪为起点，中电建华东院先后设计建成了河南桐柏、江苏泰安、安徽响水涧、重庆长龙山等抽水蓄能电站。中电建华东院持续投入数十年心血和智慧设计的一座超级工程——白鹤滩水电站，更是生动地践行了"跳出浙江发展浙江"的理念。

川滇交界的金沙江干流之上，白鹤滩水电站工程稳定发电。只需 7 毫秒，电能就可"闪送"至 2000 多公里外的浙江，每年可输送电量 300 亿千瓦时以上，减少碳排放 1919 万吨。

白鹤滩水电站是当今世界在建规模最大、技术难度最高的水电工程之一，2022 年 12 月全部机组投产发电。20 多年前，当人们还在讨论浙江面临的"电荒"窘境，踟蹰于"走出去"发展的茫然时，中电建华东院人一头扎进金沙江畔的深山，开展白鹤滩水电站的勘测设计工作，攻克 16 项世界级技术难题。

白鹤滩水电站的成功，不仅滋养了资源不足的浙江，还进一步夯实了中电建华东院的发展根基。

"中电建华东院扎根在浙江，在'跳出浙江发展浙江'的开放发展理念的指引下，在浙江各级党委、政府和有关部门的帮助下，我们才能够心无旁骛，深度参与白鹤滩水电站等一系列国内重大项目建设，也开启了后来'出海'发展、建设全球的故事。"时雷鸣深深感受到，是浙江这片土地成就了中电建华东院。

■ 白鹤滩水电站（中电建华东院　供图）

起势：打造惠及世界的"丝路明珠"

21世纪初，中电建华东院在走向省外发展的同时，也开启了走向海外的新阶段，为自身发展打开了一片新天地。

越南广治省是中电建华东院正式"出海"的第一站。因为在国内积累了足够经验，中电建华东院在越南广治建设的抽水蓄能水电站，进展顺利，成功打响"第一炮"。之后，中电建华东院在越南一口气上马了8个项目，涉及机电项目总承包、勘测设计及土木工程等领域。

这一时期，在海外初露头角的中电建华东院，逐渐感受到工程类市场主体在海外"单打独斗"的困境。按时雷鸣的话说："企业走'国际路'，就要穿'国际鞋'。但实际情况是'找不到对的鞋、鞋穿着不合脚、穿上鞋走不来路'……譬如，国内虽然围绕健康、安全、环境三位一体，构建了完善的HSE管理制度及管理体系，但依然无法完全满足海外部分机构对于管理体系评价的要求。"这种局面在2013年迎来转机。共建"一带一路"的崭新图景徐徐展开，多边合作的丝绸之路展现在海内外市场主体面前，也让中国企业、浙江企业看到了机遇。

以浙江为例。数据显示，2014年，浙江省对外承包工程完成营业额51.8亿美元，全省经审批和核准的境外投资企业和机构共计577家，全年实际对外直接投资34.8亿美元，比上年增长45.2%。

企业频频"出海"，特别是工程类企业"走出去"发展，在浙江已然起势。此后，浙江省各级商务部门准确把握方向，积极推进"联盟拓市""全球平台""行业标准"等相关工作，助力更多企业参与共建"一带一路"。

在政策引导和多方助力下，早已"出海"发展的中电建华东院，又陆续在 20 余个国家和地区承担了近 40 个项目，除了水电、风光电项目，还涉及交通、基建等多个领域。为更好参与共建"一带一路"，中电建华东院还在中东迪拜设立海外总部，在亚太、欧亚、非洲、美洲、中东北非设立五大区域总部，覆盖 70 多个国家和地区。

一枝独秀不是春。中电建华东院还利用浙江省对外承包工程商会巴基斯坦、菲律宾分会会长单位的身份，一方面，成为扎根各国、了解当地的信息平台，为更多浙江企业"出海"提供信息服务；另一方面，发挥其"链主型"企业优势，带动浙江更多企业融入其产业链，共同"出海"发展。

2021 年以来，中电建华东院带动包括三变科技、万马股份、银湖电气、国新科技等 10 余家浙江设备制造企业，以"联盟拓市"的方式共同参与海外风电、光伏类工程建设。

在全省层面，更多企业立足浙江、惠及世界：中国能建浙江省电力设计院的燃机电站和海水淡化工程遍及全球多国，海外总装机容量已超过 1200 万千瓦；中地海外水务扎根非洲三十余载，其埃塞俄比亚至吉布提跨境供水项目不仅解决了吉布提超过 61 万人的饮水问题，还提供了

■ 海上勘探平台（中电建华东院 供图）

1500 个就业岗位；中国通信服务浙江公司旗下浙江省邮电工程建设公司承包沙特最大的国家通信宽带建设，成为沙特"2030 愿景"与共建"一带一路"成功合作的典范……

"纵观全球化进程，浙江在人才输出、商品输出之后，就是海外投资的资本输出。"浙江省商务厅对外经贸合作局负责人分析称，作为共建"一带一路"的"排头兵"，以中电建华东院等龙头企业为代表的浙企指向下一个目标——技术创新。

成势：创新至上塑造发展新优势

相比过去，走向世界的中电建华东院已"脱胎换骨"，在新时代大放异彩，成为浙江以科技创新塑造发展新优势的"先行者"。

时雷鸣介绍说，企业成立 70 多年，特别是近 20 多年来，不断走出"舒适区"，早已不再局限于水电行业，而是拓展培育其他领域的技术优势，推进业务多元化发展。

然而，近年来，世界进入新的动荡变革期，单边主义、保护主义明显上升，局部冲突和动荡频发。在此背景下，作为一家以"一流国际工程公司"为目标的企业，中电建华东院面临的国际竞争愈加激烈。

在新的历史关头，唯创新者进，唯创新者强，唯创新者胜。"科技创新是最为核心的驱动力和竞争力。"时雷鸣坚定地说。

在他看来，处于浙江这片创新热土，从"科技兴企"到"建设创新型企业"，再到"科技至上、技术立院"，企业创新发展的引擎，在转型过程中不断被激发。

简而言之，中电建华东院从原本围绕项目研发创新的科创模式，转变为深耕前沿领域、打造创新平台、引育高端人才的科创体系，跳出了

"科创跟着项目走"的局面，构建稳定的"科创引领项目走"的新格局。譬如，在数字化方面，形成了 BIM 仿真技术，助力渝西水资源配置工程、天台抽蓄电站、绍兴苏州轨道交通等领域工程数字化应用；在科创平台方面，取得国家级平台 1 个、国家级分中心 2 个、省级科技创新平台 20 个，平台已覆盖主要业务领域；在人才建设方面，获评国家卓越工程师、全国工程勘察设计大师、全国创新争先奖、长江学者（校企联聘）等国家级科技人才 29 人次，中华国际科学交流基金会杰出工程师、浙江省特级专家、浙江省工程勘察设计大师等省部级科技人才 69 人次。

截至 2024 年年底，中电建华东院获得国家级科技奖 18 项（含中国专利奖）、省部级科技奖 570 余项，省部级以上技术成果奖 800 余项，省部级以上工程奖 250 余项；有效专利 6400 余项（其中发明专利 1100 余项），软件著作权 2800 余项，省部级工法 120 余项；主编参编发布各级标准 500 余项。

在时雷鸣的办公室，除了琳琅满目的奖杯证书、项目模型，还有一幅幅别具异域风情的画作，鳞次栉比的光伏矩阵、据水而建的雄伟大坝、迎风轮转的风电装置……展现着中电建华东院在世界各地的工程项目。

时雷鸣对它们如数家珍："这是各国民众送的，感谢我们为当地建设作出的贡献。"

说到此，不得不提萨察尔风电站项目。该风电站是中巴经济走廊能源合作 14 个优先实施项目之一，由中电建华东院牵头开展项目的建设施工和运营维护。萨察尔风电站位于巴基斯坦信德省南部的一片茫茫戈壁滩，中电建华东院的技术人员经过勘测和精准分析，觉得此处具备建设风力发电站的理想气候和地理条件，有机会化荒漠为"聚宝盆"。

2017 年，萨察尔风电站成为首个实现商业运营的中巴经济走廊签约项目，装机总量达 5 万千瓦。中国企业深厚的技术积累和出色的施工效率给巴方留下深刻印象。巴基斯坦总理中巴经济走廊事务特别助理曼苏尔此前公开表示，中国企业遵循国际标准开展高质量的清洁能源项目建设运营，为巴基斯坦低碳可持续发展作出了重要贡献。

"如果之前的'出海'，是我们的中国工程走向世界，下一阶段的'出海'，就是我们的技术、标准、信息化模式的输出，这不仅有利于我们应对新的国际竞争与合作，而且将造福更多的发展中国家和当地民众，为'全球南方'发展贡献更多中国力量。"时雷鸣对未来充满信心。

在中电建华东院等市场力量推动下，浙江对外开放之路越走越宽敞。站在新的发展节点，浙江省委、省政府提出，要锚定"提升资源配置力、全球辐射力、制度创新力、国际竞争力"，加快建设高能级开放强省。

具体而言，浙江计划在"逆全球化"背景下，加快培育一批世界一流企业，继续充当推动全球经济一体化的重要力量。这一过程中，要充分发挥国资国企顶梁柱作用、民营企业主力军作用，完善优质企业梯队培育机制。此外，浙江将推进"丝路领航"行动，培育一批具备较强全球资源配置能力的民营跨国公司"领航企业"，开展民营跨国公司总部培育认定，支持民营跨国公司将浙江总部打造成全球管理中心、运营中心和研发中心；推进投资便利化试点，支持优质企业快速并购海外优质标的。

"浙江是改革开放先行地，有对外开放合作的鲜明底色，我们将充分凝聚市场主体的'出海'发展共识与思考，充分发挥好绿色低碳产业先行探索的优势，秉持合作共赢的原则，把握共建'一带一路'的机遇，促进海外工程市场的全面合作，走出'中国工程'惠及世界之路。"浙江省商务厅党组成员、总经济师朱军意味深长地说。

（张　斌　张益聪）

第四篇

开放合作

到中流击水，浪遏飞舟。

改革开放以来，浙江民营经济万马奔腾，形成了以温州皮鞋、台州模具、义乌小商品等为代表的块状经济。数十年间，各地产业呈雁阵式发展，向全球市场开拓业务，并逐步构建起上下游衔接紧密的产业链。开发区是产业集聚的重要载体，也是打造体制机制改革创新的试验田。

长风破浪会有时。2020年，在新冠肺炎疫情暴发导致全球供应链遭受严重冲击的背景下，浙江开发区首创"链长制"建链、补链、强链、延链，后向全国推行；出台鼓励二手车出口制度，数量实现从零到万的跨越……

在这片试验田里，一家家民企先行先试、一项项制度迭代更新，映照出浙江勇立潮头、开放合作的坚定信念。"摸着石头过河"，加速了浙江产业转型升级、增强了产业链韧性。这种灵活应变的精神，为浙江乃至全国经济增长注入了源源不断的活力。

当前，国际环境风云变幻、国内改革进入深水区，船到中流浪更急，各种风险挑战前所未有。外贸企业如何经受住大浪淘沙？浙江产业链如何更好地参与国际竞争？浙江又如何发挥制度优势将"试验田"变为"高产田"？本章节将探寻浙江敢为人先的故事。

"链长制"为何诞生在浙江

改革开放 40 多年来，中国外贸发展一路历经风风雨雨，有过高光时刻，也曾跌入低谷。如果说 2001 年中国"入世"开启了一个"黄金年代"，那么 2020 年前后，中美贸易摩擦叠加突如其来的一场疫情，则让所有外贸人都陷入了前所未有的困境。

2020 年初，新冠肺炎疫情暴发，全球产业链供应链受到严重冲击，许多国家的生产和出口业务受到了严重影响，导致全球贸易量大幅下降。面对这场冲击，浙江率先走出了阴霾，当年全省进出口额在全国的份额首次突破 10%。这是如何做到的？究其原因，背后离不开"链长制"的发力。

中美贸易摩擦下的"应急之举"

随着经济全球化发展，全球产业分工体系已形成一个复杂网络，任何一条产业链上都聚集了成千上万家企业。强大稳定的产业链和供应链是中国参与全球产业分工合作的重要优势。

作为制造业大省，浙江绝大多数产业都发源于县域，如温州皮鞋、台州模具、义乌小商品等，形成了独具特色的块状经济。1984 年，浙江第一个开发区——宁波经济技术开发区正是在这样的经济格局中诞生的。

到了 20 世纪 90 年代，浙江县域崛起一批相对强大的"领头雁"企业，并且开始形成产业配套，产业集群呈"雁阵式"发展——这就是产业链的雏形。

30 多年过去了，浙江产业集群快速壮大，为浙江外贸出口额一路攀升奠定了基础。然而 2019 年，逆风突起，中美贸易摩擦加剧，浙江外资企业注销数量不断增加，部分在谈外资项目暂停或延缓。

面对新的挑战，浙江省委主要领导指出，要坚决防止外贸格局"被打乱"、美国市场"被打没"、产业链"被打断"等系统风险。

中美贸易摩擦，表面在贸易上，实质在产业链，主阵地就在开发区。"链长制"正是在这样的不确定性下诞生的。

为应对冲击，经过一系列密集调研，浙江省商务厅出台《关于开展开发区产业链"链长制"试点 进一步推进开发区创新提升工作的意见》，在全国率先提出"链长制"，通过建立"九个一"工作机制，实现建链、补链、强链、延链，以确保产业链安全、出口和外商投资稳定增长、优质企业成长、高质量发展有序进行和就业平衡。其中要求各开发区确定一条特色明显、有较强国际竞争力、配套体系较为完善的产业链作为试点，链长则建议由该开发区所在市（县、区）的主要领导担任。

在"链长制"的发力下，2019 年，浙江进出口、出口占全国份额均创历史新高，其中出口增速列沿海主要外贸省市第 1 位。

疫情大考下"更见真章"

当时谁也没想到，这一"应急之举"在之后的新冠肺炎疫情"大考"中发挥出了重要作用。2020 年，疫情暴发，全国各地"缺一个零部件停一条生产线"、生产线面临"无米下锅"的情况接连出现。

浙江省商务厅二级巡视员梁志良清晰记得，2020 年春节刚过，来自全省开发区的电话不断：富阳经开区来电，反映区内机器人公司的一个配套产品在海宁开发区生产，该企业尚未复工复产，需要省厅协调；萧山经开区来电，区内发动机公司因下游做飞轮盘配件的企业受物流影响，无法及时供货，需要协调……"这些情况让我们意识到，在严峻的疫情形势下，市场失灵了。"

市场失灵了怎么办？这就需要政府出手发挥更好的作用。2020年2月17日，浙江省商务厅发出通知，要求高效运转开发区产业链"链长制""九个一"工作机制。

在浙江省商务厅的统一指导下，浙江各地经开区沿着核心产业上下游延伸，推出特色服务方案：海盐经开区指导企业制定"下游反哺法""互补消化法""链式让利法"等措施，打通产业链，助力企业全力复产；富阳经开区设立龙头企业服务专班，制定"一企一方案"，兼顾配套产业链企业，促进企业全面恢复产能……上下游产业链的贯通，加速了浙江复工复产进度，市场主体活力加速释放。2020年3月6日，浙江开发区规上工业企业复工率达99.6%，产能恢复率86.3%，员工到岗率达83.9%。

随着浙江各条产业链快速恢复运转，一大批新生产的口罩、防护服等防疫和生活物资被送往世界各地，既解决了各国疫情防控的燃眉之急，也为浙江"稳订单、拓市场"赢得了先机。

"链式思维"锻造浙江产业韧性

随着疫情得到一定程度的控制，防控进入常态化阶段，然而想象中的"春天"却没有来。外需断崖式下跌，出口依存高的产业链受损严重；上游原材料和中间品关键部件断供，部分产业链陷入危机；国际直接投资低迷，部分重大外资项目无法按期落地……这是对浙江外贸的冲击，更是对浙江产业韧性的考验。

面对前所未有的挑战，浙江将产业链补链强链视为突破口。2020 年 5 月，浙江省委、省政府召开浙江省开发区（园区）工作推进会，要求每个开发区要集中力量打造 2—3 个特色优势产业，围绕产业链精准招商引资，引资补链、扩链、强链。

2020 年 8 月，浙江省政府发文要求建立省政府领导挂帅联系十大标志性产业链工作机制，落实省级有关部门负责人担任产业链"链长"。一系列动作释放出了重要信号，促使地方政府转变经济治理理念，从过去的抓产业转为抓"链条"。

作为外贸大市，绍兴在全省率先运转"链长制"，狠下决心，打破坛坛罐罐，淘汰落后产能，引进先进的设备技术和管理体制，实现了传统产业"凤凰涅槃"，纺织等传统产业产值、利润、税收平均增速都在两位数，其中柯桥 2024 年前三季度出口同比增长 14.1%。

"链长制"也让浙江许多山区县寻找到了新的赛道。丽水经开区曾经囿于重重大山阻隔，招商引资存在一定挑战。近年来该开发区出台"链长制"提升方案，由"链长"亲自挂帅，并联招商，明确以产业链上下游的紧密合作为"垂直链"，以产业链内部的横向协同为"块状链"，极大提升了招商的效果和质量。

"我们坚持把服务链建在产业链上，大力培育链主型企业。"丽水经开区党工委书记、管委会主任刘志伟说道。该区 4 年间成功引进 40 个项目，总投资近 700 亿元，"无中生有"培育形成了特色半导体产业集群。2023 年，丽水经开区半导体产业外贸进出口总额达 21.7 亿元，同比激增 1256%，出口额同比增长 226%，引入外资 8056.8 万美元，增势强劲。

像这样的故事不胜枚举。海宁经开区泛半导体产业专门成立由市长担任组长的产业领导小组，设立发展专项基金，出台对重大项目实行"一事一议"综合扶持等政策；兰溪经开区五大主导产业各由一名市领导负责，并各自成立工作专班，着重牵头组织产业链精准招商和重大项目落地等。

一个个基层开发区的实践为浙江"链长制"提供了现实基础，积累了有益经验，也为浙江开放发展注入了新的动能。如今，浙江各开发区以约占全省 7.4% 的土地面积，贡献了全省 50% 的进出口额，60% 的实际外资和 70% 的规上工业增加值，成为浙江对外开放的排头兵。

从浙江走向全国，赋能新发展格局

从更深层次透视，"链长制"的实践运用不仅锻造了浙江产业韧性，也为浙江融入新发展格局提供了重要助力。

疫情以后，全球贸易和产业分工格局发生重大调整。从外部环境来看，全球市场收缩、经济陷入持续低迷，产业链供应链安全遭遇逆流；从内部环境来看，我国生产体系内部循环不畅和供求脱节现象显现，"卡脖子"问题突出。

党的二十届三中全会决定，健全提升产业链供应链韧性和安全水平制度。在此背景下，"链长制"被赋予了新的内涵。

在梁志良看来，如今的"一链之长"扮演着极为重要的角色，既要做好产业"研究员"、项目"攻坚手"，还要当好企业"店小二"、创新"引导者"，"通过这种机制，将行政资源、社会资本、空间资源、人才资源等资源要素向开发区倾斜，进一步推动开发区在浙江开放发展上挑大梁。"

如今在浙江，越来越多的开发区运用"链式思维"，引育壮大产业链龙头企业，实现上下游协同，激发国内市场的内需潜力，同时充分利用国内国际两个市场两种资源，推动产业链的国内区域互动以及与全球对接。

如，瑞安经开区充分利用汽摩配产业链"链长制"，以技术创新破除

■ 丽水市经开区滚动功能部件产业链被列入全省"链长制"试点示范。图为丽水滚动功能部件产业创新服务综合体（丽水市经济技术开发区 供图）

壁垒，支持瑞立集团组建由世界级专家率领的"浙江省领军型创新团队"，专注于车用空压机技术，成功研发出"轨道无油风源系统"，打破了技术垄断，同时引领了该区汽车零部件产业高质量发展。

"产品关键技术要不来、买不来、讨不来，唯有通过技术创新，实现突破。"瑞立集团董事长张晓平说。如今瑞立自主研发的系列产品已为国内60多家汽车制造厂以及欧系、美系和日系等车系提供服务，并已进入全球汽车零部件采购体系。

像这样的案例还有很多。"卡脖子"的技术困境在浙江开发区稳链、固链、强链和延链的实践中得到缓解，有效推动了浙江产业链现代化体系建设；产业链供应链更强的开放性，使浙江的开放更加融入世界。

经过4年多的探索实践，"链长制"不仅在浙江开发区点起了星星之火，更是被广西、江西、山东、安徽、河南、广东、江苏等20个省份借鉴推广，在应对中美经贸摩擦、保稳产业链等实践中贡献了浙江经验和浙江智慧。

由此可见,"链长制"的源头活水是基层开发区的创新性实践,是"从群众中来,到群众中去"的一项制度创新。这也是浙江"链长制"能够长效运转、走向全国的核心要义。

新发展格局下,浙江正起笔续写"高能级开放强省"新篇章,"链长制"也面临着新课题。在浙江省商务厅相关负责人看来,新形势下,发展"链长制"不是自我封闭,不是自给自足,而是实现更高水平的开放,对浙江而言,创新永远在路上。

(奚金燕)

驶向世界的浙江二手车：探索、逆袭与革新

中国是全球汽车保有量第一大国，也是消费量第一大国。买了新车，旧车何去何从？如今，越来越多的二手车驶出国门，销往世界各地。

放眼东海之滨，2019 年以来，浙江二手车出口数量、金额连续 6 年位居全国首位，成为观察浙江省新时代改革开放的新窗口。

浙江出口的第一辆二手车何以奔赴非洲大地？面对风云诡谲的国际市场，浙江政府和二手车出口企业如何承压而上？当往事如画卷般徐徐展开，一个关于探索、逆袭与革新的故事呈现在世人面前。

"从 0 到 1"：做"吃螃蟹的人"

2019 年 8 月 2 日，这是浙江元通二手车有限公司（下称"元通二手车"）总经理孙中平难以忘怀的时刻 —— 一辆别克 GL8 从台州出发至宁波关区报关，通过海运的方式以 12968 美元的价格出口至非洲科特迪瓦。这是浙江出口的第一辆二手车。

"当时我们已经准备好了出口车辆的一系列手续，海关部门的批文一经下发，我们就按照流程到浙江省商务厅领出口许可证。"预感到中国二手车出口即将迎来"春天"，孙中平心潮澎湃，"那几天兴奋得晚上都睡不着觉"。

■ 杭州首批 200 台二手车出口发车仪式

孙中平职业生涯中的这一"高光"时刻，得益于一次大胆的探索——2019 年，商务部、公安部、海关总署发布《关于支持在条件成熟地区开展二手车出口业务的通知》，北京、天津、上海、浙江（台州）、山东（济宁）、广东、四川（成都）、陕西（西安）、青岛、厦门等 10 地成为国内首批开展二手车出口业务的地区。

"我认为二手车出口是中国汽车行业发展到某个阶段必然会出现的产物，在此之前，日本、韩国等国家已经在做二手车出口了，因此我们信心满满，力求实现'后来者居上'。"孙中平笃定道。

成为中国二手车出口行业"排头兵"，浙江（台州）有何底气？

在孙中平看来，台州市走出了吉利等一批行业龙头，汽车产业是当地的支柱产业和城市名片。台州拥有汽车及零部件企业 6000 多家，上市公司 12 家，产业基础雄厚、规模庞大。

早在 20 世纪 90 年代末，台州各地便开始出现二手车买卖。"那时，二手车交易只在广州一带有，浙江周边地区还处于空白，台州地区率先尝试。"孙中平回忆说。2016 年，台州最大的二手车交易市场——方林二手车市场就实现了交易额突破百亿元，这进一步确立了台州在全国二手车行业的领跑地位。

行业拥有丰满的"羽翼"，而政策给予其"飞翔"的勇气。

孙中平介绍，位于台州的元通二手车是浙江首批拥有二手车出口资质的 5 家企业之一，"当时，浙江省商务厅对于大家的需求非常重视，隔三差五就开会听取我们的意见和困难，在流程申报、手续批复等方面更是'手把手'指导。"

在政企合力下，二手车出口业务在浙江顺利起步。

但天有不测风云，谁也没有想到，仅仅一年，这一新兴业务就遭遇了"拦路虎"。2020 年，受全球疫情影响，二手车出口商被"泼了一盆冷水"——自己出不去，客户进不来。

"是浙江在海外的'地瓜藤蔓'帮助了我们！"孙中平感慨万千。浙江为全国重点侨乡，有 200 多万浙江籍华侨华人分布在世界 180 多个国家和地区，"许多华侨华人在海外办企业、建厂房，已经和当地政府部门、商界人士建立了很好的合作关系。正是在他们的介绍下，我们才得以通过视频连线等方式和海外客户对接业务，保住了海外市场。"

孙中平介绍道，彼时，元通二手车在中东地区的出口业务需要通过迪拜这一"中转站"，在当地华侨的牵线搭桥下，来自中东国家的采购商纷纷前往看货，企业迎来"爆单"的高光时刻。

■ 元通二手车出口场景（物产中大　供图）

时过境迁，每每回忆起这段岁月，孙中平仍有感于"地瓜藤蔓"的强大力量。

"掘金时代"：尽享政策红利

2019 年到 2020 年，浙江二手车虽成功实现"走出去"，但尚处探索期，

步子迈得并不大。那两年，元通二手车出口数维持在几百辆，到了 2021
年，该数据首次破千。

孙中平把这一年称为浙江二手车出口的"政策转折点"——攀升背后，
除了企业"走出去"愈发坚定的步伐，还有一揽子出口政策的支持。

2020 年 12 月 31 日，浙江省商务厅等 13 部门下发《关于加快推进二
手车出口工作的通知》（下称《通知》），包含"积极推动二手车出口""扩
大二手车出口类型""支持老旧汽车出口享受淘汰政策""支持试点地区
创新开展试点工作""严把出口二手车的质量关""营造便利的出口环境"
六方面内容。

作为亲历者，孙中平深知这些政策为浙江二手车的"出海"之旅带
来了诸多利好。

"2019 年二手车出口刚开放时，并不像现在这样方便，比如我有一
批二手车从山东进货，需要在上海发货出口，但由于我们的企业在浙江，
必须把车中转到浙江上牌照，大大提高了运输成本。"孙中平表示，2020
年出台的政策包含了异地验车、转移登记等一系列改革措施，仅异地验
车一项措施，就打通了二手车可在当地查验、当地出口多个环节，不需
要来回浙江中转，成本大幅降低、效率大为提升，为二手车出口营造了
便利的环境。

"这些政策都让企业享受到了'真金白银'的红利。"孙中平认为，如
果把浙江二手车出口业务比作一辆汽车，那么《通知》的下发无疑踩下
了一脚油门，业务发展从此开出"加速度"。

如今，经过多年的发展培育，中国二手车出口产品丰富，既有新能
源汽车，也有燃油车。其中，新能源汽车占比逐步加大，燃油车、公共
服务领域特种车等也有一定市场。数据显示，中国二手车已销往全球 140
多个国家和地区，以中亚、中东、非洲和部分东南亚国家为主。

"2024 年 1 月至 9 月，我们出口二手车 14000 多辆，新能源汽车占比在 50% 左右。"在孙中平眼中，新能源汽车成为二手车出口"顶流"，主要得益于中国新能源产业的迅速发展。

放眼全球汽车消费市场，中国出口的二手车有多"香"？

浙江方林进出口贸易有限公司（下称"方林进出口"）是浙江首批获得二手车出口资质的企业之一。以中亚五国市场为例，方林进出口总经理王琛认为，不少买家青睐中国出口的二手车，尤其是新能源汽车，主要是因为价格优势——中国新能源车企"卷"产品、服务、性价比，利好消费者，"随着共建'一带一路'倡议深入推进，沿线国家和地区的民众对中国产品也更加信赖。"

王琛深入考察后发现，一些中亚车主把"理想 L9""星越 L"等中国新能源汽车称作"梦中情车"，因为车内配置了冰箱、大沙发、加热座椅等，不仅具备实用性，还提供了满满的情绪价值。

承压而上：政企合力创新

回首过去，得益于政府和企业的"双向奔赴"，浙江二手车出口已结出累累硕果——2024 年 1—9 月，浙江出口二手车 6.3 万辆，同比增长 107.8%；出口金额 12.47 亿美元，同比增长 81.3%，继续保持全国首位。

眺望前路，浙江仍需风雨兼程。"2024 年以来，约旦、土耳其等国家宣布对中国出口的汽车提高关税；埃及等中国新能源汽车进口国要求中国企业在当地投资建设主机厂，解决就业问题、指导前沿技术……"孙中平认识到，二手车出口正面临全新的挑战。

对此，王琛也深有同感——在当前国际局势动荡不安的情况下，部分进口中国二手车的国家遭受金融制裁，导致企业收汇困难；海外贸易壁垒等多种挑战持续存在，关税、政策的变化无常总是令人措手不及。

何以破局？答案仍然是政企合力。

"2024年，浙江各级商务部门积极组织二手车出口企业'走出去'展示展销，让更多海外潜在客户亲身感受产品的性价比；有外商来浙江考察时，相关部门也会把二手车出口企业纳入考察对象，给企业更多曝光度。"孙中平说。

面临严峻的国际环境和各种风险挑战，企业承压而上，更需要"修炼内功"。

2024年下半年，王琛赴南美等地区考察，"连轴转"了一个多月，向外籍采购商们介绍中国二手车出口业务的优势，不断拓展新兴市场；孙中平也在探索二手车出口的新赛道——"目前我们建了3个海外仓，还在乌兹别克斯坦、迪拜等业务情况较好的国家和地区成立子公司，并寻求与当地华侨华人的进一步合作。"

与此同时，元通二手车还谋划打造海外直播基地，在TikTok、YouTube、Facebook等海外社交平台建立二手车出口传播矩阵，让海外消费者足不出户就能了解浙江二手车出口的最新动态。

除了延伸"藤蔓"，浙江二手车出口也面临全国层面的共性问题——海外市场对中国自主品牌的认可度有待提升、售后服务开展难度较大……百尺竿头，如何更进一步？

"中国二手车要想'走得更远'，产品质量和品牌建设十分重要，中国的汽车制造商，尤其是新能源汽车企业需要不断提升产品竞争力和品牌影响力，才能在二手车出口的中高端市场占据更多份额。"浙江工业大学经济学院教授、硕士生导师徐小华这样认为。

此外，徐小华分析，中国二手车出口仍处于树口碑阶段，随着出口规模持续扩大，如果后续的售后维修服务跟不上，在海外的口碑会受到影响，"二手车出口企业可以加强配件供应、国外维修服务等售后业务，尊重海外消费者的体验感，进行口碑营销"。

"扶上马，送一程"，这是浙江对二手车出口企业一以贯之的态度。在转型发展的关键时期，浙江省相关部门继续推出一揽子利好政策，帮助企业强信心、干实事。

2024年10月，浙江省商务厅等16部门印发《浙江省进一步促进二手车出口意见（试行）》（下称《意见》），包括建立专项工作机制、壮大出口主体队伍等方面内容。

其中，《意见》明确指出，要推动主机厂与二手车出口企业资源对接，鼓励有条件的企业打造二手车出口品牌，促进二手车出口品牌化、规模化发展。

"看到浙江二手车出口政策不断迭代升级，我们很受鼓舞。"谈及未来，孙中平满怀信心："我们将持续加大投入，在海外创建更多二手车公共展示交易中心、销售门店等，提升国际化经营能力。"

六载光阴匆匆而过，浙江提交了二手车出口"从零到万"的优异答卷。而今站在新的起点，浙江政企敢为人先的精神不会改变。浙江二手车出口将克服千难万险，走向中国制造、品牌崛起的发展之路。

（邵燕飞　傅飞扬）

岁月不居，时节如流。

在浩瀚的开放历史长河中，浙江这片洋溢着活力与创新的热土，正以它独有的韵律，编织着一幅幅联结世界的壮丽画卷。其中，一个个涉外经济贸易活动和展会，海外"浙江周"等主题活动，都成为浙江与世界沟通的纽带，在浙江对外开放的图景中展现了绚丽的色彩。

从1999年首次举办浙江投资贸易洽谈会，到2003年成立浙新经贸理事会及2005年举办"港澳·浙江周"，再到2022年首次亮相并迅速升格为一类展会的全球数字贸易博览会，浙江以其坚定的步伐，不断拓宽国际合作的道路，打造了一个个国际合作"纽带"的样板。

本章节将引领我们深入探索这些联结、成长与超越的纽带故事，它们不仅见证了浙江的辉煌历程，更激励着每一个心怀梦想的探索者，勇敢地迈出步伐，去探索、去追寻、去创造……

浙洽会是浙江对外开放的"大功臣"

改革开放 40 多年，春潮涌动，东部沿海省份浙江的对外开放之路，或许可以从一场展会说起。

1999 年 6 月 8 日至 10 日，首届浙江投资贸易洽谈会（下称"浙洽会"）在宁波举行。当年浙江省委、省政府的工作总结，给予首届浙洽会这样的评价——浙江历史上规模最大、内容最多、成效最佳、反响最好

■ 1999 年 6 月 8 日至 10 日，第一届浙江投资贸易洽谈会在宁波举行

的一次综合性涉外经贸活动。

从此，浙洽会成为全省对外开放的大平台，其历史地位、重要作用和对外影响都深深烙印在浙江这片开放大地上。

20多年一以贯之，浙洽会始终秉持着开放合作的初心，平台不断提升、规模持续扩大、影响力日益增强，成为浙江省"引进来"和"走出去"的重要桥梁。这一诞生于世纪之交的盛会，在浙江开放型经济的辉煌篇章中写下了浓墨重彩的一笔。

从无到有：浙洽会应时而生

将时针拨回到1999年，世纪之交，风云变幻，彼时的人们不会想到，当年的一场展会将成为浙江对外开放的"大功臣"。

这场对外经贸盛会为何从1999年开始举办？当时有着怎样的背景？回忆往昔，原浙江省外经贸厅副厅长傅杜尔思绪万千，他回忆道："故事要从一个机构的成立讲起。"

1997年，受东南亚金融危机影响，浙江合同外资首先出现大幅回落，降幅达61.3%。1998年，实际外资也出现回落，降幅14.1%。迷惘之际，中央率先给出了明确信号——1998年，国家出台《关于进一步扩大对外开放提高利用外资水平的若干意见》。有了这颗定心丸，浙江随即出台改善外商投资软环境的十项规定和鼓励外商投资的优惠政策，并提出"四有"方针，即有人招商、有钱招商、有项目招商、有商可招。

在对外开放的基本国策下，为了让外资工作有具体抓手，能快速落实落地，1998年，浙江省外商投资管理局应运而生。

"当时省级层面已明确精简政府机构，在这样的背景下新设立一个正厅级的外资局非常不容易，这也体现了省里对外资工作的重视。与此同时，各地市甚至部分县（市、区）也设立了这一机构。"彼时，傅杜尔被调入浙江省外商投资管理局任副局长，分管外资和开发区工作。

初上任的外资局领导班子是有压力的，当时浙江实际利用外资处在全国第十位，要加速对外开放步伐，就必须提升招商引资的数量、质量，以及利用外资的水平。

从何处破题？大家形成了一个共识：除了成立省级外资管理机构，组建招商引资队伍，出台利用外资优惠政策，更需要搭建一个宣传浙江、加强交流、促进招商引资的专门性平台。

筹办浙洽会，就这样成了浙江省外商投资管理局的头等大事。

首届浙洽会为何选址宁波？时任宁波市政府办公厅涉外处干部严荣杰颇为自豪："当时宁波是国家对外开放沿海城市，外贸、外资数据均居全省前列，又有着港口优势，顺理成章成为浙洽会的首选之地。"

1999年6月8日，万名客商云集宁波，首届浙洽会热闹开张了。"记得当时是在北站路的老会展中心举行，规模比较小，设施也不太跟得上，但是那次来的客商很多，特别热闹。"全程参与筹备工作的严荣杰对当年的场景历历在目。

首届浙洽会由投资洽谈、贸易展览、人才智力引进三大板块组成，共设省中心馆、11个地市馆、旅游馆、科技人才馆、重点产业馆、开发区馆等16个展馆。三天时间里举行了投资项目洽谈、出口产品贸易展览、旅游展览、人才引进、高新技术成果发布会等活动。

数据证明，首届浙洽会成效显著：吸引来自美国、法国、德国、加拿大等66个国家和地区的3000多名外商，大会期间共签约360个项目，总投资达38.28亿美元，协议利用外资20.87亿美元。

一举开门红，浙洽会作为浙江最重要的经贸洽谈会之一，从此被固定下来。

从"引进来"到"走出去"：浙洽会与"世"俱进

对于外经贸人来说，2001 年是一个划时代的年份。这一年，中国加入 WTO，对外开放迎来一个新的春天。

浙江积极应对"入世"的机遇和挑战，浙洽会也历经了一次次蝶变。

自首届浙洽会旗开得胜后，浙江外商直接投资有了恢复性增长趋势，利用外资规模在全国排名几乎平均每一两年就前进一位。

数据印证了这一点，2000 年，实际利用外资金额 16.1 亿美元，创新高；2001 年，浙洽会后实际利用外资金额 22.1 亿美元，再创新高……到 2024 年，浙江实际使用外资达 152.7 亿美元，规模跃居全国第三位。

"一届比一届好"，如此形容每年上一个台阶的浙洽会恰如其分。然而令人不禁好奇的是，作为一个新展会，浙洽会为何甫一出现就能取得成功？浙洽会是否从一开始就这么顺利？

事实上，当时浙江的体量并不大，浙洽会又是个"新生儿"，没有知名度，如何把浙江这张牌打出去，让外商看到浙江的潜力和优势？

■ 2023 年 5 月 16 日，第二十四届中国浙江投资贸易洽谈会"投资浙里"高峰论坛举行

面对这一挑战，浙江发动全省 11 个地市和有关厅局去邀请外商，在一次次碰壁中逐渐掌握了一套方法和技巧：各地纷纷开始和外商打起"感情牌"，就算项目不成也能成朋友。

成功的另一重关键因素在于领导重视。每一年，浙江省委省政府主要领导都会亲临浙洽会现场，会见重要外商进行洽谈，极大提升了外商投资者的信心，也激发了浙江全省招商引资的积极性。

"实际上，外商非常看重领导出席，他们希望通过浙洽会这个平台见到主要领导，如果主要领导关注的话，这个项目的后续落地协调会方便得多。"傅杜尔将心比心地说。

他还记得这样一件事情。有一个外商投资项目，在签约后却发现没有土地，土地指标在年初就已经分配完了，这可急坏了地方政府。地方把这一难题反映到了省里，傅杜尔又将此事汇报给了当时的分管副省长。

"既然我们已经在会上签约，这个项目就肯定要落实指标，我们不能失信于外商。"省领导听说后态度明确，经多方协调及时补上了指标，帮助这个项目顺利破土动工。

正是因为政府部门的守信、高效，以及展会本身的影响力越来越大，到后来，不少外商都会主动提前来打招呼，希望能参加浙洽会，浙洽会的"朋友圈"越来越广。

值得一提的是，中央提出的"走出去"战略和中国的"入世"，让浙洽会的影响越来越广，内容不断丰富，成果愈加丰硕。

2002 年第四届浙洽会是中国加入 WTO 后举办的第一届浙洽会，当年会上扩大双向投资的展示和洽谈活动，安排专门场馆为境外企业来浙江设展招商，举办浙江境外投资专题论坛，顺应资源要素双向流动的需要，为浙江企业真正走向世界构建了一个良好的合作平台。

当时，生产保险箱的宁波永发集团借浙洽会平台在家门口"走出去"，2005 年底进入越南胡志明市，建立保险箱的总装基地。企业负责人还记得，那时保险箱整件出口关税高达 33%，而散件只要 8%，通过越南做东盟市场，是零关税，于是他们在越南租了厂房做整件装配，开启"出海"

之旅。

此后，浙洽会"走出去"的步伐越来越大：第七届浙洽会首次在"走出去"系列活动中举办"国家日"活动；第八届浙洽会首次举办对外经济合作项目签约仪式暨境外投资说明会；第九届浙洽会举办 APEC 港口服务网络研讨会等特色论坛……

从"一招鲜"到"组合拳"：浙洽会因势而变

"1＋1＞2"是哲学之问，对于浙洽会同样颇具启示。

中国在 2001 年加入 WTO 后，作为浙江最大经贸"大戏"的浙洽会随之迎来新一轮升级——首届中国国际日用消费品博览会（下称"消博会"）拉开帷幕。这意味着从 2002 年开始，浙洽会从"一会"变成了"两会"。

"消博会为广大外经贸企业提供了日用消费品进出口贸易的大好时机，不仅丰富了平台内容，增加了大量客商，更促进了外贸与外资的互动。"傅杜尔提到了当时的一种说法，"今天的外贸就是明天的外资"。

2003 年，第二届消博会即刮起一阵"浙江制造"的旋风，几千个浙江名、优、特产品尚未掀起盖头，就已吊足了国际大买家的胃口。当年，"家乐福""麦德龙""欧尚"等全球零售业前十强的跨国大买家各自订下 10 个以上的摊位，"家乐福"还一下子在宁波订下了 80 间客房。

一年又一年，随着国际买家高层次、大规模介入，跨国采购企业数量不断增加……浙洽会系列活动的层级也在不断提升，不少活动已走出浙江上升到国家层面。

2005 年，商务部首次参与主办消博会，消博会知名度和影响力进一步提升。数据最具说服力，那一年的消博会共吸引来自 103 个国家和地区的 1.2 万余名境外客商和 22 个省（区、市）的 5 万商家参加，摊位首次突破 2000 个，参展商品超 10 万种，精品、名品比重提高，商务部重点支持的诸多出口名牌商品缤纷登场。

从浙洽会扩展到消博会，在傅杜尔看来，这绝非"1＋1＝2"这么简单，"最开始浙洽会是以招商引资为主，后来随着全面放开外贸经营权，外贸逐渐替代了外资，走上舞台中央。"傅杜尔介绍，经过多年培育和发展，浙江逐渐形成了外资、外贸、外经"三外联动"的格局。

国之交，商往来。透过浙洽会系列活动，可以看到国际经贸合作的"双向奔赴"。

进入新时代，中国提出的共建"一带一路"倡议引发了新一轮对外经贸高潮。2015 年，首届中国—中东欧国家投资贸易博览会（下称"中东欧博览会"）的加入，使得"两会"扩容为"三会"。

2019 年，中东欧博览会提质升级为国家级展会，这是中国推动共建"一带一路"的重要开放平台，也是面向中东欧地区唯一的国家级展会。

2023 年，在第三届中东欧博览会上，宁波三星医疗电气股份有限公司迎来了匈牙利的老朋友。公司海外市场负责人左斌介绍说："这是我们合作了十年的客户，借着这次博览会契机，带着团队来到宁波进一步加深合作。"博览会期间双方签下新的合作协议。

这一届中东欧博览会的总结中这样写道：共签约外资项目 62 个，总投资 177.8 亿美元，同比增长 17.7%。到会专业采购商 1.5 万名，观展人数 12.6 万人次，中东欧商品采购订单 105.31 亿元，均创历史新高。

中东欧博览会为欧洲客商打开了通往中国市场的一扇新大门，也充分展现出全球经贸疫后复苏的生机和盛景。

伴随经贸往来的深入，对话机制也呼之欲出。中国—中东欧国家经贸促进部长级会议、中国—中东欧国家海关检验检疫合作对话会等一系列高级别会议,接连在宁波落地生花,赋予了浙江对外开放的无限可能。

向历史深处回望,以 1999 年首届浙洽会为起点,到 2002 年首届消博会,再到 2015 年首届中东欧博览会,如今"三会"互动、互促、共赢的格局,是浙江开放型经济发展的一段生动注脚。

从外贸大省到开放大省再到开放强省,浙江演绎了高水平"走出去"闯天下和高质量"引进来"强浙江的动人故事。

（赵晔娇　郭其钰）

港澳·浙江周——见证浙港澳交流的"双向奔赴"

浙江向南，港澳往北，见证了一场长达 20 年的双向奔赴。

20 年前那个充满活力的冬日，浙江与港澳之间的合作之门以全新的方式被推开，一场旨在深化交流、共谋发展的盛会就此拉开序幕。

2005 年 1 月，时任浙江省委书记习近平同志率领由 600 多人组成的浙江代表团，参加首届"港澳·浙江周"活动，主动"走出去"，宣传浙江、扩大影响、促进合作。一周时间，"港澳·浙江周"活动共签订投资项目 153 个，总投资额 62.58 亿美元。

数字背后，承载着浙港澳三地的共同努力与期待。此后二十载，活动一以贯之，"港澳·浙江周"成为浙港澳交流合作的一张特色名片，成为"引进来"和"走出去"的重要桥梁，促进了资本、技术、人才的流动与融合。

"港澳·浙江周"不仅是一场经济交流的盛会，更是一种文化的交融，一次心与心的沟通。回顾"港澳·浙江周"的历史脉络，不仅是在回溯三地交流合作的过往，更是在回望浙港澳三地在经济全球化浪潮中携手并进的历程。

世纪之交，开拓新局

在内地诸多省份中，浙江与港澳的渊源尤为深厚。

20 世纪中叶，一大批浙籍人士南下打拼，香港和澳门就是重要的落脚点。敢闯敢拼的浙江人，依靠自己的智慧和汗水，在港澳的热土上创造出了一个又一个商业传奇，也为港澳的繁荣发展作出了卓越贡献。

比如来自浙江宁波的"华人世界船王"包玉刚，1949 年，他初到香港，从经营进口贸易做起，稳扎稳打不断扩展业务，渐渐蜚声航运界。

驻港工作 20 余年的杭州钢铁集团有限公司香港分公司富春公司总经理翁昌荣，也是在历史洪流中南下打拼的一员。

"我亲身经历了 20 多年来浙港澳经济合作的巨大变化。"提起浙港澳合作的前尘往事，翁昌荣的眼前清晰浮现出 20 多年前的那段岁月。他清晰记得，改革开放后，浙江和港澳的互动更为频繁。彼时，国家经济建设需要大量资金，一些在港澳闯出天地的浙籍实业家，心怀桑梓之情，回到祖国和家乡投资。

这其中包括香港著名的影业大王邵逸夫、捐资建造了宁波大学的包玉刚、香港钟表企业家闻儒根等人。几十年间，浙江与港澳之间形成了一条无形的纽带，并且越来越紧密。

但在世纪之交时，作为民营经济大省，浙江遇到"成长的烦恼"。彼时，浙江许多中小微企业在从劳动密集型转向技术、资本密集型的过程中，遭遇了"营养不良"——资金供给不足、融资渠道有限。

怎么办？怎么做？答案指向一处："跳出浙江发展浙江。"

2005 年的香港，正是浙江最主要的贸易伙伴之一，是浙江第一大外资来源地、浙江在大陆以外投资的第二大地区、浙江第四大出口市场。

"一直以来，香港是浙江最重要的外资来源地之一，更是浙江'走出去'的重要窗口，浙江的资本和产品通过香港走向世界。"翁昌荣说，"香港成熟的资本市场，匹配上一流的服务水平，解决了浙江民营企业'营养不良'的问题。"

从 1994 年赴港上市的镇海炼化，到 1997 年初上市的沪杭甬公路，再到近年来的阿里巴巴、农夫山泉、网易等一批浙江知名企业……香港这个"超级联系人"，帮助浙企吸纳优质国际资源，成功走向国际市场。截至目前，在香港上市的浙企已有 113 家。

站在历史的十字路口，如何进一步推进浙江与香港、与澳门、与世界的交流合作，更好实现"跳出浙江发展浙江"？

"港澳·浙江周"应运而生。

双向奔赴，互利共赢

2005 年 1 月 16 日至 22 日，时任浙江省委书记习近平同志率领由 600 多人组成的浙江代表团参加首届"港澳·浙江周"活动。

"那一年，我还是一名普通的工作人员，有幸参与了首届'港澳·浙江周'的筹备和服务工作。"聊起这段岁月，翁昌荣的目光仿佛穿越历史云烟，定格在了 20 年前的那个冬天。

车马未动，粮草先行。他记得，为办好首届"港澳·浙江周"活动，浙江方面做了大量的准备工作，期望和港澳从政治、经济、人文、传媒等各领域开展对口交流。

"省里格外重视这场活动，方方面面都考虑得十分周到，希望能在港澳两地留下一个深刻的印象。"翁昌荣还记得一个细节，活动前浙江方面专门准备了龙泉青瓷等浙江特色的工艺品，并提前派专车从杭州运到香港。

经精心筹划，在万众期待中，首届"港澳·浙江周"如期而至。

2005年1月17日，香江之滨蓝天白云、阳光明媚，美丽的维多利亚港一派繁华景象，以推进浙港服务业合作与发展为主题的"香港·浙江周"活动隆重开幕。时任浙江省委书记习近平同志作主旨演讲，香港特别行政区行政长官董建华先生参加开幕式并致辞。

开幕式上，浙港两地有关企业共签订26个独资、合资或合作项目，总投资达27.1亿美元，其中协议外资9.6亿美元，内容包括旅游、物流、商业、教育、卫生等方面。

"这是一次前所未有的合作。"提及此，翁昌荣不禁提高音量，"其中最具有标志性意义的，当属杭州萧山国际机场与香港机场管理局的合资项目！"

■ 2023 港澳·浙江周，浙港企业家在商务、科技、文化、旅游、金融等领域交流合作

这一合资项目也令国内外广大媒体高度关注——杭州萧山国际机场有限公司与香港机场管理局签订萧山国际机场合资项目意向书，并联合召开新闻发布会，正式表示香港机场与杭州萧山国际机场结成战略合作伙伴，通过增资入股形式，共同组建中外合资公司。

"在我们看来，这一合作具有重大意义。"翁昌荣说。随着香港机场参股杭州萧山国际机场，浙江引进了香港机场的先进管理理念，使得杭州萧山国际机场一跃成为中心枢纽机场。

"地理上，杭州与香港的直线距离是千余公里，如今完全可以一日往返。"翁昌荣细数道。2004 年，香港飞杭州每天 2 个航班，现在已增至6 个。彼时浙江驻港企业才 200 多家，现在已增至上千家。这亦是浙港经贸活力涌动的体现。

不仅如此，短短几天里，翁昌荣也深切感受到浙港澳三地的深切情谊与紧密联系。

时任浙江省外经贸厅副厅长傅杜尔也全程参与了首届"港澳·浙江周"活动。"习书记作主旨演讲，参与重大项目签约，与方方面面的人士都进行会面交流。他还特别重视商会社团，与民间力量合作，为浙江开放服务。"傅杜尔回忆。

尽管已经过去了 20 年，但傅杜尔仍对开幕式的那个夜晚记忆犹新。在香港演艺学院歌剧院，台上精彩的绍剧《真假悟空》引来阵阵掌声，台下是浓浓的浙江乡音。

忆桑梓、道乡愁、谈合作。首届"港澳·浙江周"活动共签订投资项目 153 个，总投资额 62.58 亿美元，为浙港澳的双向奔赴、互利共赢推开了新的大门，也为 20 年来浙港澳的交流合作奠定了基础，指明了方向。

情谊不绝，再续新篇

地瓜的藤蔓向四面八方延伸，为的是块茎能长得更加粗壮硕大。藤蔓弱，则块茎衰；藤蔓强，则块茎壮。

"我们十分有幸生于这个时代，见证在'地瓜理论'的指引下，在'港澳·浙江周'这一平台的助力下，浙江与港澳地区实现了更高端的合作、更深度的开放、更有效的互补。"翁昌荣说。

在这位深度参与浙港澳合作交流的浙江外贸人看来，这20年来，"港澳·浙江周"活动可以概括为"三个一"。

一以贯之，初心不变。

20年来，浙江省高度重视浙港澳合作发展，以"港澳·浙江周"活动为平台，持续不断地扩大合作面，加强合作深度。特别是浙江省历任主要领导都亲自谋划和指导浙港澳合作的各项活动。这是不变的合作初心，也是不变的情谊所在。

一马当先，引领合作。

"可以说，'港澳·浙江周'活动开创了内地与香港、澳门交流的典范，形成了广泛的示范，此后也带动其他省份一起做。"翁昌荣说。如今，"港澳·浙江周"已成为浙江与香港、澳门合作交流的金名片和大平台，亦为全国各地与香港、澳门的合作起到示范和引领的作用。

不仅如此，浙江还成功复制该模式，"浙江周"活动不只在港澳开展得风生水起，也在法国、美国等国家也掀起了"浙江热"。

一子落下，满盘皆活。

如今，浙港经贸合作活动有时在香港举办，有时在浙江各地市举办，例如甬港合作论坛就一年在香港、一年在宁波。浙江企业借势陆续到港

■ 2023 港澳·浙江周开幕式暨浙港携手合作主题论坛签约仪式

澳发展，比如每年的香港国际珠宝展，浙江诸暨都派出"珍珠团"前往设立"诸暨馆"。

当然，浙港澳的合作不只经贸，文化上的水乳交融，更使得三地"你中有我、我中有你"。

2012年6月，浙港文化交流合作协议签署，两地文化交流由此进入新阶段。这些年来，浙港澳在戏曲交流、文化遗产保护等方面的互动越来越频繁，三地互为重要旅游目的地和旅游市场。

"在我们看来，浙江已成为港澳青年赴内地研学、旅游的首选打卡地。"翁昌荣说。自2017年起，浙江开始实施万名香港青年浙江行计划，三年内组织1万多名香港青年来浙江交流考察。

这样的交流始终在持续。2024年，"同根连心迎国庆·团结奋斗创未来"港澳青年浙江行活动举行，吸引1000余名港澳青年来浙江交流。参与的青年中有不少人的祖辈都来自浙江。

此次活动澳门团团长、全国政协委员贺凯琪感到无比兴奋,她说:"这是一次难得且宝贵的学习机会,能够与浙江、香港的青年们相聚杭州,一起学习交流,沉浸式体验杭州的风土人情、民俗文化,感受国家的快速发展和成就,是一段十分珍贵的经历。"

狮子山下,留下了浙江人揾食打拼的身影;钱塘江边,也有港澳同胞勉力前行的足迹。在这场双向奔赴中,从最初的项目对接到如今的全方位合作,浙港澳三地的交流已从经济领域拓展到文化、教育、科技等多个层面,浙港澳合作的前景无比广阔。

"近年来我们也和多方交流,思考浙港澳合作的前景在哪里?"面对未来,翁昌荣如是畅想道,"在创新科技合作方面,浙江可以在香港、澳门打造'飞地',推动三地科研院所的全面合作;在国际投资和贸易方面,浙江可以在香港设立投资基金和国际运作平台;在浙江的国际交流中,可以利用香港和澳门东西方文化交融的优势,讲好'浙江故事'……"

强强联合,奏响琴瑟和鸣曲。翁昌荣和许许多多参与见证浙港澳合作交流的人相信,未来三地的互动将更加频繁,合作领域将更加多元化,"升级版"的浙港澳合作,也定将为中国经济更好发展注入信心和动能。

(张煜欢)

浙江与新加坡：二十载携手同行，共绘经贸新篇章

2002 年 8 月，正值盛夏，时任新加坡贸易和工业部部长杨荣文率团访问浙江。当时的中国，迈入 WTO 的大门还不足一年，经济却已如破竹之势，迅猛增长。

据对外贸易经济合作部（现商务部）公布的数据显示，2002 年，中国外贸进出口总额首次突破 6000 亿美元大关，达到 6207.9 亿美元，同比增长 21.8%。其中，浙江省为 419.61 亿美元，占中国进出口总额的 6.76%，在中国外贸十强省（市）中排名第五。

在这场会晤中，"亚洲四小龙"之一的新加坡对浙江的发展前景，尤其是民营经济高度认可，并抛出了一个提议——双方共同建立"浙江—新加坡经济贸易理事会"（下称"浙新经贸理事会"），在狮城设立中国浙江中心（新加坡）（下称"浙江中心"），旨在建立双方沟通与合作机制，促进浙江与新加坡之间的经济交流、贸易往来以及其他领域的合作。

这一提议赢得了浙江各方的高度重视与肯定。一扇连接浙江与世界的大门正在缓缓打开。

■ 2003 年 11 月 15—18 日，浙新经贸理事会第一次会议召开。新加坡"中国浙江中心"暨"新加坡—浙江经济交流促进机构"在新加坡成立

设立浙江中心　紧密浙新合作

自中国加入 WTO 以来，浙江与国际的联系日益紧密。浙江的民营企业家展现出前所未有的决心与行动力，积极开拓海外市场，不断加快"走出去"的步伐。

有着"亚洲四小龙"之称的新加坡正是浙企"走出去"的重要市场之一。

2003 年，在原浙江省外经贸厅工作的吴航，见证并参与了浙江与新加坡经贸合作从无到有的整个过程。

据吴航回忆，杨荣文率团访问浙江后，浙江省外经贸厅便积极筹备浙新经贸理事会、浙江中心的相关事宜，双方的联系也更加紧密。

2003 年 3 月，时任浙江省副省长王永明率团赴新加坡举办"新加坡·浙江周"活动，该活动不仅展现了浙江的经济发展成果和企业实力，还增进了浙江与新加坡的相互了解。

活动期间，浙江专门成立了浙江中心筹备处，旨在高效协调各方资源，加快相关人员与项目的对接。同年 4 月，商务部正式批准设立浙江中心。

"筹备过程还是令人忐忑不安的，因为早在 20 世纪 90 年代，新加坡曾派代表来浙江考察建立工业园，但最终选择了苏州。正因如此，此次筹备工作才备受重视。"回忆起筹备过程，吴航仍记忆犹新。

与"工业园"失之交臂后的浙江并未气馁，尤其是进入 21 世纪，浙江与新加坡的经贸往来不断升温，新加坡成为当时浙江在东盟地区仅次于印度尼西亚的第二大贸易伙伴。

"浙江与新加坡在经济上具有很强的互补性，浙江的机电产品、服装、纺织纱线、织物制品、电线电缆、轴承等都是新加坡所需要的，新加坡的塑料、成品油、通信设备、高新技术产品也是浙江所需要的。"吴航向记者娓娓道来，广阔的产业合作空间让他们燃起了再续前缘的信心。

在双方的共同努力下，2003 年 11 月 17 日，"浙新经贸理事会成立谅解备忘录"在新加坡签署，确定了浙新经贸理事会的五项职责，包括互相交换经济信息和资料，促进双方合资、合作和发展贸易，举办经济、贸易、投资等交流活动等。同日，浙江中心在新加坡新达城正式揭牌成立。

至此，浙江在海外设立的首个商务促进机构——浙江中心正式投入运营，该中心成为双方高层领导及企业间深入交流的重要平台。

浙江的企业和资本，犹如地瓜那充满生命力的藤蔓，向着南洋的方向不断延伸拓展。

投资有来有往　浙新企业共享甜蜜果实

新达城位于新加坡市中心，5 座办公大楼宛如一个巨人的五根手指，托起一个巨大的财富喷泉。

"浙江中心位于4号楼的30多层，占地面积约400平方米，内部设有办公室、洽谈室及会议室。成立之初有10多家浙江企业聚集在此共同办公。"浙江中心原主任韩洪祥回忆道，"我们的初衷是把浙江中心作为一个孵化器，帮助浙江企业拓展业务，并与当地商业协会建立联系。"

2004年3月，韩洪祥搭乘航班从杭州飞往新加坡，起初任期仅为两年，然而没想到的是，任期竟持续了5年之久。

"有一次，我在新加坡机场打车，告诉司机要去新达城浙江中心，没想到司机立即回应说知道这个地方。这件事情给我留下了很深的印象，说明当时浙江中心在新加坡已逐渐打开了知名度，同时也从侧面反映出浙新合作的影响力在不断扩大。作为中心主任，我感到很欣慰。"韩洪祥流露出满满的自豪感。

在过去的20年里，得益于浙新经贸理事会和浙江中心的积极引领与推动，众多浙江企业借力新加坡这片热土"扬帆出海"，逐步走上国际化发展之路。

2009年，宁波海运集团在新加坡设立子公司，迈出企业国际化布局的重要一步；2012年，杭州钢铁集团在新加坡成立国际贸易公司，进一步拓宽国际业务；2014年，浙江正泰太阳能科技有限公司携手新加坡，共探绿色能源合作新机遇；2020年，浙江海亮股份有限公司赴新加坡投资合作，成为浙江教育国际化的一个重要里程碑；2021年，浙江吉利集团赴新加坡投资合作，进一步强化了其全球汽车产业链的影响力等。

"仅2004年，就有4家浙江企业在新加坡挂牌上市。"韩洪祥回忆说，其中，最令人印象深刻的是祐康食品（杭州）有限公司（下称"祐康食品"）的上市。

该公司在新加坡上市的过程中，获得了新加坡当地企业——第一家食品厂有限公司（下称"第一家食品"）主席魏成辉先生的个人支持。魏成辉先生以个人名义入股祐康食品 20% 的股份，并协助其在新加坡成功上市。同时，借助第一家食品在 40 多个国家和地区的销售平台，祐康食品快速实现产品销售国际化，企业收益也随之不断提升。

除了推动浙江企业"走出去"，浙新经贸理事会还积极吸引新加坡企业"走进来"，构建浙江与新加坡之间互利互惠、合作共赢的新格局。

2006 年 11 月，由新加坡政府与浙江共同推动的首个战略合作项目——新加坡杭州科技园在杭州下沙举行奠基仪式，这不仅弥补了与"工业园"项目失之交臂的遗憾，还成为中新两国经济交流的又一重要成果。

沈荣大是该项目的新加坡方负责人，他对当时的场景记忆犹新，"最令我们惊喜的是，下沙拥有浙江省内规模最大的大学城，为我们提供了充足的人才储备。"

据沈荣大介绍，多年来，新加坡杭州科技园紧紧围绕信息技术、软件研发、数字经济、人工智能、电子商务、生物医药、文化创意等产业

■ 2006 年 11 月 19 日，新加坡杭州科技园举行奠基仪式

方向，不断加大项目招商力度。截至目前，该园区累计引进入驻企业超800家。

值得一提的是，区别于传统工业和商业氛围浓厚的办公场地，新加坡杭州科技园更像是一个理想的综合社区，融合了生活、工作、休闲、娱乐、学习与研发等多重功能，为入驻企业和人才提供了舒适、高效且富有创造力的环境。

杭州西溪悦榕庄度假酒店、萧山瓜沥七彩小镇、义乌"食尚新加坡食品中心"、杭州来福士中心……浙江这片充满活力与创新的土地，吸引了众多新加坡企业的关注和投资。截至2023年底，新加坡在浙江投资项目已超1600个，成为浙江的第二大外资来源国。

浙新创新往来　共筑发展新篇

随着全球化进程的加速推进，浙江与新加坡的合作正以前所未有的深度和广度，不断拓展创新边界，向"新"而行。

2023年8月，浙新经贸理事会第十七次会议在新加坡成功举行。会上，双方签订了油气交易、贸易投资、园区平台、人才教育、数字经济、生物医药等领域的16个项目，为浙新两地的发展注入了新的动力。

以"基于跨境电子合同的签署网络关键技术研发及应用"项目为例，杭州天谷信息科技有限公司与新加坡DC Digital Pte Ltd共同合作，致力于解决跨境电子合同签署过程中的技术难题。该项目的推动不仅提升了跨境交易的便捷性和安全性，更为双方在数字经济、金融科技等领域的深入交流与合作搭建了桥梁。

各领域的创新项目如雨后春笋般纷纷涌现，海洋生物材料用于创面修复抗菌性敷料项目、基于绿色算力的数字视网膜技术研发与应用项目、建筑 3D 打印技术在东南亚地区的应用推广项目……充满了勃勃生机。

与此同时，新的合作载体也为两地搭建了更加宽广的合作平台。

浙江省科学技术厅发布的 2023 年度省级国际科技合作载体认定名单中，不乏浙新合作的典范。如浙江科技大学与新加坡 SJP 岩土顾问有限公司合作建设的"浙江—新加坡城市更新与未来城市联合实验室"，浙大城市学院与南洋理工大学合作建设的"智能物联网技术与系统国际科技合作基地"等。

"浙江—新加坡城市更新与未来城市联合实验室"项目负责人、浙江科技大学教授邹宝平受访时谈到，该实验室在引进国外专家指导的同时，融合先进理念和技术，在城市更新、交通优化、数字技术融合及环境健康评估等领域进行理论研究和技术实践，为浙江省乃至中国的城市更新提供智力支持。

这些创新载体的落成，不仅推动了学术与人才的国际交流，更为国际技术转移转化注入了新的活力。

"满眼生机转化钧，天工人巧日争新。"在全球化的时代背景下，人才交流与教育合作已成为推动发展的重要基石。浙江与新加坡正积极采取行动，不断"上新"举措，共同书写新篇章。

2024 年，双方研修、访学、交流往来的师生超 800 人，浙江省教育厅还选派了多批中小学校长、科学老师赴新加坡南洋理工大学进行研修，两地中小学校结成了 352 对姐妹学校。这些举措不仅促进了两地教育资源的共享，更为培养具有国际视野的人才奠定了坚实基础。

在浙新经贸理事会第十七次会议上，新加坡国立大学商业分析与运营学院、浙江大学国际联合商学院新加坡中心与七彩集团签约，在之江七彩云创城共同打造浙新临空产业创新中心。该中心下设立四个平台：浙新临空经济成果转化中心、新加坡浙商总会杭州驿站、两岸四地青年创新创业基地和临空经济管理学院。

其中，临空经济管理学院旨在促进临空经济发展、助力临空品牌打造、推动中外合作平台建设。该学院将具备三大特色：突出产业和治理主题，打造专业领域教学特色；实战经验丰富的讲师团队，打造实用型教学特色；中外合作办学，打造国际化教学特色。

临空经济管理学院院长杨攀表示，目前学院已经形成成熟的三大课程体系，分别是临空经济管理暨产业园系列课程、社区基层治理系列课程、企业家实地游学课程，课程对标国际、面向全国，以"理论＋实践"的教学理念打造在专业细分领域有品牌号召力的特色学院。

回望浙江与新加坡携手同行的 20 余年，两地共同书写了无数辉煌篇章，铸就了深厚的友谊与合作基础。从 2003 年浙江与新加坡双方进出口总额为 9 亿美元，到 2023 年的 91 亿美元，浙新合作成果斐然。

当下，浙新合作项目正如藤蔓般不断延伸拓展，20 多年来，不仅极大地拓宽了双方合作的广度，更在创新的引领下，挖掘出合作的深度。

两国携手铺设的追梦之路，犹如一条条纽带，引领双方企业通向世界的舞台，共同开启合作共赢的新纪元。

（林 波 曹 丹）

从"数贸之窗"瞭望——数字无界　贸易无边

在之江大地，数字经济与数字贸易的浪潮如同钱塘江潮水般汹涌澎湃，引领着新时代的航向。这股力量不仅改变了浙江的面貌，更在全球范围内掀起了一场前所未有的数字革命。

2022年12月，由浙江省人民政府和商务部联合主办，杭州市人民政府、浙江省商务厅和商务部外贸发展事务局共同承办的首届全球数字贸易博览会（下称"数贸会"）在杭州成功举办。

那一刻，浙江迎来了属于自己的荣耀时刻。回望过去三年，通过"数贸之窗"，我们得以窥见一个数字无界、贸易无边的广阔天地。

加"数"前行　扩大数字贸易朋友圈

2003年7月，浙江省委部署实施"八八战略"，成为浙江省坚持绘到底的一张"蓝图"。建设"数字浙江"便是"八八战略"再深化、再实践的重要内容。

在"八八战略"引领下，浙江持续深化"数字浙江"建设。2016年G20杭州峰会掀起"数字浙江"的发展新高潮，2017年实施数字经济"一号工程"，2021年全面推进数字化改革，2023年提出以更大力度实施数字经济创新提质"一号发展工程"。

■ 2022 年 12 月 12 日，首届全球数字贸易博览会之江数字贸易主论坛期间举行重大项目签约仪式

加"数"前行是浙江的生动写照。特别是在 G20 杭州峰会上，中国作为主席国主持起草了首个具有全球意义的数字经济发展合作倡议——《二十国集团数字经济发展与合作倡议》，数字经济为全球经济注入新动力成为与会各国的共识。

浙江也牢牢抓住这个机遇，数字经济与浙江最为擅长的贸易相结合，便掀起了浙江数字贸易发展之浪潮。

"举办数贸会是巩固并深化 G20 杭州峰会共识实践成果的一次重要而集中的展现。"作为数贸会筹办的负责人，浙江省商务厅副厅长胡真舫亲历并见证了数贸会从无到有的全过程。

从一开始方向性地提出要在浙江举办一个以数字贸易为主题的综合性展会起步，2020 年 8 月，随着国务院《中国（浙江）自由贸易试验区扩展区域方案》的印发，浙江被正式赋予了打造全球数字贸易博览会的重任。

"明确任务之后，为争取全国清理和规范庆典研讨会论坛活动工作领导小组的支持，省市两级先后 36 次赴北京对接沟通，最后在 100 天内完成了展会的报批工作。"浙江省商务厅服务贸易处处长庄谨在回顾这段历程时，难掩自豪之情。

对于通常需要至少提前一年报批的国家新展项目而言，"浙江数贸速度"显得尤为亮眼和突出。

"在各级领导的支持推动下，浙江充分发挥数字化改革的优势，聚焦数字贸易领域，精心谋划、积极争取，终于在 2021 年 9 月正式获批举办数贸会。"胡真舫说。

这是目前国内唯一一个以数字贸易为主题的国家级、国际性的专业博览会。然而，首届数贸会的筹办并非一帆风顺，会议因疫情原因两度延期。但在两次延期中，数字贸易却迎来了重大利好。

2022 年 10 月召开的党的二十大提出，将发展数字贸易提升为国家战略，与货物贸易、服务贸易一起作为贸易强国建设的三大支柱。

胡真舫告诉记者，大家看到党的二十大报告时，都很振奋，恰逢首届数贸会即将召开，"这是时代赋予浙江的机遇，也将浙江的数贸会推向了更重要的地位"。

2022 年 12 月 11 日，以"数字贸易　商通全球"为主题的首届数贸会在杭州正式开幕，这是疫情防控形势下中国举办的首场国家级重大展会，展示了中国数字贸易的勃勃生机。

疫情之下，发展数字贸易，助力经济复苏，已成为许多国家的共同选择。首届数贸会旨在搭建一个促进全球数字贸易发展的国际合作交流平台，推动数字贸易规则重塑、价值重塑和优势重塑。

24 个项目现场签约，签约金额达 493 亿元，项目主要涉及数字经济、总部经济、生命健康、新能源、新材料等产业……首届数贸会在落地多项重要成果的同时，更是拓宽了数字贸易合作新空间。

数字无界，贸易无边。数贸会上的"潮涌"与"脉动"也让其在举办后的次年就成功升格为国家一类展会，逐步与广交会、进博会、服贸会等国家重大展会并肩而立。

乘"数"而上　展现未来无限可能

"十四五"规划描绘了"建设数字中国"的宏伟蓝图，作为数字化改革先行省，浙江如何以"数"谋新？透过数贸会看浙江数字之路，"数字"两字所承载的，不仅仅是冰冷的数据流与算法逻辑，它更是浙江经济转型升级的强劲脉动，是创新驱动发展战略的璀璨火花。

"数实融合"亮点频现、各种云业态竞相呈现、跨国企业同台掘金……全球数字贸易"潮流涌动"，三届数贸会更是展现"数字"的无限可能。

"一方面，我们实地调研了广交会、进博会、服贸会等综合类大型展会和世界人工智能大会、长三角文博会、深圳无人机展会等专业领域展会，汲取策展与组织经验；另一方面，我们通过大量社会调研，认识到展会生命力的核心在于对接和交易，因此我们逐年加大专业客商与专业观众的邀请力度。"胡真舫分享说，他们在提升数贸会能级方面，从未止步。

作为数字经济和数字贸易的先行省与领先省，浙江已将这两者打造成为推动高质量发展的主引擎和"金名片"，并围绕"打造全球数字贸易中心"目标，不断吸收并借鉴国内外的先进经验与做法，逐渐探索出了一条"综合展、专业办"的发展路径。

在2024年举办的第三届全球数字贸易博览会上，共有来自32个国

■ 2024 年，在杭州大会展中心举办第三届数贸会

家和地区的 1500 多家企业参展，其中国际企业参展数量和面积占比均超20%。

其中，聚焦数字医疗、首次参展的辉瑞中国带来了"3A（Accelerate加速、Access 可及、Associate 连接）患者旅程全阶数字化"创新解决方案，全面展示旗下覆盖患者旅程全阶段的数字化创新案例，以数字化手段重塑临床实践和患者体验。

"数贸会期间，希望辉瑞旗下各领域数字化创新解决方案能够为与会各方提供启发与借鉴，共同探讨如何更好地服务医生和患者，助力实现惠及全民的'健康中国 2030'的宏伟愿景。"辉瑞中国区总裁、RDPAC执行委员会主席、中国外商投资企业协会副会长 Jean-Christophe Pointeau表示，首次参加数贸会，辉瑞就展示了五大阶段的创新案例。

"数贸会不仅是传统意义上的商品出口，更是全球企业交流与合作的平台。"地卫二空间技术（杭州）有限公司（下称"地卫二"）创始人、CEO 温卓明表示。

作为中国的民营商业航天公司，地卫二主要从事 AI 卫星的设计研制与全球化销售等业务，在 AI 卫星与 AI 遥感领域拥有全球领先的技术储备。

截至目前，地卫二的业务已覆盖中东、东南亚、非洲和南美等 40 多个国家和地区。在第三届数贸会上，地卫二还与巴林、肯尼亚等多个国家和地区签订合作协议，推动 AI 应用在太空的部署。

"通过在海内外国家和地区的路演推广、与国际展览公司合作共创以及行业协会定向邀约等方式，第三届数贸会在专业客商数量方面实现了翻倍增长。"胡真舫生动地描绘了当时的场景——为了展现数字的无限可能，数贸会在每个特色产业展区内，汇集了全链条上的各类企业，这些企业可以根据自身业务需求、重点市场及面临的痛点问题，轻松实现"一键式"订单寻找与市场拓展，同时有效规避各类风险。

以"数"会友　推动全球数字贸易发展

海阔凭鱼跃，天高任鸟飞。数字化浪潮席卷而来，浙江乘风而上，以"数"会友，共绘全球数字贸易发展新篇章。

习近平主席向第二届全球数字贸易博览会致贺信指出："当前，全球数字贸易蓬勃发展，成为国际贸易的新亮点……希望各方充分利用全球数字贸易博览会平台，共商合作、共促发展、共享成果，携手将数字贸易打造成为共同发展的新引擎，为世界经济增长注入新动能。"

在这一宏伟愿景的引领下，全球数字贸易博览会不仅成为展示前沿技术与创新成果的舞台，更是各国企业寻求合作、拓展市场的宝贵契机。

"过去柬埔寨龙眼种植农户时常遇到滞销问题。"在首届数贸会上，柬埔寨驻上海总领事谢志君说，"很高兴通过 eWTP（世界电子贸易平台）合作，柬埔寨龙眼能够上线阿里巴巴电商平台。这为柬埔寨农产品的销售和推广拓展了数字化新渠道，让更多中国消费者可以认识我们的农产品。"

这是浙江扩大数字贸易朋友圈的剪影。从首届数贸会吸引的 57 个国家和地区及国际组织，到第二届的 68 个，再到第三届的 123 个，浙江数字贸易的朋友圈正在持续扩大。

首届数贸会主宾国的确定，就见证了从服务贸易到数字贸易的传承。"时值 2021 年，全球疫情蔓延、国际交往几乎停滞，在 9 月的服贸会上，我抓住机会，主动与爱尔兰大使就邀请担任数贸会主宾国进行沟通接洽，取得了意想不到的成效，最终促成了爱尔兰担任主宾国，让数贸会从首届开始就有了很好的国际化元素。"庄谨说。

在第二届数贸会期间，"中国—中亚数字贸易促进司局级会见"涵盖了多方会谈、企业介绍、企业调研等一系列活动。"为了确保来自俄语区的中亚五国官员有更好的实地体验，我们协调了大华、新华三等企业的俄语籍员工，为他们提供专业讲解服务。"庄谨说。

得益于这次活动给外方留下的深刻印象，哈萨克斯坦的官员在回国后，主动联系中国大使馆，表达了希望担任第三届数贸会主宾国的意愿。

■ 2023 年，第二届数贸会现场

"跨境电商使得乌干达的咖啡、茶叶和手工艺品进入了中国市场,为我们创造了更多的就业机会和发展空间。"乌干达驻华大使奥利弗·沃内卡在参加第三届数贸会首次设置的"数贸非洲日"活动时表示,数字贸易不仅仅是技术引进和资源共享,更代表了一种新的经济合作模式,希望与中国共同推动非中数字贸易的蓬勃发展。

此次"数贸非洲日"活动,浙江启动了包括人才培养在内的对非合作专项服务行动,汇聚千名非洲客商与青年共同参与数字贸易合作,预计每年可以新增百万方的浙非产业合作空间。

在这一系列牵手合作下,"相约中国,就是相约未来"的理念愈发深入人心,共建共享也愈发成为数贸会的共识。

"在数贸会这个平台上,越来越多海内外企业坚持创新驱动,加大数字技术应用,拓展数字贸易新模式、新业态、新场景,为国际贸易的持续增长注入了新的活力与动力。"胡真舫表示。

盛会佳期将至时,心怀憧憬待重逢。第四届数贸会将于 2025 年 9 月 25 日至 29 日举办。步入"三周岁"的数贸会将继续发挥领航者的角色,推动全球数字贸易的蓬勃发展,为世界提供更多前所未有的机遇与无限可能。

（童静宜　林　波　曹　丹）

后　记

　　从东海之滨的资源小省，到亮相世界舞台的开放强省，浙江用四十余年"摸着石头过河"的实践，书写了开放历程的生动篇章。

　　为时代立传，为历史存真。2024 年 3 月，省商务厅厅长韩杰与巨星集团董事长仇建平在瑞士日内瓦交流时，深情回顾了浙江改革开放四十多年来的栉风沐雨、精彩蝶变，不约而同地认为，要以"述往事、思来者、启新程"的历史责任感，还原历史长河中鲜活有感的"人"和"事"，记录浙江对外开放事业的风雨路程，镌刻"地瓜理论"在浙江的生动实践。

　　秉持独特的人文情怀，省商务厅厅长韩杰、副厅长陈志成牵头，于 3 月底正式启动了研究整理工作。5 月，省商务厅和中国新闻社浙江分社联手，确定启动本书编纂工作。中国新闻社浙江分社由社长柴燕菲牵头负责编著统筹，以强大的记者阵容参与筹备。自此，浙江商务系统和媒体倾情合作，开启了寻迹"地瓜理论"的探索之路。

　　在近一年的时间里，由省商务厅综合处杨颖俊、朱德超，省商务研究院陈芳芳、刘玲、孟祖凯、王雪宁，中国新闻社浙江分社童静宜、赵晔娇、奚金燕组成课题组，全力推进本书的采编工作，并和中国新闻社浙江分社采编团队合作，寻访百人百事，形成了二十多万字的书稿，串联了一个个彰显浙江开放气质的历史瞬间。在编写过程中，省商务厅负责人和相关处室、各地市商务局胸怀记录时代的使命责任感，积极参与了本书的框架梳理、人物对接、历史回顾等重要工作。

历史记录过去，也映照前程。回顾初心，我们希望通过这本书的出版，把一代代浙江开放人在历史中体现出的解放思想、勇于创新、开放合作精神，透过文字的力量，不断地延续传承。我们相信，这些宝贵经历可供后人参考，奋斗精神能给后人激励，创新精神可为后人借鉴，我们也期待，四十多年历程中沉淀的"四千精神"，可以不断被后人发扬光大，以此开启新的开放征程。

谨以此书，献给所有为浙江开放付出青春和汗水的奋斗者，也献给不断书写传奇的浙江开放历程。

浙江省商务厅　中国新闻社浙江分社

2025 年 3 月